Mit Perl programmieren lernen

Horst Eidenberger hat an der Universität Wien und der Technischen Universität Wien Mathematik und Informatik studiert. Er arbeitet als außerordentlicher Universitätsprofessor an der TU Wien. Sein Forschungsbereich ist die Modellierung menschlicher Sinneswahrnehmung in Computersystemen. Er setzt Perl seit zehn Jahren für Administrations-, Textverarbeitungs-, aber auch wissenschaftliche Anwendungen ein. Gemeinsam mit Roman Divotkey ist er Autor des Buches »Medienverarbeitung in Java« (dpunkt.verlag, 2003).

Elke Michlmayr hat Informatik an der Technischen Universität Wien studiert. Sie war langjährig als Webanwendungsentwicklerin mit Perl und Java tätig und hat als Trainerin diverser Kurse zu den Themen Programmieren mit Perl, Linux und Datenbanken viel Erfahrung in der Erwachsenenbildung. Zur Zeit arbeitet sie an ihrer Dissertation am Wissenschafterinnenkolleg Internettechnologien (WIT, http://wit.tuwien.ac.at) an der TU Wien, wo sie sich mit der Optimierung von Suchanfragen in Peer-to-Peer-Netzwerken beschäftigt.

Horst Eidenberger • Elke Michlmayr

Mit Perl
programmieren lernen

dpunkt.verlag

Horst Eidenberger
eidenberger@ims.tuwien.ac.at

Elke Michlmayr
michlmayr@wit.tuwien.ac.at

Lektorat: René Schönfeldt
Copy-Editing: Ursula Zimpfer, Herrenberg
Herstellung: Birgit Bäuerlein
Umschlaggestaltung: Helmut Kraus, www.exclam.de
Druck und Bindung: Koninklijke Wöhrmann B.V., Zutphen, Niederlande

Bibliografische Information Der Deutschen Bibliothek
Die Deutsche Bibliothek verzeichnet diese Publikation in der Deutschen Nationalbibliografie;
detaillierte bibliografische Daten sind im Internet über <http://dnb.ddb.de> abrufbar.

ISBN 3-89864-320-4

1. Auflage 2005
Copyright © 2005 dpunkt.verlag GmbH
Ringstraße 19
69115 Heidelberg

Vorwort

Dieses Buch richtet sich an alle, die Programmieren in der Programmiersprache Perl lernen wollen. Es soll Ihnen die Tür zu einer faszinierenden vielfältigen virtuellen Welt im Computer öffnen! Programmieren zu lernen bietet die großartige Gelegenheit, Selbstständigkeit und eigene Phantasie auf einem neuen Gebiet zu entwickeln.

Sie benötigen kein Vorwissen, um dieses Buch nutzen zu können. Wir streben eine direkte und plastische Darstellung mit vielen praktischen Beispielen an und konzentrieren uns darauf, den wesentlichen theoretischen Unterbau didaktisch gut aufzubereiten: Konzepte und Fachbegriffe werden weder vorausgesetzt noch umständlich definiert, sondern dort erklärt, wo sie zum ersten Mal vorkommen. Unser Ansatz unterscheidet sich vom Üblichen, denn wir sind der Meinung, dass es nicht ausreicht, *Syntax* – die von einer Programmiersprache vorgegebenen Regeln – zu vermitteln. Genauso wichtig ist es, *Problemlösungskompetenz* zu erwerben. Neben dem fundierten Grundstock zur Programmierung und zu Perl legen wir viel Wert darauf, Ihnen, unseren LeserInnen, Hilfe zur Selbsthilfe zu geben. Durchgängig wird vermittelt, dass und wie Sie sich bei Programmierproblemen selbst helfen können. Programmieren ist aktives Wissen, daher kann es am besten durch Tun erworben werden!

Wir beginnen mit einer Einführung in das Programmieren an sich. Darauf folgt eine Einführung in die Sprache Perl. Diese beiden Themen bilden den Schwerpunkt des ersten Teils dieses Buches. Im zweiten Teil beschäftigen wir uns mit ausgewählten, wichtigen Anwendungsgebieten und -beispielen. Die Codestücke in diesem Buch sind selbsterklärend. Sie wurden ausführlich getestet und können gerne wiederverwendet werden.

Als Zusatzleistungen bietet das Buch einen Anhang mit Installationsanleitungen, Mustern (das sind Lösungswege für häufig auftretende Problemstellungen) sowie einer Referenz der Sprachbestandteile von Perl. Außerdem haben wir einen umfangreichen Index erstellt, damit das Buch auch als Referenz verwendet werden kann.

Wir möchten folgenden Personen danken (zur Abwechslung in umgekehrter alphabetischer Reihenfolge): Christian Zech, Ursula

Zimpfer, Christine Weber, Sonja Willinger, Robert Tolksdorf, René Schönfeldt, Wolfgang Stroh, Martina Mayrhofer, Birgit Michlmayr, Anton Michlmayr, Marion Murzek, Gerti Kappel und Gabriele Koller.

Horst Eidenberger und Elke Michlmayr
Wien, im Mai 2005

Inhaltsverzeichnis

Teil I

Programmieren lernen

1 Sprechen mit dem Computer

Mit diesem Buch möchten wir Ihnen Programmierkenntnisse vermitteln. Da man Programmieren als Technik zwar »an sich« lernen kann, dieses Wissen aber wenig praktischen Nutzen haben würde, werden wir Ihnen Programmieren in der Programmiersprache *Perl* näher bringen.

Worum geht's?

Wozu ist Programmieren notwendig? Computer besitzen zwar eine erstaunliche Rechenleistung, haben aber kein Gehirn, das ihnen ermöglichen würde, freie Entscheidungen zu treffen. Um eine Aufgabe lösen zu können, muss man ihnen den Lösungsweg exakt angeben beziehungsweise ihnen genaue Befehle erteilen. Programmieren bedeutet also, dem Computer in einer ihm verständlichen Sprache, wie zum Beispiel Perl, mitzuteilen, was er tun soll. Genau damit werden wir uns in diesem Buch beschäftigen.

Warum programmieren?

Was gehört nun alles zum Programmieren dazu? Einerseits eine Menge *Wissen*: über die Zusammenhänge im Computer, über das Verhältnis von Computer und Umwelt, über das menschliche Denken, über die Übersetzung dieses Denkens in die Wesensart von Computern (das heißt, wie sie von ihren ErfinderInnen erdacht wurden) und vieles andere mehr. Dann handwerkliches *Können*. Das beginnt damit, dass man als ProgrammiererIn gut tippen können sollte, denn schließlich bedeutet Programmieren, viel Text über eine Tastatur in einen Datenspeicher zu schreiben. Der Großteil des handwerklichen Könnens ist aber auf einer intellektuell höheren Ebene angesiedelt: Probleme analysieren, Abläufe formulieren et cetera. Schließlich sind noch eine Vielzahl von *Techniken* relevant. Techniken sind Erfahrungen, die ProgrammiererInnen in der Vergangenheit erworben und standardisiert haben. Dazu gehören zum Beispiel Verfahren zum schnellen Sortieren von Daten, aber auch immer wiederkehrende Muster in Abläufen.

Wissen, Können und Technik

Diese drei Bereiche behandeln wir in diesem Buch. Am Ende haben Sie etwas Wesentliches gewonnen: Sie stehen dem Computer nicht mehr als BenutzerIn weitgehend hilflos gegenüber, sondern können sich bei Problemen selbst helfen. Sie sind nicht mehr passive AnwenderIn, sondern aktive *Verwender*In.

Das Ziel

Für unsere Einführung haben wir dasselbe Modell gewählt, dem auch jeder gute Programmierprozess folgt: Von allgemeinen Beispielen

Vorgangsweise

werden wir uns zu immer konkreteren Problemen und Lösungen vorarbeiten. Sie werden bald merken, dass »Problem« und »Lösung« im Programmieren weitgehend die gleiche Bedeutung haben. *Der Unterschied liegt im Wesentlichen nur im Detaillierungsgrad der Problembeschreibung.* Eine Lösung ist ein ausreichend genau beschriebenes Problem. In diesem Kapitel beginnen wir mit einem einfachen Beispiel (ohne eine Spur von Perl) und diskutieren die grundlegenden Begriffe des Programmierens. Danach verfeinern wir dieses Wissen und bewegen uns schrittweise in die Welt der Programmiersprache Perl. Am Ende des Kapitels finden Sie einen Überblick über die weiteren Teile des Buches sowie eine Sammlung von Übungsaufgaben, die wir Ihnen sehr ans Herz legen wollen. Die zum Lösen der Beispiele nötige Perl-Umgebung ist als freie Software erhältlich. Bezug, Installation und Verwendung unter Windows und Unix werden in Anhang A.1 ausführlich erklärt.

Programmieren ist Handwerk — Programmieren ist Handwerk, und ein *Handwerk erlernt man weitgehend durch Üben!*

1.1   Aller Anfang: Grundlegendes und ein Beispiel

Wir gratulieren Ihnen zu Ihrer Entscheidung, Programmieren in der Programmiersprache Perl zu lernen! Dadurch erwerben Sie einen reichen Schatz an Möglichkeiten, mit dem Computer umzugehen.

Behutsame Einführung — Die folgende Einführung ist behutsam aufgebaut. Wir achten darauf, dass jeder Schritt nachvollziehbar ist, also durch den vorangegangenen Schritt begründet wurde. Außerdem haben wir uns sehr bemüht, die häufigsten Fehler aller Menschen zu vermeiden, die Programmieren (und überhaupt Computerwissen) lehren: technokratische Übertreibungen, unnötiges Formalisieren in Meta-Meta-Ebenen und kryptische Begriffe. Ganz ohne Fachwörter geht es aber dennoch nicht. Sie wollen sich ja auch mit Ihren KollegInnen in einer gemeinsamen, eindeutigen Sprache unterhalten können.

Planung und Implementierung — Programmieren ist eine Tätigkeit, die grundsätzlich in zwei Phasen abläuft. Die erste ist die *Planungsphase*: hauptsächlich Denkarbeit. Die zweite ist die *Implementierungsphase*: der handwerkliche Teil. Hier schreiben Sie Perl-Code. Diese beiden Phasen laufen nicht nacheinander ab, sondern sind ineinander verschränkt. Auf »über die Lösung nachdenken« (Modellieren) folgt Ausprobieren (Implementieren), die Ergebnisse des Ausprobierens fließen wieder in das Modell ein, das verfeinerte Modell wird wieder implementiert und so weiter. Dadurch entsteht schrittweise (iterativ) eine *Lösung* (ein Programm). Wofür? Für ein *Problem*. Abbildung 1.1 stellt diesen Zusammenhang dar. Die Diskussion

Vom Problem zur Lösung

dieser grundsätzlichen Struktur des Programmierens führt uns zu unserem ersten »Programm«.

Anmerkung: Wenn Sie ein kognitiv-ungeduldiger Mensch sind, das heißt, leichter anhand von Beispielen lernen, dann können Sie sich auch auf Seite 7 zuerst den Algorithmus ansehen und danach wieder zum nächsten Absatz zurückkehren.

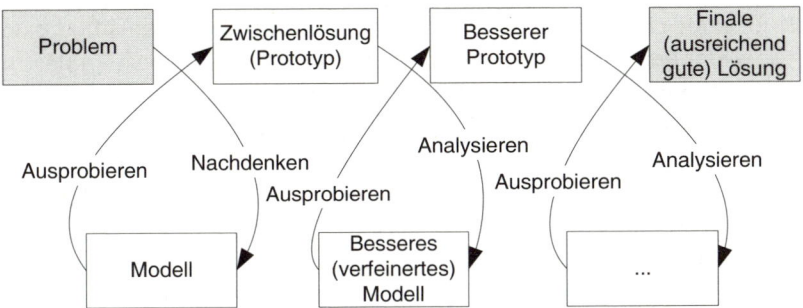

Abbildung 1.1
Programmieren ist ein iterativer Prozess: Auf Nachdenken folgt Ausprobieren, Analysieren, Modellieren, wieder Ausprobieren und so weiter.

Programmieren ist Nachbilden (*Modellieren*) von Teilen der Wirklichkeit im Computer. Wirklichkeit besteht zumindest aus agierenden Wesen (zum Beispiel Menschen), Dingen und Umweltbedingungen (Umweltzuständen). Letzteres sind alle Einschränkungen, die für Aktivitäten und den Umgang mit Dingen gelten (dazu gehören beispielsweise gesellschaftliche Spielregeln, Kommunikationsabläufe und Verwendungsvorschriften für Geräte). Sehen wir uns ein Beispiel an: »Eingeschriebene Briefe sind vom Postamt zwischen 8.00 Uhr und 18.00 Uhr abzuholen« ist ein Stück Wirklichkeit. »Eingeschriebene Briefe« sind Dinge (*Daten*), »zwischen 8.00 Uhr und 18.00 Uhr« ist eine Umweltbedingung und »abholen« ist eine Aktivität.

Programmieren ist Nachahmen der Wirklichkeit

Programmieren ist ein Vorgang (ein Prozess, eine Tätigkeit), der sich stets auf ein *Problem* beziehungsweise eine Problemstellung bezieht. Die Aufgabe der Programmiererin ist, jenen Teil der Wirklichkeit *unvollkommen* abzubilden, der zur Lösung des Ausgangsproblems gebraucht wird. Alles andere ist *zu viel*. Weil Programmieren also bedeutet, ein Problem der realen Welt im Computer so detailliert nachzubauen, dass es für den Computer lösbar ist, kann man statt »Programmieren« auch von »operationalem Rekonstruieren« sprechen [11] (operational = verwendbar, Rekonstruktion = Nachbauen).

Programmieren als Prozess

Programmieren ist operationales Rekonstruieren

Ein Programm ist ein strukturierter Text, der einen zur Lösung einer bestimmten Problemstellung notwendigen *Ablauf* festlegt. Wie viel und welche »Struktur« nötig ist, damit werden wir uns jetzt beschäftigen.

Programme sind strukturierter Text

Klar ist das Ziel: Das Programm soll von einem Computer verstanden werden. Computer sind Rechenmaschinen, die als einzige Sprache Maschinensprache verstehen: eine kryptische Folge von Befehlen,

Ziel des Programmierens

die aus so genannten Operation Codes und Zahlen bestehen. Tatsächlich mussten ProgrammiererInnen vor einigen Jahrzehnten noch Maschinensprache (»Assembler«) lernen, um programmieren zu können. Heute ist das glücklicherweise nicht mehr nötig. Es wurden Verfahren (Programme) entwickelt, die weniger kryptische Programmiersprachen *automatisch* (wiederum durch einen Computer) in Maschinensprache übersetzen können. Solche Programme werden Compiler und Interpreter genannt (siehe Kapitel 2.3). Damit wird nun klar, was Aufgabe des Programmierens ist: ein Problem *genau so weit* zu analysieren, dass es vollständig in einer Programmiersprache formuliert werden kann. Den Rest (»Lösen«) macht die Rechenmaschine.

Warum ist Programmieren nötig? Warum programmiert man überhaupt? Weil Computer nicht in der Lage sind, Probleme durch Wahrnehmung oder durch natürliche Sprache selbst zu verstehen und zu analysieren. Es ist notwendig, ihnen eine wesentliche Strecke (genau genommen den ganzen Teil des Weges, der nicht logisch ableitbar ist) entgegenzukommen.

Algorithmus Zur Illustration und Verinnerlichung dieser Gedanken sehen wir uns ein Beispiel an. Wir versuchen, einen Ablauf in Umgangssprache (»Pseudocode«) zu formulieren und schrittweise (iterativ) immer weiter zu detaillieren. Für Abläufe ist in der Informatik übrigens auch das Wort *Algorithmus* gebräuchlich. Es leitet sich von einem arabischen Gelehrten namens Abu Jàfar Mohammed ibn Mûsâ al-Khowârizmî (Abbildung 1.2) her, der im 9. Jahrhundert unter anderem ein Lehrbuch über Rechen*verfahren* veröffentlichte. Die lateinische Übersetzung dieses Werkes (11. Jahrhundert) beginnt mit den Worten »Dixit Algorithmi« (»Also sprach Algorithmi« – der Name wurde stark verballhornt). Seither hat sich das Wort »Algorithmus« als allgemeiner Begriff für »Verfahren«, »Vorgehensweise«, »geregelter Ablauf« eingebürgert.

Abbildung 1.2
Abu Jàfar Mohammed ibn Mûsâ al-Khowârizmî (mit freundlicher Genehmigung von Herrn Univ. Prof. Dr. Hans Kaiser, Technische Universität Wien)

Unsere Beispiel-Problemstellung ist folgende:

Unser erstes Programmierproblem

> In einer Zeitung soll nach Wohnungsinseraten gesucht werden. Falls die Zeitung ausreichend viele interessante Artikel enthält, soll sie abonniert werden. "Interessant" können zum Beispiel Inserate von Wohnungen in Innenstadt-Lage unter 500 Euro sein.

Das ist bereits ein sehr klar beschriebenes Problem! Wirkliche EDV-Probleme sind meist wesentlich komplexer und dadurch zwangsläufig viel unklarer.

Wie würde ein Mensch mit dieser Problemstellung umgehen? Er oder sie würde die Zeitungen je nach persönlicher Vorliebe in verschiedener Reihenfolge zur Hand nehmen, sie auf der Suche nach den Wohnungsinseraten entweder von vorne oder von hinten durchblättern und die gefundenen interessanten Inserate dann vielleicht rot oder grün ankreuzen oder herausreißen oder vielleicht auch abschreiben.

Lösungsansatz

Um es einem Computer zu ermöglichen, dieses Problem zu lösen, müssen wir ein Modell dafür erstellen. Das bedeutet, wir müssen den Vorgang des Wohnungsinserate-Suchens genau analysieren und uns fragen: Welche Vorgänge in welcher Reihenfolge sind notwendig zur Lösung des Problems? In einem ersten Modellierungsschritt zerlegen wir das Problem in Teilprobleme:

Unser erster Algorithmus

> 1. Zeitschrift zur Hand nehmen
> 2. Zeitschrift lesen
> 3. Inhalt der Artikel bewerten
> 4. Nützlichkeit der Zeitschrift bewerten

Jeder dieser Vorgänge kann (und muss) noch genauer beschrieben werden. *Probleme lösen heißt grundsätzlich, sie in Teilprobleme zu zerlegen!* Die daraus entstehenden Teilprobleme werden in weiteren Schritten wieder zerlegt. Unser Algorithmus kann nach einigen solchen Iterationen zum Beispiel folgende Form erreichen:

Analysieren ist Zerlegen in Teilprobleme

> 1. Zeitschrift aufschlagen
> 2. Wiederhole
>   2.1 Links oben beginnen
>   2.2 Wiederhole
>   2.2.1 Artikel lesen
>   2.2.2 Wenn Artikel ist Wohnungsinserat und
>   Artikel ist interessant:
>   2.2.2.1 Artikel ausschneiden
>   2.2.2.2 Artikel in Kartei einordnen
>   2.2.2.3 Eintrag in Strichliste machen

```
        2.2.3 Nächsten Artikel suchen
    2.2 Bis rechts unten angekommen
    2.3 Umblättern
 2. Bis Zeitschrift durchgelesen
 3. Striche addieren
 4. Wenn mehr als fünf Striche:
    4.1 Zeitschrift abonnieren
```

Diese Form der schrittweisen Konkretisierung führt von der einzeiligen Problemdefinition zu einem immer detaillierteren Lösungsalgorithmus.

Überprüfung

Um zu überprüfen, ob der gewählte Algorithmus korrekt ist, führen Sie ihn am besten in Gedanken aus und versuchen dabei, noch fehlende notwendige Elemente zu finden. Genauso wie im wirklichen Leben gibt es auch hier nicht nur eine einzige, sondern unzählbar viele verschiedene Möglichkeiten, eine Lösung für das Problem zu finden. Manche funktionieren besser, das heißt schneller, als andere. Ein Algorithmus ist korrekt, wenn er alle notwendigen Vorgänge in der richtigen Reihenfolge enthält.

Diese Vorgehensweise funktioniert sowohl für einfache als auch für komplexe Problemstellungen. Je größer das Problem, desto öfter ist es notwendig, es in Teilprobleme aufzuspalten. Für unseren Algorithmus

Modelle, detailliertere Modelle, Lösungen

könnten wir noch viele Zwischenstufen finden (versuchen Sie es!). Jeder Zwischenzustand ist ein Modell. Das impliziert, dass auch die Problemstellung schon ein (sehr grobes) Modell war. Die letztendlich gefundene, nun ausreichend fein gegliederte Lösung ist ebenfalls ein Modell.

Das Problem ist die Lösung

Es stimmt also: *Das Problem beinhaltet bereits die Lösung und umgekehrt!* Unterschiedlich sind lediglich die Detaillierungsgrade.

Seien Sie pragmatisch!

Das führt uns zu einer fundamentalen Wahrheit, die von jeder erfahrenen Programmiererin beherzigt wird: *Seien Sie pragmatisch!* Das Problem möglichst genau zu erfassen und stur analytisch zu zerlegen, führt fast immer zum Ziel.

Beim Betrachten unseres Algorithmus fällt auf, dass die Vorgehensweise sehr genau festgelegt werden muss. Ein Mensch würde keine derartig genauen Vorgaben benötigen, um interessante Wohnungsinserate in einer Zeitung zu finden, und wahrscheinlich nicht die im Algorithmus formulierte sehr umständliche Vorgangsweise wählen. Das liegt daran, dass Programmiersprachen nur ein relativ beschränktes Vokabular zur Verfügung stellen und menschliches Verhalten im Vergleich dazu eine viel größere Vielfalt aufweist. Computer haben dafür den Vorteil, Abläufe immens schnell ausführen zu können.

Grundbausteine von Algorithmen

Das von Programmiersprachen zur Verfügung gestellte Vokabular, mit dem Sie Algorithmen formulieren können, besteht aus einer relativ kleinen Anzahl von Grundbausteinen, die grob in drei Kategorien eingeordnet werden können. Diese Kategorien sind:

Anweisungen. »Wiederhole«, »Wenn« und andere Anweisungen bestimmen die im Ablauf ausgeführten Tätigkeiten (mehrfach und/oder bedingt). Mehr dazu in Abschnitt 1.2.

Daten. Das sind die im Algorithmus verwendeten »Gegenstände«. In unserem Beispiel sind das Zeitungen, Artikel, Strichlisten und Karteien. In Abschnitt 1.3 werden wir uns genauer mit Daten beschäftigen.

Bedingungen. »Artikel ist interessant«, »Mehr als fünf Striche« erlauben dem Algorithmus auf konkrete Umweltzustände passend zu reagieren. Anweisungen und Bedingungen hängen zusammen. Bedingungen werden in Abschnitt 1.4 behandelt.

In den folgenden Abschnitten werden wir sehen, dass das bereits fast alle Elemente sind, die Algorithmen enthalten können, und dass mit diesen Elementen nahezu alle Problemstellungen modelliert werden können.

Unser Ablauf ist bereits ziemlich genau, das heißt *formal* beschrieben. Er reicht leicht, um einem Menschen als Problemlösung zu dienen. Für einen Computer wäre er allerdings noch zu ungenau. Teile dieses Programms lassen sich weiter aufgliedern. Zum Beispiel Punkt 2.2.2.2 (»Artikel in Kartei einordnen«):

Algorithmen verfeinern

```
1. Postleitzahl im Artikel suchen
2. Postleitzahl links oben auf den Artikel schreiben
3. In Kartei bis zur Postleitzahl blättern
4. Artikel ablegen
```

Was folgt daraus? Kann man Algorithmen beliebig aufgliedern? Wo ist die Grenze? Die Antwort wird durch den *Nutzen* eines Programms bestimmt: Die Grenze der Aufgliederung wird von der Programmiersprache vorgegeben: durch Schlüsselwörter, Datentypen und Logik. Daraus folgt, dass man ein Programmierproblem nur dann sinnvoll lösen kann (das heißt, modellieren kann), wenn man zumindest eine Programmiersprache kennt. Nur dann kennt man die Grenzen, die man erreichen muss. Ab dieser Grenze kann der Computer die Konstrukte des Modells selbstständig zu Maschinensprache weiterverarbeiten. *Davor* fehlt etwas: Problem und Lösung sind zu wenig genau bestimmt (analysiert). *Danach* ist die Lösung überspezifiziert. Das ist weniger schlimm, aber zumindest unnötiger Aufwand.

Grenzen der Verfeinerung

Prozedurale und deklarative Programmiersprachen

Also müssen wir eine Programmiersprache lernen, mit der es möglich ist, Abläufe zu modellieren. Solche Sprachen nennt man auch *prozedurale Programmiersprachen*. Das Gegenteil dazu sind die (weniger verbreiteten) *deklarativen Programmiersprachen*, die anstelle eines Ablaufes nur ein Ergebnis definieren. Abbildung 1.3 fasst nochmals die diskutierten Zusammenhänge von Wirklichkeit, Modellen und Programm zusammen.

Nach der schrittweisen Analyse einer Problembeschreibung wird aus den gewonnenen Erkenntnissen ein Modell gebaut. Dieses Modell wird dann implementiert, also in einer Programmiersprache formuliert. Im nächsten Schritt wird es getestet (»ausprobiert«). Die Testergebnisse zeigen, ob der gewählte Ansatz der richtige ist. Das Modell (beziehungsweise seine Implementierung) muss so lange verbessert und verfeinert werden, bis es eine funktionierende Lösung für die ursprüngliche Problembeschreibung darstellt. In Abschnitt 1.6 werden wir uns im Detail mit diesem Ablauf befassen.

Abbildung 1.3
Zusammenhang: Wirklichkeit, Modelle, Programm

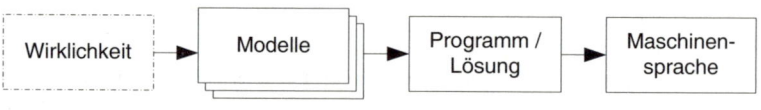

Überblick über das Folgende

Im nächsten Abschnitt beschäftigen wir uns mit den Ablaufstrukturen, die es in Algorithmen geben kann. Daran anschließend erklärt Abschnitt 1.3, wie in Programmen die Wirklichkeit durch Daten nachgeahmt wird. In Abschnitt 1.4 zeigen wir, wie man auf einfache und einheitliche Weise beliebige Bedingungen definieren kann. Jeder dieser drei Abschnitte gibt eine allgemeine Einführung und erläutert dann die konkrete Schreibweise in Perl (Algorithmen sind Texte!). Mit Ablaufelementen, Daten und Bedingungen lernen wir alle wesentlichen Bausteine von Algorithmen kennen. Mit diesem Wissen implementieren wir in Abschnitt 1.5 unseren Übungsalgorithmus in Perl. Im letzten Abschnitt 1.6 verfeinern wir die bereits angesprochenen Gedanken zum Finden einer Problemlösung aus der Problembeschreibung.

1.2 Abläufe beschreiben mit Algorithmen

Ablaufstrukturen

Dieser Abschnitt beschreibt die Ablaufstrukturen, die Ihnen in prozeduralen Programmiersprachen, und daher auch in Perl, zur Verfügung stehen. Ablaufstrukturen geben dem Algorithmus die Möglichkeit, auf Zustände und Ereignisse zu reagieren.

Ein Hinweis: In diesem Abschnitt schreiben wir alles, was Sie erst in den nächsten Abschnitten lernen werden, in spitze Klammern (<>).

Algorithmen können beliebige Kombinationen folgender grundlegender Elemente enthalten: *Teile von Algorithmen*

Anweisungen. »Tue ...«
Verzweigungen. »Wenn ... dann ...«
Wiederholungen. »Wiederhole ... so lange bis ...«

Es gibt drei grundlegende Kategorien von Anweisungen: Befehle, Funktionen und Zuweisungen. Befehle und Funktionen sind Namen, hinter denen sich Abläufe verbergen. So kann sich zum Beispiel hinter dem Befehl »backe Kuchen« der Ablauf »Zutaten einkaufen, Teig kneten, backen« verbergen. Befehle nennt man auch vordefinierte Funktionen, weil die zum Befehl gehörenden Abläufe von der Programmiersprache vorgegeben werden. Mehr zu Funktionen gibt's in Kapitel 2. *Anweisungen*

Zuweisungen sind eng mit Daten (siehe Abschnitt 1.3) verknüpft. Mit Hilfe einer Zuweisung wird einem »Gegenstand« des Algorithmus ein *Wert* (Zustand) zugewiesen. So ist beispielsweise Schritt 2.2.2.2 unseres Übungsalgorithmus auf Seite 7 eine Zuweisung: Der Kartei wird ein neuer Artikel zugeordnet. Die Kartei entspricht einer *Variablen*, der Artikel ist ein *Wert*. Nach dieser Zuweisung ist die Kartei nicht mehr dieselbe. Sie enthält einen Artikel mehr.

In Perl sehen Zuweisungen immer folgendermaßen aus: *Zuweisungen*

```
<ding> = <wert>;
```

Jede Perl-Anweisung endet mit einem Strichpunkt. Das ist eine Konvention, die es auch in vielen anderen Programmiersprachen (zum Beispiel C, C++, Java, C#) gibt und die Mensch und Computer hilft, Anweisungen voneinander zu trennen.

Der nächste wichtige Grundbaustein sind Verzweigungen. Abhängig von einer oder mehreren Umweltbedingungen wird entweder die eine oder die andere Anweisung ausgeführt. Ein Beispiel für eine Verzweigung ist Element 2.2.2 aus dem Übungsalgorithmus: Zeitschriftenartikel werden nur aufgehoben, wenn sie Wohnungsinserate und inhaltlich interessant sind. Allgemein sehen Verzweigungen in Perl folgendermaßen aus: *Verzweigungen*

```
if (<bedingung>) {
    <anweisungsfolge A>
} else {
    <anweisungsfolge B>
}
```

Wenn zum Zeitpunkt der Ausführung des Programms die angegebene Bedingung zutrifft, wird die Anweisungsfolge *A* ausgeführt. Wenn nicht, wird die Folge *B* ausgeführt. So können Algorithmen Umweltbedingungen (wie sie zum Zeitpunkt der Programmausführung gegeben sind) prüfen und Regeln der Wirklichkeit einhalten.

Blöcke

Die Anweisungsfolgen zwischen den geschwungenen Klammern nennt man auch *Blöcke*. Ein Block fasst inhaltlich zusammengehörende Teile zusammen. Dabei ist es guter Programmierstil, Blöcke durch Einrücken (zum Beispiel um drei Leerzeichen oder mit Hilfe von Tabulatoren) kenntlich zu machen. Das erhöht die Übersichtlichkeit wesentlich.

Achtung, Fehlerquelle!
Syntaxfehler

Die geschwungenen Klammern sind unbedingt notwendig! Sie wegzulassen, führt zu einem *Syntaxfehler*, das heißt, Sie halten die von Perl verlangte Schreibweise nicht ein. Der Computer wird sich so lange weigern, Ihr Programm auszuführen, bis alle Klammern richtig gesetzt sind. Das ist dann der Fall, wenn alle Blöcke mit { geöffnet und mit } geschlossen wurden. Klammern zu vergessen, ist einer der häufigsten Syntaxfehler, der Ihnen besonders zu Beginn oft unterlaufen wird. Gewöhnen Sie sich daher möglichst schnell daran, die Anweisungen innerhalb der geschwungenen Klammern einzurücken, dann sind fehlende (oder überflüssige) Klammern viel schneller zu finden. Mehr zu Fehlern und ihrer Beseitigung finden Sie unter anderem in Abschnitt 1.5.

Was kann nun alles <bedingung> sein? Diese Frage werden wir in Abschnitt 1.4 behandeln. Zunächst genügt uns zu wissen, dass mit Verzweigungen beliebige Unterscheidungen gemacht werden können. Natürlich kann man Verzweigungen – wie alle anderen Blöcke – beliebig verschachteln. Es gibt aber noch eine andere Möglichkeit, die Schreibweise zu verkürzen:

```
if (<bedingung>) {
   <anweisungsfolge A>
} elsif (<andere bedingung>) {
   <anweisungsfolge B>
} else {
   <anweisungsfolge C>
}
```

Zwischen if und else können beliebig viele weitere Bedingungen mit elsif eingefügt werden. Die Abarbeitung erfolgt stets folgendermaßen: Zunächst wird die erste Bedingung geprüft. Trifft sie zu, wird die Anweisungsfolge *A* ausgeführt. Trifft sie nicht zu, wird die Bedingung des ersten elsif geprüft, gegebenenfalls Anweisungsfolge *B* ausgeführt und so weiter. Damit lassen sich auf einfache Art beliebig viele Umweltzustände unterscheiden.

Mit if, else und elsif haben Sie gerade die ersten drei *Schlüsselwörter* von Perl kennen gelernt. Schlüsselwörter sind von der Programmiersprache reservierte Wörter mit bestimmter Bedeutung.

Schlüsselwörter

Mit Hilfe von Verzweigungen und einer Anweisung der Art »gehe zu Punkt X des Algorithmus« lassen sich Wiederholungen erzeugen. Ein Beispiel (bei dem alles benutzt wird, was wir bereits kennen gelernt haben):

Schleifen

```
1.   <apfelkorb> = <leer>;
2.   <pflücke apfel vom baum>;
3.   <apfelkorb> = <apfelkorb> + <gepflückter apfel>;
4.   if <apfelkorb voll> {
4.1     exit;
4.2   } else {
4.3     <gehe zu Punkt 2 des algorithmus>;
4.4   }
```

Das ist ein einfacher Apfelpflück-Algorithmus und ein gutes Beispiel für das Prinzip der Wiederholung: Der Vorgang des Apfelpflückens ist für jeden Apfel der gleiche, daher wollen wir den Vorgang einmal festlegen und dann so lang wie notwendig wiederholen.

In der ersten Zeile wird festgelegt, dass wir einen <apfelkorb> verwenden wollen, der zu Beginn leer sein soll. Das klingt pedantisch, ist aber sehr wichtig: Variablen müssen zu jeder Zeit einen Wert haben. Zu Beginn ihrer Lebenszeit werden sie *initialisiert*, das bedeutet, mit einem passenden Wert belegt. Warum »leer« ein passender Wert ist, erfahren Sie in Abschnitt 1.3.

Begriff »Initialisierung«

Danach wird gepflückt und der neue Apfel zu den bereits im Korb liegenden gegeben. <irgendwas> = <irgendwas> + <was neues>; ist *das* Muster, um in einer Programmiersprache etwas Neues zu etwas bereits Vorhandenem (einer Variablen) hinzuzufügen.

Mit der Bedingung <apfelkorb voll> wird geprüft, ob es Zeit ist aufzuhören. Die Prüfung ist wichtig, denn: Computer wissen nicht, zu welchem Zeitpunkt sie mit einer Aktivität fertig sind und damit aufhören sollen. Bei jeder Wiederholung ist es notwendig, eine so genannte *Abbruchbedingung* festzulegen. In unserem Fall wird bei jeder Wiederholung überprüft, ob der Apfelkorb jetzt voll ist. Wenn ja, beendet der *Befehl* exit (siehe Abschnitt 2.3) die Ausführung des Programms. Wenn nein, wird zur Anweisung 2 zurückgesprungen und der nächste Apfel gepflückt.

Abbruchbedingungen

Das ist eine zufriedenstellende Form der Wiederholung. Sie führt in der Praxis nur leider zu zwei Problemen:

1. Bedingtes Herumspringen im Algorithmus ist unübersichtlich und fehleranfällig. Es muss für jeden Sprung eine Verzweigung definiert werden und man kann vom Programmtext nicht *sehen*, wann wo wohin gesprungen wird. Die Folge sind eine Vielzahl möglicher Programmfehler.

2. In modernen Programmiersprachen gibt es keine Zeilennummern. Wir haben sie in unserem Beispiel nur zur besseren Übersicht hinzugefügt. Daher ist es nicht ohne weiteres möglich, einen bestimmten Punkt in einem Algorithmus anzugeben, zu dem gesprungen werden soll.

while-Schleife   Nichtsdestotrotz gibt es das Konstrukt der Wiederholung mit Abbruchbedingung in jeder modernen Programmiersprache. Der Übersichtlichkeit und Kompaktheit halber wird aber eine andere Notation verwendet, die so genannte `while`-Schleife:

```
while (<bedingung>) {
    <anweisungsfolge>
}
```

Was passiert hier? So lange die angegebene Bedingung zutrifft, wird die Anweisungsfolge (der Block) ausgeführt. Nach jedem Durchlaufen der Schleife (nach jeder *Iteration*) wird die Bedingung erneut geprüft. Erstmals wird sie vor der ersten Ausführung der Anweisungsfolge überprüft. Ist die Bedingung zu Beginn bereits nicht wahr (falsch), wird die Anweisungsfolge niemals ausgeführt.

Mit der `while`-Schleife lässt sich unser Apfel-Algorithmus so schreiben:

```
<apfelkorb> = <leer>;
while (<apfelkorb nicht voll>) {
    <pflücke apfel vom baum>;
    <apfelkorb> = <apfelkorb> + <gepflückter apfel>;
}
```

Möchte man die Garantie haben, dass der Block zumindest einmal ausgeführt wird, kann man die `while`-Schleife auch folgendermaßen formulieren:

```
do {
    <anweisungsfolge>
} while (<bedingung>);
```

Beachten Sie, dass in der ersten Form nach dem Ende der ersten Schleife kein Strichpunkt folgt (Blöcke enden nie mit einem Strichpunkt!), nach dem Ende der zweiten Schleife aber schon (Anweisungen enden immer mit einem Strichpunkt!). Schleifen können natürlich beliebige und beliebig viele Anweisungen enthalten.

```
<apfelkorb> = <leer>;
do {
   <pflücke apfel vom baum>;
   <apfelkorb> = <apfelkorb> + <gepflückter apfel>;
} while (<apfelkorb nicht voll>);
```

Neben der while-Schleife gibt es eine zweite Art von Schleifen, die maßgeschneidert für Abläufe ist, in denen gezählt wird. Das ist die for-Schleife:

for-Schleife

```
for (<zuweisung zu beginn>; <bedingung>; <hinzufügen>) {
   <anweisungsfolge>
}
```

Damit wird folgender Ablauf verkürzt:

```
<zuweisung zu beginn>;
while (<bedingung>) {
   <hinzufügen>;
   <anweisungsfolge>;
}
```

Unser Beispiel lässt sich mit der for-Schleife so formulieren:

```
for (<apfelkorb> = <leer>; <apfelkorb nicht voll>;
   <apfelkorb> = <apfelkorb> + <gepflückter apfel>) {

   <pflücke apfel vom baum>;
}
```

Das ist zwar weniger zu schreiben als bei der while-Schleife, aber auch ein wenig unübersichtlicher. for-Schleifen werden verwendet, wenn eine so genannte *gebundene* Variable benötigt wird (auch *Schleifenvariable*; bei uns: <apfelkorb>). Die Schleife kümmert sich immer darum, dass die gebundene Variable in jedem Schleifendurchgang (jeder *Iteration*) den richtigen Wert hat. Man kann daher die gebundene Variable im Block sehr bequem verwenden. Übrigens sind <zuweisung zu beginn> und <hinzufügen> optionale Teile der for-Anweisung, das heißt, man

Gebundene Variablen

muss sie nicht angeben. Lässt man etwa das Ändern des Wertes der gebundenen Variablen weg, so hat sie (wenn sie im Block nicht verändert
wird) in jedem Schleifendurchgang denselben Wert.

foreach-Schleife
    Während es while und for in jeder modernen Programmiersprache
gibt, ist der dritte Schleifentyp foreach ein typisches Beispiel für die
tollen Extras von Perl (das mittlerweile unter anderem in C# und Java
übernommen wurde):

```
foreach <gebundene variable> (<menge von werten>) {
   <anweisungsfolge>
}
```

foreach ist auch eine Schleife mit gebundener Variable, die in jeder Iteration einen neuen Wert aus der angegebenen Wertemenge annimmt (in
der Reihenfolge vom ersten bis zum letzten Eintrag im Programmtext).
Unser Beispiel lässt sich mit foreach so schreiben:

```
<apfelkorb> = <leer>;
foreach <gepflückter apfel> (<äpfel am baum>) {
   <apfelkorb> = <apfelkorb> + <gepfückter apfel>;
}
```

Diesen Schleifentyp verwendet man, wenn es schwer oder nicht notwendig ist, für die Werte der gebundenen Variablen eine Reihenfolge
(oder die Anzahl) anzugeben.

Üben, üben, üben!
    Das sind nun im Wesentlichen alle vordefinierten Anweisungen, die
es in prozeduralen Programmiersprachen und damit auch in Perl gibt.
Versuchen Sie, den Sinn der Blöcke und Anweisungen zu verstehen. Am
besten wird Ihnen das gelingen, wenn Sie die Übungsbeispiele in Abschnitt 1.8 durcharbeiten und sich selbst weitere Beispiele ausdenken.
Wenn Ihnen zur Lösung eines Problems etwas fehlt (Daten, Bedingungen et cetera), verwenden Sie einfach die Spitzklammer-Schreibweise!

Flussdiagramme
    Die besprochenen Ablaufstrukturen lassen sich aber nicht nur als
Text ausdrücken, sondern auch als Abbildungen darstellen. Es gibt viele
verschiedene Arten der Visualisierung. Eine der bekanntesten (und äl-
testen) ist das Flussdiagramm. Abbildung 1.4 zeigt ein Flussdiagramm
des Beispiels aus Abschnitt 1.1.

Flussdiagramme zeigen einfache Anweisungen und Zuweisungen
als Rechtecke. Verzweigungen sind als Rauten dargestellt, die zwei Aus-
gänge für das (Nicht-)Zutreffen der enthaltenen Bedingung besitzen.
Schleifen sind ebenfalls als Rauten dargestellt. Pfeile geben die Ablauf-
reihenfolge an: Flussdiagramme werden grundsätzlich (wie Programme) von oben nach unten gelesen. Daten werden als Parallelogramme

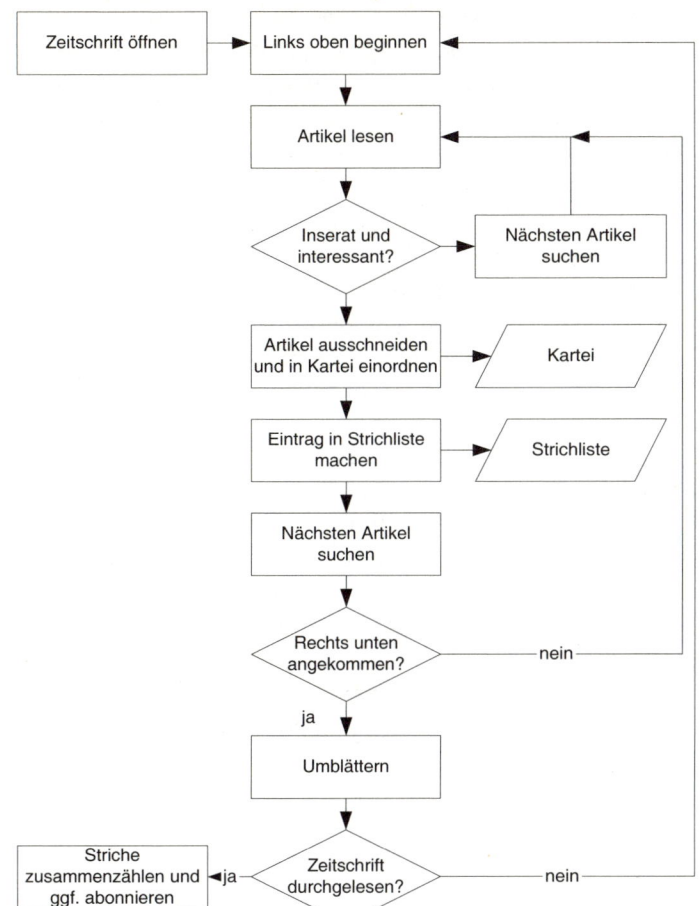

Abbildung 1.4
Vereinfachtes Flussdiagramm des Beispiels aus Abschnitt 1.1

dargestellt. Flussdiagramme sind eine sehr beliebte Modellierungsmethode, da sie einfach zu verstehen sind und beliebig komplexe Algorithmen darstellen können. So kann ein Flussdiagramm beispielsweise einen Teilalgorithmus als Kästchen enthalten.

Zum Abschluss dieses Abschnittes noch einige Anmerkungen zum »Schönschreiben« beim Programmieren. Übersichtliches Gliedern des Programmtextes ist kein Selbstzweck! Damit lassen sich die häufigsten Programmfehler vermeiden (siehe Abschnitt 4.3.2). Neben dem *Einrücken in Blöcken* sollten Sie zumindest darauf achten, inhaltlich unterschiedliche Bereiche durch Leerzeilen zu trennen und den Algorithmus ausreichend zu kommentieren.

Kommentare

Wozu sind Kommentare gut? Kommentare sind die Grundlage erfolgreicher Programmverwertung. Wir haben festgestellt, dass Programmieren bedeutet, ein Problem so weit zu zergliedern, bis es für einen Computer verständlich ist. Das ist meist so detailliert, dass die zugrunde liegenden Zusammenhänge für den Menschen nicht mehr ohne weiteres erkennbar sind. Kommentieren soll dieses Programmverständnis konservieren und die Lesbarkeit des Quellcodes erhöhen. Gut kommentierte Programme sind leichter lesbar und können auch noch lange Zeit nach ihrer Erstellung leicht an veränderte Gegebenheiten angepasst und von anderen als den ursprünglichen ProgrammiererInnen verwendet und verändert werden.

Faustregeln für das Kommentieren

Jedes Programm sollte zumindest einen Kopftext mit Programmname, Beschreibung, Namen der AutorInnen und Erstellungsdatum enthalten. Außerdem sollte eine Liste beigefügt sein, die alle Änderungen mit Beschreibung und Datum angibt (*Changelog*). Zum Beispiel:

```
#!/usr/bin/perl -w
# kommentar.pl: Wie kommentiert man richtig?
# Autorin: Fleissinga Kommentierer
# Erstellt am: 1.1.2004
#
# Änderungen:
# 2.1.2004: Hinzufügen der Option "-w" in der Kopfzeile
# ...

# Globale Variablen
#...

# Hauptprogramm
#...

# Funktionen
#...
```

Kommentare fügen Sie in Perl eingeleitet durch das Zeichen # ein. Der Rest der Zeile wird dann vom Computer ignoriert. Sie können also beliebige Texte einfügen.

Gliedern durch Kommentare

Neben dem Kopftext sollten die einzelnen Programmteile sichtbar voneinander abgegrenzt werden (Hauptprogramm, Funktionen) und alle Variablen und Funktionen bei der Definition beschrieben werden (Zweck, Eigenschaften). Am wichtigsten ist jedoch das Kommentieren der verwendeten Algorithmen! Es ist nicht sinnvoll, für jede Programmzeile einen Kommentar zu erstellen, der das wiedergibt, was die Anweisung tut. Vielmehr sollten Sie darauf Acht geben, immer kleine, inhaltlich zusammengehörende Blöcke so zu kommentieren, dass ihr *Zweck* klar wird. Also nicht so:

```
<apfelkorb> = <leer>;              # apfelkorb initialisieren
while (<apfelkorb nicht voll>) {   # solange der korb nicht voll ist
    <pflücke apfel vom baum>;      # apfel pflücken
    <apfelkorb> = <apfelkorb> + <gepflückter apfel>;
                                   # apfel in den korb geben
}
```

Sondern so:

```
# wir fuellen den apfelkorb, indem wir einen apfel
# nach dem anderen vom baum nehmen und in den anfangs
# leeren korb geben
<apfelkorb> = <leer>;
while (<apfelkorb nicht voll>) {
    <pflücke apfel vom baum>;
    <apfelkorb> = <apfelkorb> + <gepflückter apfel>;
}
```

Wesentlich ist also, das Modellwissen im Programm zu erhalten. Mehr zum Kommentieren gibt's in Kapitel 4.

In diesem Abschnitt haben wir Abläufe beschrieben. Wenn man genau hinsieht, haben wir die Abläufe immer auf *etwas* bezogen. Worauf? Auf »Gegenstände«; in der Welt der Programmierung repräsentiert durch Daten. Diese Daten sind unser nächstes Thema.

1.3 Die Wirklichkeit beschreiben mit Daten

In der Einführung haben wir erklärt, dass Programmieren nichts anderes ist als *Nachahmen der Wirklichkeit*. Um das zu tun, reicht es offensichtlich nicht aus, Abläufe nachzuahmen. Wenn in der Wirklichkeit etwas geschieht, dann fast immer *mit »etwas«*. »Etwas« kann ein Ding sein (man kann es angreifen), es kann aber auch eine Idee sein: also ein abstraktes Ding, das aber immerhin benennbar ist. Beispiele für Dinge wären etwa die Kartei, die Zeitung und die Wohnungsinserate aus unserem Übungsalgorithmus, aber natürlich auch Äpfel, ein Korb und ein Apfelbaum. Beispiele für Ideen sind die Temperatur in Grad Celsius oder auch die Gemütszustände der Menschen. *[Daten repräsentieren Eigenschaften von Dingen]*

Im Universum des Programmierens werden Dinge und Ideen gleichermaßen durch so genannte »Daten« repräsentiert. Daten sind *Eigenschaften* (Merkmale) von Dingen und Ideen. Eigenschaften eines Apfels sind zum Beispiel Farbe, Größe und Sorte. Eigenschaften des menschlichen Seelenzustandes sind unter anderem das gefühlte Ausmaß an Fröhlichkeit, Gelassenheit und Zufriedenheit. Jede Eigenschaft wird *[Arten von Eigenschaften]* auf einem bestimmten *Wertebereich* gemessen. Häufig benötigte, vordefinierte Wertebereiche werden *Datentypen* genannt (siehe Seite 21). Beispiele für Wertebereiche sind alle ganzen Zahlen von 0 bis 255 oder die Menge aller Klein- und Großbuchstaben.

Auswahl relevanter Eigenschaften

Wenn Eigenschaften alles sind, was beim Programmieren zur Modellierung der Dinge und Ideen der Wirklichkeit zur Verfügung steht, dann drängen sich zwei wichtige Fragen auf: Welche Eigenschaften sollen nun zur Beschreibung herangezogen werden? Und welche nicht? Wie vieles andere beim Programmieren ist das eine Frage der Erfahrung und der Übung. Wesentlich ist, dass die Daten all jene Eigenschaften repräsentieren müssen, die im Ablauf eine Rolle spielen. Was relevant ist, erkennen Sie durch die Analyse des Ausgangsproblems und die Modellierung einer Lösung. Iterativ tastet man sich an eine vollständige *Datenrepräsentation* heran, die alles im Algorithmus Relevante beschreibt. Diese ist neben den Abläufen eine weitere Sicht auf das Programmierproblem. Insbesondere dort, wo es um das Lösen von Routine-Programmierproblemen geht und die Abläufe bei einiger Erfahrung bekannt sind, sind eigentlich nur noch die Daten interessant, anhand derer sich etwa die für das Portal eines Autokonzerns benötigte Implementierung von der für eine Umweltschutzorganisation notwendigen unterscheidet.

Variablen

Nach diesen einleitenden Worten zur Bedeutung der Daten ist es Zeit, sich mit der Datenrepräsentation in Perl zu beschäftigen. Wie werden Eigenschaften dargestellt? Jede Eigenschaft eines Dings oder einer Idee ist eine *Variable*. Eine Variable besteht aus einem *Namen* wie zum Beispiel »Apfelsorte« oder »Zufriedenheit« und einem *Wert*, der mit diesem Namen verbunden ist und sich verändern kann. So kann »Apfelsorte« beispielsweise den Wert »Granny Smith« oder den Wert »Idared« annehmen. Der Wert für »Zufriedenheit« bewegt sich zwischen 0% und 100%. So, wie Dinge in der Wirklichkeit durch Bearbeitung und Ideen durch Nachdenken verändert werden, so werden Daten in Programmen

Initialisierung von Variablen

ausschließlich durch *Zuweisungen* verändert. In Perl sehen Zuweisungen folgendermaßen aus:

```
$apfelsorte = "Golden Delicious";
$zufriedenheit = 0.8;
$antwort = 23;
```

Benennung

Ganz zu Beginn steht der Variablenname. Er wird mit einem einführenden Dollarzeichen gekennzeichnet. Variablennamen in Perl müssen mit einem Buchstaben oder einem Unterstrich (*Underscore* _) beginnen und dürfen Buchstaben, Ziffern und Unterstriche enthalten. Bei den Buchstaben wird auf Groß- und Kleinschreibung geachtet: $Apfelsorte und

$apfelsorte sind zwei vollkommen unterschiedliche Variablen. Sonderzeichen (zum Beispiel Umlaute) sind in Variablennamen nicht erlaubt.

Rechts neben dem Ist-gleich-Zeichen steht der Wert, der der Variablen zugewiesen wird. Dieser Wert kann beliebig lang sein. Hier wird grundlegend unterschieden zwischen Worten (Zeichenketten) und Zahlenwerten. Zeichenketten wie »Golden Delicious« müssen zwischen Anführungszeichen gestellt werden. Sonst würde Perl glauben, die Zeichenkette wäre ein Schlüsselwort, wie while oder if. Zahlenwerte, wie 0.8 für 80%, werden nicht zwischen Anführungszeichen gestellt. Sie können beliebig genau sein, das heißt, beliebig viele beziehungsweise auch gar keine Nachkommastellen haben. Als Kommazeichen wird der Punkt verwendet.

Nach den Zuweisungen haben die drei Variablen die angegebenen Werte. Was heißt »haben«? Wo werden diese Werte gespeichert? Im Datenspeicher des Computers. Jeder Variablenname ist mit einem Bereich im Hauptspeicher (RAM) des Computers verbunden. Um die Verwaltung von Variablen und damit um die Zuordnung von Speicherbereichen zu Variablennamen kümmert sich der Computer selbstständig. Daraus ergibt sich die Frage, wie er weiß, wie viel Speicher für eine bestimmte Variable benötigt wird. Dazu muss er den *Datentyp* der Variablen kennen, da jeder dieser Typen unterschiedlich viel Speicher benötigt. Deswegen ist es in fast jeder anderen Programmiersprache notwendig, Variablen zu *deklarieren*, bevor sie im Programm verwendet werden können. Deklarieren bedeutet, den Namen und den Datentyp einer Variablen festzulegen. Der Datentyp bewirkt, dass Sie der Variablen nur Werte aus dem vom Datentyp definierten Wertebereich zuweisen können. Die grundlegenden Datentypen sind:

Datentypen

❑ Boolesche Werte (*Boolean*, falsch (0) oder wahr (1))
❑ Ganze Zahlen (*Integer*)
❑ Kommazahlen (*Float*)
❑ Zeichenketten (*String*)

Fast alle Programmiersprachen definieren in den letzten drei Kategorien mehr als einen Datentyp. Das spart Speicher, weil je nach Variablenlänge der passende Datentyp gewählt werden kann (zum Beispiel kurze ganze Zahlen von 0 bis 255, normale ganze Zahlen von 0 bis 65535 und überlange ganze Zahlen von 0 bis 4294967295). In Perl gibt es das alles nicht. Sie können Variablen jederzeit im Programm verwenden, ohne sie vorher zu deklarieren. Und: Sie dürfen mit jeder Variablen alles machen. Es ist auch erlaubt, einer Variablen abwechselnd Zeichenketten und Zahlenwerte zuzuweisen.

Wertebereiche

In dieser Hinsicht bietet Ihnen Perl wirklich größtmögliche Freiheit, die gleichzeitig auch eine Gefahr ist. Falls Sie freiwillige Selbstbeschränkung üben und Ihre Variablen deklarieren wollen (was wir Ihnen sehr empfehlen!), stellen Sie folgende Zeile an den Beginn jedes Perl-Programms:

Freiwillige Variablenprüfung

```
use strict;
```

Dadurch werden Sie gezwungen, Ihre Variablen mit dem Schlüsselwort my zu deklarieren. Da es in Perl keine Datentypen gibt, legen Sie bei der Deklaration »nur« den Namen der Variablen fest. Obwohl es Ihnen wie gesagt auch anders erlaubt wäre, sollten Sie sich bei der Deklaration einer Variablen überlegen, ob Sie in dieser Variablen in Zukunft Zahlenwerte, Zeichenketten oder boolesche Werte (siehe Seite 27) speichern wollen, und das auch konsequent tun. In den meisten Fällen ergibt sich das ohnehin aus dem beabsichtigten Zweck der Variablen. Betrachten Sie das nachfolgende Beispiel. In den ersten beiden Zeilen sehen Sie Deklaration und Zuweisung in zwei Schritten. Die erste Wertzuweisung einer Variablen wird auch *Initialisierung* der Variablen genannt. Zwischen Zeile 1 und Zeile 2 hat die Variable keinen Wert. In Perl wird dieser Nicht-Wert als undef bezeichnet. Im Normalfall erledigen Sie Deklaration und Initialisierung in einem Schritt (siehe Zeile 3 und 4). my darf nur bei der Deklaration verwendet werden.

```
my $apfelsorte;
$apfelsorte =  "Golden Delicious";
my $zufriedenheit = 0.8;
my $antwort = 23;
```

Wie gesagt: Sie müssen das nicht tun, aber es hat Vorteile. Abgesehen davon, dass Sie eine mögliche Fehlerquelle von vornherein ausschalten, wird es Ihnen später um einiges leichter fallen, auch andere Programmiersprachen zu erlernen.

```
my $neueAntwort = $antwort + 19;
$zufriedenheit = $zufriedenheit + 0.1;
```

Zugriff auf Variablenwerte

Wie können wir aber den Inhalt einer Variablen feststellen? Ganz einfach: Der Variablenname steht für den Wert! Klingt kompliziert, ist aber sehr intuitiv. So verwenden wir im obigen Beispiel den Wert von $antwort, indem wir den Variablennamen auf der rechten Seite einer Zuweisung verwenden. Dort werden Variablenwerte angesprochen. Das bewirkt, dass unsere neu deklarierte Variable $neueAntwort einen Wert erhält, der auf dem Wert von $antwort basiert. Der Wert von $antwort ist 23 und wir addieren 19 dazu: Der Wert von $neueAntwort ist also 42. Überall im Programmcode außer den linken Seiten von Zuweisungen werden nicht Variablen, sondern ihre *Werte* angesprochen. Dieses Prinzip gilt für alle Variablen (und alle Programmiersprachen). In der zweiten Zeile sehen Sie, wie einer Variablen ein neuer Wert zugewiesen wird, der auf dem alten Wert basiert. Lesen Sie von rechts nach links: Wir nehmen den bisherigen Wert von $zufriedenheit, erhöhen ihn um 0.1 und weisen die Summe derselben Variablen zu, die danach den Wert 0.9 hat.

Hier noch eine Sache, die Sie in Perl tun dürfen, die aber in anderen Programmiersprachen nicht erlaubt wäre:

Besonderheiten

```
$apfelradius = "5";
$apfeldurchmesser = $apfelradius * 2;
```

Wir haben den Apfelradius als Zeichenkette definiert (durch die Anführungszeichen). Trotzdem können wir mit dieser Variablen rechnen und der Durchmesser in $apfeldurchmesser wird korrekt das Doppelte vom Radius sein. Das ist Perl. Wenn nun $apfelradius wirklich eine Zeichenkette enthielte, dann würde das Ergebnis der Berechnung keinen Fehler wegen falscher Datentypen ergeben. $apfeldurchmesser würde den Wert 0 erhalten. Das ist Perl! (Man nennt das auch *Best effort interpretation* – den Code so gut wie möglich interpretieren.)

Best effort interpretation
Datenstrukturen: Listen

Die Variablen, mit denen wir uns bisher beschäftigt haben, werden *Skalare* beziehungsweise *Skalarvariable* genannt. Sie bieten Platz zum Speichern *einzelner* Datenwerte. Oft wollen Sie aber nicht nur einzelne Werte, sondern eine ganze Gruppe von gleichartigen einzelnen Werten speichern, zum Beispiel die Namen der SchülerInnen einer Klasse oder die Namen aller Apfelsorten dieser Welt. Dafür gibt es eine eigene Art von Variablen, die *Listen* (*Arrays*) genannt werden. In Listen werden mehrere gleichartige Werte gespeichert. Die Kartei aus dem Übungsalgorithmus ist eine typische Liste: eine geordnete Menge von Zeitungsartikeln. Abbildung 1.5 zeigt das Prinzip: Links sehen Sie Skalarvariablen, rechts zwei Listen mit fünf beziehungsweise drei *Elementen*.

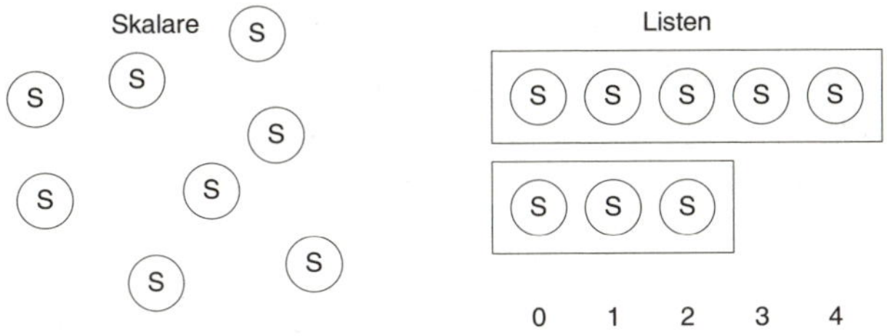

Abbildung 1.5
Skalare und Listen

Das Besondere an Listen in Programmen ist, dass sie nicht nur eine Dimension haben können (wie die Kartei), sondern beliebig viele (zum Beispiel ein Kasten von Karteien mit Wohnungsinseraten, Kochrezepten, Gartentipps et cetera). Abbildung 1.6 zeigt Beispiele von Arrays: eindimensionale Arrays von Zahlen und Zeichen (a) und eine zweidimensionale Liste von Zahlen (b).

Abbildung 1.6
Ein- und
zweidimensionale
Datenstrukturen

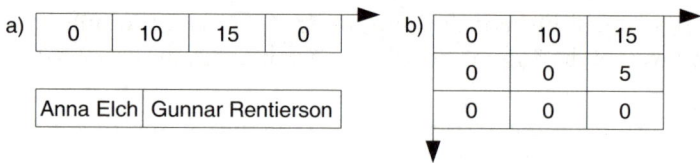

Listen werden in Perl ebenfalls durch Zuweisungen definiert. Es gibt unter anderem folgende Möglichkeiten:

```
my $name = "Sören Elch";
my @geschwister = ("Anna Elch", "Gunnar Elch-Rentierson");
my @entfernung = ([ 0, 10, 15],
                  [ 0,  0,  5],
                  [ 0,  0,  0]);
```

Skalare   Die erste Zuweisung definiert einen Skalar. Die zweite eine Liste von zwei Zeichenketten. Die dritte Anweisung (eine Entfernungstabelle der Häuser von Sören und seinen Geschwistern in Kilometer) definiert ei-

Listen   ne zweidimensionale Liste, das ist eine Liste von Listen. Jede innere Liste wird durch eckige Klammern angegeben. Die Reihe der Listen definiert die zweite Dimension. *Beachte*: Listen beginnen nicht mit $, sondern mit @! Und: Zwischen den Werten können beliebig viele Leerzeichen eingefügt werden (dadurch wird die Lesbarkeit erhöht). Das ist ein allgemeines Prinzip: Zwischen Schlüsselwörtern, Blöcken et cetera können beliebig viele Leerzeichen und Leerzeilen stehen (so genannte Whitespaces). Die Verwendung von Listen geschieht folgendermaßen:

```
my $name2 = $geschwister[0];
my $entfernungZuGeschwister[0] = $entfernung[0][1];
```

Indizes   In den eckigen Klammern wird angegeben, auf welches Element der Liste zugegriffen werden soll. Diese Zählung wird immer bei null begonnen und sie wird *Index* genannt. Das erste Element einer Liste hat also immer den Index 0. Beachten Sie, dass die Variable hier wieder mit einem Dollar beginnt (Grund: $geschwister[0] ist wiederum ein Skalar). Nach der Zuweisung enthält $name2 den Wert »Anna Elch«. Natürlich kann ein Element einer Liste auch Ziel einer Zuweisung sein (wie im zweiten Beispiel). Bei mehrdimensionalen Arrays definiert der erste Index die äußerste Liste (im Beispiel die Zeilen) und so weiter. Die Zielvariable bekommt also den Wert 10 zugewiesen. Abschließend, um Ihre Sicherheit beim Umgang mit Listen zu erhöhen: Wie würde eine dreidimensionale Liste aussehen? (Versuchen Sie es erst selbst, bevor Sie weiterlesen!)

```perl
my $dreidimensionaleZahlenliste = (
    [ [1, 2], [3, 4] ],
    [ [5, 6], [7, 8] ]
);
my $zahl = $dreidimensionaleZahlenliste[1][0][1];
```

$zahl enthält nach der Zuweisung den Wert 6 (zweite Zeile, erste Liste dort, davon die zweite Zahl).

Damit haben wir die wesentlichen Konzepte von Daten in Perl kennen gelernt. In Kapitel 3 werden wir uns mit einer weiteren Datenstruktur, dem *Hash*, beschäftigen, die es in vielen anderen Programmiersprachen nicht gibt.

Maskieren von Sonderzeichen

Falls Sie ein Anführungszeichen oder die Sonderzeichen @ und $ innerhalb einer Zeichenkette verwenden wollen, müssen Sie diese Zeichen *maskieren*. Das heißt, Sie müssen den Backslash (\) vor das Sonderzeichen stellen. Das ist notwendig, damit die »normale« Bedeutung des Sonderzeichens ausgeschaltet wird und Perl weiß, dass Sie nicht das Ende einer Zeichenkette meinen beziehungsweise den Wert einer Skalar- oder Arrayvariablen ansprechen wollen. Hier einige Beispiele:

```perl
my $vorname = "Liv";
my $name = "$vorname Sverjeson"; # ergibt: Liv Sverjeson
$name = "\$vorname \@nachname"; # ergibt: $vorname @nachname
my $satz = "Ich sagte \"JA\"."; # ergibt: Ich sagte "JA".
```

Fehlerquellen

Zum Abschluss dieser Einführung in die Welt der Daten noch ein paar praktische Hinweise. Sinnvoll gewählte Variablennamen sind wesentlich für guten Programmierstil und zur Fehlervermeidung. Zumeist ist es nützlich, ein Adjektiv und und ein Substantiv zu kombinieren. In jedem Fall sollte der Name klare Auskunft über den Inhalt einer Variablen geben (zum Beispiel $personenAnzahl statt $n)! Typische Fehler bei der Verwendung von Variablen sind (siehe auch Abschnitt 4.3.2):

❏ Fehler um 1: Der Index in Perl-Listen beginnt immer bei 0. Die Länge einer Liste ist immer `Index des letzten Elements + 1`.

❑ Vergessen der ersten Zuweisung. Vor der ersten Zuweisung ist eine Variable gänzlich undefiniert (Wert undef, entspricht bei numerischer Verwendung 0). Listen lassen sich leer initialisieren mit @liste = (); Zeichenketten mit $string = "".

❑ Vergessen des Maskierens von $ und @ durch einen Backslash in Zeichenketten.

❑ Tippfehler in Variablennamen. Perl versucht immer, das Beste aus dem Programmcode zu machen. Der Effekt dieses Fehlers ist derselbe, wie wenn die erste Zuweisung vergessen wird. Verwenden Sie use strict;!

❑ Beim Ansprechen eines Listenelements und damit eines Skalars versehentlich @ statt $ zu Beginn der Variablen verwenden.

Eine virtuelle Welt

Was folgt aus dem in diesem Abschnitt über Daten Gesagten? Daten sind eine sehr unvollständige Beschreibung der Welt. Sie beschreiben nur wenige Eigenschaften der wirklichen Gegenstände und diese nur durch endliche Zahlen und Zeichenketten. Dennoch sind sie etwas Wunderbares! Erst durch die Daten werden Programme etwas rein Virtuelles und ausführbar in Computern. Damit ist uns ein Werkzeug in die Hand gegeben, das uns erlaubt, fast jeden Aspekt der Wirklichkeit im Computer zu modellieren und virtuell auszuprobieren. Das ist das wirklich Faszinierende am Programmieren (insbesondere in Perl)!

Wir wissen jetzt, wie man in Perl Abläufe und Dinge beschreiben kann. Das reicht aber noch nicht. Es ist notwendig, diese beiden Bereiche miteinander in Beziehung zu bringen. Dazu muss festgelegt werden, was im Programm (durch Abläufe) mit Dingen geschehen darf. Die dazu verwendeten *Ausdrücke* sind Thema des nächsten Abschnittes.

1.4 Definition der Regeln mit Ausdrücken

»Ausdruck« ist ein aussageloses Unwort der Programmierung. Nichtsdestotrotz ist es *das* Wort zur Beschreibung von Umweltbedingungen und mathematischen Datenmanipulationen in Algorithmen. Eigentlich gemeint ist, Beziehungen zwischen den Abläufen und Daten des Programms und der Umwelt herzustellen. Die dazu verwendeten Elemente

Operatoren

von Ausdrücken heißen »Operatoren«. In diesem Abschnitt stellen wir die wichtigen Operatoren von Perl vor und erklären, wie man mit ihnen Abläufe steuert und komplexe Zuweisungen aufbaut.

Ausdrücke

Es gibt – das gilt für alle prozeduralen Programmiersprachen – zwei wesentliche Gruppen von Operatoren:

❑ Logische Operatoren
❑ Mathematische Operatoren (»Formeln«)

Alle anderen Gruppen (zum Beispiel binäre Operatoren [24]) sind für uns von geringer Bedeutung, da sie durch Elemente dieser beiden Gruppen ersetzt werden können.

Betrachten wir zunächst die logischen Operatoren. Sie dienen dazu, in Verzweigungen und Schleifen auf Umweltbedingungen Rücksicht zu nehmen. Umweltbedingungen können sich auf Daten oder die Systemumgebung (siehe Abschnitt 2.3) beziehen. Sehen wir uns ein Beispiel an:

Logische Operatoren

```
if ($anzahlStriche > 5) {
    <abonniere zeitung>;
}
```

Nur dann, wenn die Variable $anzahlStriche (ein Skalar) einen Wert größer 5 enthält, wird der if-Block ausgeführt. Das Zeichen > heißt *Vergleichsoperator*: Es dient dazu, zwei *Zahlen* zu vergleichen. Analoge Funktionen werden von <, <= und >= (kleiner, kleiner oder gleich, größer oder gleich) erfüllt. Besonders sind die Operatoren == (genau gleich) und != (ungleich):

```
do {
    <pflücke apfel>;
} while ($anzahlAepfel != 10);

if ($esIstDunkel == 1) {
    <schalte taschenlampe ein>;
}
```

Die Schleife wird so lange ausgeführt, bis die Variable $anzahlAepfel den Wert 10 enthält. != steht also für »ungleich«.

$esIstDunkel ist eine boolesche Variable. Solche Variablen werden auch Signale oder Flags genannt und dienen dazu, Zustände zu unterscheiden. Sie können nur zwei Werte annehmen: »wahr« und »falsch«. In den meisten Programmiersprachen gibt es einen eigenen Datentyp dafür, in Perl wird eine Skalarvariable verwendet, der für »falsch« der Zahlenwert 0 und für »wahr« der Zahlenwert 1 (oder jeder andere von 0 verschiedene Wert) zugewiesen wird. Undefinierte Variablen (undef) werden als »falsch« interpretiert. Dasselbe gilt für leere Zeichenketten (""). Nichtleere Zeichenketten sind »wahr«. Sie sollten für boolesche Variablen immer Namen verwenden, aus denen sofort hervorgeht, dass der Wert dieser Variablen nur »ja« oder »nein« sein kann, wie zum Beispiel $inseratGefunden oder $apfelGepflueckt. Ein Beispiel für einen schlechten Namen wäre $einApfel.

Boolesche Variablen

Wahr und falsch

== steht für »ist genau gleich«. Wenn es dunkel ist, dann hat die Variable $esIstDunkel den Zustand »wahr« und folglich den Wert 1. Damit ist die Bedingung erfüllt und unser Algorithmus schaltet die Taschenlampe ein. Wenn $esIstDunkel den Wert 0 hat, dann ist die Bedingung nicht erfüllt, und der Block in der if-Anweisung wird nicht ausgeführt. Warum ein doppeltes Ist-gleich-Zeichen für »ist genau gleich«, warum nicht ein einfaches? Das liegt daran, dass das einfache Ist-gleich-Zeichen bereits für die Zuweisung vergeben ist. Dieselben Operatoren werden übrigens auch in den Programmiersprachen C, C++, Java und C# verwendet.

Vergleichsoperatoren *für Zeichenketten* Beide Gleichheitsoperatoren beziehen sich – wie die anderen Vergleichsoperatoren – ausschließlich auf Zahlen. Man könnte mit ihnen zwar auch Zeichenketten vergleichen (zum Beispiel "Hochhaus"> "Haus") und Perl würde keinen Fehler melden; praktisch hätte das aber wenig Sinn. Perl würde die beiden Strings als Zahlen interpretieren, beiden den Wert 0 zuweisen und unser Vergleich (0 > 0) würde zum Ergebnis »falsch« führen (man sagt auch *evaluieren*). Um Zeichenketten zu vergleichen, stellt Perl folgende logische Operatoren zur Verfügung:

```
if ($apfelsorte eq "Klarapfel") {
    <verwende als kompott>;
} elsif ($apfelsorte ne "Granny Smith") {
    <verwende fuer strudel>;
}
```

eq ist der Gleichheitsoperator. ne testet auf Ungleichheit. Andere Vergleichsoperatoren für Zeichenketten werden praktisch nie benötigt. Übrigens gibt es in Perl eine viel mächtigere Möglichkeit, Zeichenketten zu analysieren und zu vergleichen: *reguläre Ausdrücke*. Mit regulären Ausdrücken können Sie zum Beispiel testen, ob eine Zeichenkette mit einem bestimmten Buchstaben beginnt oder endet, und noch einiges mehr. In Kapitel 3 werden wir uns ausführlich mit regulären Ausdrücken beschäftigen.

Verknüpfungsoperatoren Bisher hatten wir nur Umweltbedingungen mit einem Vergleichsausdruck. Was, wenn wir zwei oder mehr Bedingungen prüfen möchten? Dafür gibt es die *logischen Verknüpfungsoperatoren*:

```
if ($zahl > 5 && $zahl < 10) {
    <setze wertebereich auf 6 bis 9>;
} elsif ($zahl <= 5 || $zahl >=10) {
    <setze wertebereich auf 0 bis 5 und 10 bis ...>;
}
```

&& steht für »und«, || steht für »oder«. Alternativ kann man auch and und or schreiben. Beide Operatoren können verwendet werden, um beliebige Ketten von Bedingungen zu erzeugen. Dabei ist unbedingt zu beachten, dass && stärker bindet als ||:

```
$zahl1 >= 0 && $zahl1 <= 10 || $zahl2 <= 10
```

evaluiert zu »wahr«, wenn $zahl1 im Wertebereich von 0 bis 10 ([0, 10]) liegt oder $zahl2 nicht größer als 10 ist. Möchte man, dass $zahl1 immer nichtnegativ ist und dass zumindest eine der beiden Zahlen kleiner als zehn ist, müsste man den Ausdruck folgendermaßen schreiben:

```
$zahl1 >= 0 && ($zahl1 <= 10 || $zahl2 <= 10)
```

Logische Ausdrücke können sehr schnell sehr kompliziert werden. Weiter unten werden wir Techniken besprechen, um unnötige Komplexität zu vermeiden. Es empfiehlt sich aber immer, beim Formulieren eines Ausdrucks alle Möglichkeiten mit Papier und Bleistift durchzuspielen, um sicherzustellen, dass der Ausdruck tut, was er soll! Ein letzter Operator fehlt uns noch: die Negation.

Negationsoperator

```
if (! $esIstDunkel == 0) {
    <schalte taschenlampe ein>;
}
```

Die Negation ! bewirkt, dass der nachfolgende Ausdruck in sein Gegenteil verkehrt wird. $esIstDunkel == 0 bedeutet laut Konvention, dass das Signal »falsch« sein muss, damit der Vergleich »wahr« ist. Nicht überlesen! Überlegen Sie, warum das so sein muss! Das heißt, die Taschenlampe wird nur eingeschaltet, wenn es nicht nicht dunkel ist; also, wenn es dunkel ist. Mit der Negation können beliebige Ketten von Ausdrücken in ihr Gegenteil verkehrt werden. Dennoch ist dieser Operator mit Vorsicht zu verwenden! Er erhöht die Komplexität eines Algorithmus ungemein. Glücklicherweise kann er durch Umformulieren des Ausdrucks meist ersetzt werden. Obigen Ausdruck kann man zum Beispiel so schreiben:

```
if ($esIstDunkel == 1) {
    <schalte taschenlampe ein>;
}
```

Viel einfacher. Perl erlaubt aber eine noch kürzere Schreibweise:

```
if ($esIstDunkel) {
   <schalte taschenlampe ein>;
}
```

Die Bedingung ist »wahr«, wenn der Wert der Variablen nicht 0 ist. Das gilt natürlich auch umgekehrt:

```
if (! $esIstNichtDunkel) {
   <schalte taschenlampe ein>;
}
```

Erfüllt denselben Zweck. Abbildung 1.7 fasst noch einmal die Funktionsweise von »und«, »oder« und »nicht« zusammen. Auch beim Formulieren von Ausdrücken gilt: *Nur Übung macht den Meister!* Lösen Sie die Übungsbeispiele und denken Sie sich weitere Übungsausdrücke aus! Üben Sie insbesondere das Formulieren von Ketten logischer Ausdrücke.

Abbildung 1.7
Funktionsweise
logischer Operatoren

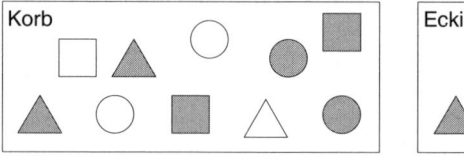
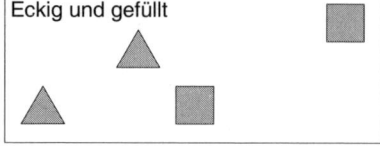
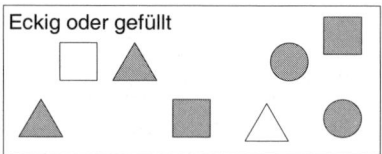
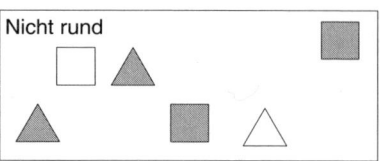

Mathematische
Operatoren

Die zweite wichtige Gruppe von Operatoren sind mathematische Operatoren. Sie werden üblicherweise auf Variablen und Zahlen angewandt und können Teil von Bedingungen und Zuweisungen sein. Es gelten die aus dem Mathematik-Unterricht bekannten Rechenregeln. Ein paar Beispiele:

```
$zahl = 1 + 2 * 4 - 8 / 2;   # $zahl ist 5
$zahl++;                     # $zahl ist 6
$zahl-= 5;                   # $zahl ist 1
$zahl--;                     # $zahl ist 0
$zahl = ($zahl + 4) * 2;     # $zahl ist 8
$zahl = $zahl % 5;           # $zahl ist 3
$zahl = $zahl ** 3;          # $zahl ist 27
```

Neben ++ (inkrementieren) gibt es auch -- (dekrementieren). Diese Operatoren sollte man $x = $x + 1 (beziehungsweise $x - 1) Zuweisungen vorziehen, da sie von Computern bei weitem schneller ausgeführt werden können. Neben -= gibt es auch +=, *=, /=, %=, **=. % steht für die Modulo-Rechnung: den Rest bei einer Ganzzahldivision (zum Beispiel 13 / 4 = 3 Rest 1). ** erhebt den Wert vor dem Operator zur dahinter angegebenen Potenz.

Das sind im Wesentlichen alle Operatoren, die man zum Programmieren in Perl braucht. Wichtig ist festzustellen, dass es einige Muster für Ausdrücke gibt, die immer wiederkehren. Wir werden uns mit Mustern im Kapitel 4 beschäftigen. Ausdruckmuster finden sich im Anhang A.3.

Zum Abschluss dieses Abschnittes ein paar Worte über das Vereinfachen von Ausdruckketten und über typische Fehler beim Erstellen von Bedingungen. Grundsätzlich kann man jede »oder«-verknüpfte Kette von Ausdrücken folgendermaßen ersetzen:

Vereinfachung von Ausdrücken

```
if (bedingung1 || bedingung2 || ...) {
   <block>
}

# entspricht:
if (bedingung1) {
   <springe zu block>
} elsif (bedingung2) {
   <springe zu block>
} ...
```

Das ist nur geringfügig mehr Schreibaufwand, erhöht aber die Übersichtlichkeit des Programms erheblich, indem die Komplexität der Bedingungen verringert wird. Wenn Sie diesem *Muster* folgen, bestehen Ihre Ausdrücke immer nur aus »und«-Ketten, die sehr einfach zu formulieren sind. Darüber hinaus ist es empfohlen, alle Variablen immer *positiv* zu formulieren, so dass man den Negationsoperator nicht benötigt. Wenn Sie diese beiden einfachen Regeln befolgen, können Sie 99% aller Bedingungen mit &&, >, ==, eq formulieren!

Typische Fehler beim Formulieren von Perl-Ausdrücken sind:

Fehlerquellen

❏ Doppelte Verneinungen, die den Sinn des Ausdrucks verändern (besonders in Ketten). Vermeiden Sie komplexe Ausdrücke!
❏ Verwendung numerischer Operatoren auf Zeichenketten.
❏ Verwechslung von »falsch« (0) und »wahr« (nicht 0: 1, 2 et cetera).
❏ Fehlende Klammern bei Ausdrücken mit »und« und »oder«. && bindet stärker als ||!

Nun kennen wir alle drei wesentlichen Komponenten von Programmen: Abläufe, Daten und Bedingungen. Bleibt nur noch die Frage, wie Programme in Perl-Syntax erstellt werden. Im nächsten Abschnitt verwenden wir alle bisher gelernten Techniken, um den Übungsalgorithmus aus Abschnitt 1.1 in Perl zu implementieren.

1.5 Das Beispiel in Perl-Syntax

Unser erstes Perl-Programm

Mit dem Vorwissen der Abschnitte dieses Kapitels sind wir nun in der Lage, unseren Beispielalgorithmus aus Abschnitt 1.1 in Perl-Syntax zu formulieren. Unter »Syntax« versteht man übrigens die Summe aller Vorschriften einer Sprache (welche Schlüsselwörter, welche Trennzeichen wo, welche Leerzeichen wo et cetera). Momentan geht es nur um den Algorithmus, das Einlesen und Auswerten der Zeitungsartikel vernachlässigen wir im Moment noch.

```perl
#!/usr/bin/perl -w
use strict;

my $MAX_SEITEN = 5;
my $MAX_ZEILEN = 10;
my $MAX_SPALTEN = 3;
my $spalte = 1;
my $zeile = 1;
my $seite = 1;
my @artikel;
my $artikelIstInteressant;
my $artikelIstWohnungsinserat;
my $anzahlInserate = 0;
my @kartei;

# Hier fehlt Code, in dem die Zeitungsartikel in @artikel
# eingelesen werden

do {
    do {
        print "Lese Artikel in Zeile $zeile, Spalte $spalte.\n";
        ($artikelIstWohnungsinserat, $artikelIstInteressant) =
            liesArtikel($artikel[$zeile][$spalte]);


        if ($artikelIstWohnungsinserat && $artikelIstInteressant) {
            $kartei[$anzahlInserate] = $artikel[$zeile][$spalte];
            $anzahlInserate++;
        }
```

```perl
        $spalte++;
        if ($spalte >= $MAX_SPALTEN) {
            $zeile++;
            $spalte=1;
        }
    } while($zeile <= $MAX_ZEILEN);
    $seite++;
    print "Blaettere zu Seite $seite.\n";
    $zeile = 1;
} while($seite <= $MAX_SEITEN);

if ($anzahlInserate > 5) {
    # Zeitung abonnieren
}


sub liesArtikel {
    my $text = shift;
    my ($istWohnung, $istInteressant);

    # Hier fehlt Code, in dem der Text des Artikels
    # ausgewertet wird. Nach der Auswertung ist klar,
    # ob es sich beim Artikel um ein Wohnungsinserat
    # handelt und ob es interessant ist. Diese beiden
    # Flags werden dann gesetzt.

    return ($istWohnung, $istInteressant);
}
```

In der ersten Zeile sehen Sie den so genannten *She-Bang*: Hier wird *She-Bang*
der Pfad zum Perl-Interpreter (siehe Seite 34) angegeben. Mit der Option -w wird festgelegt, dass wir Warnungen erhalten wollen, falls wir fehlerträchtige Konstrukte in unserem Code verwenden. In der zweiten Zeile geben wir an, dass wir unsere Variablen deklarieren wollen (siehe Seite 21), was wir daraufhin auch tun, und zwar gleich zu Beginn für alle im Programm verwendeten Variablen.

Die ersten drei davon sind *Konstanten*. Das sind Variablen, die im gesamten Algorithmus nicht mehr verändert werden. Konstanten sind sinnvoll, weil Sie damit die Übersicht über im Programm verwendete fixe Werte behalten. Falls sich ein im Normalfall konstanter Wert ändert, beispielsweise weil die Zeitung ihr Layout modernisiert und ab jetzt nur mehr sieben Spalten pro Anzeigenseite gedruckt werden, dann können Sie Ihr Programm einfach an diese Änderung anpassen, indem Sie den Wert der Konstante verändern. In Perl werden konstante Variablen durch Großschreibung von anderen Variablen unterschieden, da es

– im Gegensatz zu anderen Programmiersprachen – keine Möglichkeit gibt, das Überschreiben von Variableninhalten zu verhindern.

@artikel und @kartei sind Listen, mit denen wir die Zeitung und die Kartei repräsentieren. $anzahlInserate ist die Strichliste zum Zählen interessanter Wohnungsinserate. Die nächsten beiden Variablen sind boolesche Variablen (Flags), die in den Bedingungen verwendet werden. $zeile und $spalte sind Zählvariablen, da wir damit die momentane Position beim Lesen einer Seite der Zeitung angeben.

Das Hauptprogramm besteht aus zwei Schleifen: Lesen aller Seiten der Zeitung und Durcharbeiten aller Artikel je Seite. Zum Bewerten eines Artikels wird die Funktion liesArtikel() verwendet. Sie setzt die Flags entsprechend dem Artikelinhalt. Interessante Artikel werden in die Kartei kopiert. Statt eines Zählers könnte man dazu auch die Funktion push verwenden. Die Funktion print gibt eine Zeichenkette auf den Bildschirm aus. Diese und andere Funktionen werden in Kapitel 2 besprochen.

Alternativ zu den gewählten Formulierungen hätten wir genauso for-Schleifen für das Durcharbeiten der Zeitung verwenden können. Außerdem gelten einige einschränkende Annahmen: Artikel werden in ein Array geladen, bei nicht vorhandenen Artikeln ($zeile, $spalte) wird eine leere Zeichenkette eingefügt. Überzählige Artikel werden nicht verwendet und leere Artikel werden als »nicht Wohnung« und »nicht interessant« bewertet.

Ausführen von Programmen   Was muss man nun tun, um dieses Programm auszuführen? Zunächst muss man es eintippen und als Datei mit der Endung .pl (für Perl) speichern. Unter Unix-Betriebssystemen (inklusive Mac OS) können Sie dazu einen der bewährten Editoren benutzen (vi, emacs et cetera); unter Windows empfehlen wir die Verwendung des Betriebssystem-Editors »Notepad«. Zum Ausführen des Programms benötigen Sie eine *Perl-Laufzeitumgebung* und einen *Perl-Interpreter*. Die Laufzeitumgebung (*runtime environment*) ist eine Softwarebibliothek, die die Gesamtheit der von Perl angebotenen Funktionalitäten implementiert. Ein Interpreter ist ein Maschinenprogramm, das Programme schrittweise in Maschinensprache übersetzt und ausführt. Die Installation einer Perl-Umgebung unter Unix (Linux) und Windows wird in Anhang A.1 beschrieben.

Um dieses Programm in Aktion zu sehen, geben Sie in einer Unix/Linux-Shell beziehungsweise an der Windows-Eingabeaufforderung Folgendes ein, um den Perl-Interpreter aufzurufen und ihm gleichzeitig mitzuteilen, welches Perl-Programm Sie ausführen wollen:

```
perl <dateiname_des_programms>
```

Beim ersten Ausführen eines Programms tritt üblicherweise ein beson-
deres Problem der Programmierung auf: ein Fehler. Achtzig Prozent
der Programmierarbeit ist Fehlersuche. Als ProgrammiererIn lernt man
die grundlegende Wahrheit, dass die meisten Dinge nur funktionieren,
wenn man sie bis ins letzte Detail überlegt und überprüft hat. Und
zwar gründlich. Es gibt zwei wesentliche Fehlerarten: syntaktische Fehler und inhaltliche Fehler. Syntaxfehler sind Verstöße gegen die Regeln
der Programmiersprache und meist leicht zu finden. Inhaltliche Fehler
(auch semantische Fehler genannt) können nur durch iterative Analyse, Modellverfeinerung und Abstraktion gefunden werden. In Kapitel
4.3 werden wir uns mit Strategien zum Auffinden inhaltlicher Fehler
beschäftigen.

Fehlersuche

Syntaxfehler und semantische Fehler

1.6 Modellierung: Wie Programme gebaut werden

Die Motivation für diesen Abschnitt ist: Wir wollen Programme (Modelle, Systeme) implementieren; aber wie *macht* man das? Bisher kennen wir zwar die technischen Grundlagen (Abläufe, Daten, Bedingungen), aber um sie *aktiv* umsetzen zu können, benötigen wir noch mehr.
Wir brauchen einen Plan (eine Vorgangsweise). Die beiden Techniken,
die sich anbieten – und die wir bereits im ersten Abschnitt dieses Kapitels skizziert haben –, sind Analyse (Systemanalyse) und Modellierung.
Dieser Abschnitt ist eine Einführung in diese zwei Bereiche. Weiterführende Themen (Was ist guter Entwurf? Welche Heuristiken (Daumenregeln) haben sich in der Modellierung bewährt? et cetera) werden in
den folgenden Kapiteln, insbesondere aber in Kapitel 4 behandelt.

Wie wird programmiert?

Analyse bedeutet im Kern: einen komplexen Zusammenhang auf
bekannte Muster zurückzuführen (reduzieren). Da »bekannte Muster«
etwas sind, was wir bereits *verstehen*, ist das Ziel der Analyse im Wesentlichen, den Zusammenhang durch Ordnen zu verstehen. »Reduzie-
rung« impliziert, dass im Analyseprozess manche Informationen unbe-
achtet bleiben oder bewusst vernachlässigt werden. Im Sinne des primären Zieles (Verstehen) ist das gewollt. Analyse/Reduzierung endet in
der Programmierung schließlich auf der Ebene der Schlüsselwörter und
vordefinierten Funktionen (der Programmiersprache). *Modellieren* ist
demgegenüber das *Wieder-Zusammensetzen* der analysierten Grundbausteine zu einem funktionierenden Ganzen. Konkret: der Entwurf
eines Programms aus Lösungsmustern. Eine wesentliche Schwierigkeit
(mit der wir uns in den Folgekapiteln noch eingehend auseinander setzen werden) ist dabei das korrekte und sinnvolle Hinzufügen der in der
Analyse vernachlässigten Nebenaspekte. *Wesentliches Denkmodell des*

Was ist Analyse?

Modellierens ist die Abstraktion: Es ist wichtig, sich bewusst zu machen, dass man nie ein Programm an sich modelliert, sondern auch ein Modell des Programms. (Das heißt, es wird nicht nur ein Problem gelöst, sondern auch gefragt, welche Eigenschaften und Strukturen diese Lösung hat.) Erfahrene ProgrammiererInnen gehen noch weiter und arbeiten sich vom Metaprogramm (Modell) zum Metamodell weiter. Der

Metamodelle Grund ist einfach: Jede Metastufe stellt ein Destillat der nächsten Konkretisierungsebene dar. Fehler und Einschränkungen, die im Metamodell erfolgreich entfernt wurden, können bei korrekter Ableitung (was mit etwas Übung relativ einfach ist) im Programm vermieden werden. Kurz: Abstrahieren ist wichtig, um Mängel im Modell zu erkennen. Andererseits soll man den »Metabaum« nie zu weit hinaufsteigen: Der praktische Nutzen nimmt mit jeder Metaebene ab und der Modellierungsaufwand steigt an! Der vernünftige Mittelweg ist auch hier nur durch Reflexion der eigenen Erfahrung zu finden.

Top-down und Grundlegende Vorgangsweisen in Analyse und Modellierung sind
bottom-up *top-down* und *bottom-up*. Top-down zu arbeiten bedeutet vom Allgemeinen zum Detail. So geht man zum Beispiel beim Modellieren einer Plastik vor: Zunächst werden grobe Umrisse herausgearbeitet, denen Schritt für Schritt immer feinere Züge folgen. Um vom Allgemeinen zum Detail zu kommen, ist es wichtig, das »Allgemeine« immer weiter »auszumalen«. Dazu sind Kreativitätstechniken (Brainstorming et cetera) sehr hilfreich. Bottom-up ist das umgekehrte Verfahren: Aus bekannten Details wird ein Ganzes aufgebaut. Diese Methode eignet sich gut für Experten und bei der Lösung von Routinetätigkeiten (immer dort, wo man die Details gut kennt). In der Praxis folgt man selten nur einer Richtung. Da die meisten Analyse- und Modellierungsverfahren iterativ ablaufen, werden zumeist sowohl Top-down- als auch Bottom-up-Ansätze verwendet. *Für AnfängerInnen und bei neuartigen Problemen ist aber jedenfalls top-down vorzuziehen.*

Beginnen, Die wesentlichen Schritte jeder Analyse und Modellierung sind
Weitermachen, *Beginnen*, *Weitermachen* und *Reflektieren*. Beginnen ist einfach (top-
Reflektieren down). Weitermachen bedeutet, das bereits gesammelte Wissen übersichtlich darzustellen, Lücken zu finden und diese hartnäckig zu füllen. Reflexion bedeutet, das Modell immer wieder in Frage zu stellen, Doppelgleisigkeiten zu entfernen, Schwächen und unelegante Lösungen
Refactoring zu beseitigen (das nennt man auch »Refactoring«) und Stärken im gesamten Modell konsequent umzusetzen. Der Weg dazu heißt, wie oben festgestellt, Abstraktion (Metadenken). Wichtiger als jede Abstraktion ist aber Ausdauer: Verwechseln Sie »Modell« nicht mit »Entwurf«. Ein gutes Programmiermodell hat nichts Improvisiertes an sich und keine Inkonsistenzen. *Für den Programmiererfolg ist es wesentlich, zunächst ein vollständiges, ausgereiftes Modell zu erstellen.*

Das ist guten ProgrammiererInnen seit mehreren Jahrzehnten klar. *Vorgehensmodelle*
Ebenso, wie es ihnen klar ist, dass der Weg zu einem funktionierenden Programm nur über das eigene vollständige Verstehen aller Aspekte des Problems führen kann. Dennoch gibt es in der Informatik seit
den Sechzigern des zwanzigsten Jahrhunderts die so genannte »Soft-
warekrise«: Programmierprojekte scheitern, versanden oder führen ins
Nichts. Als einen wesentlichen Grund dafür hat man die mangelnde
Rückkopplung in Analyse und Modellierung identifiziert: In der täglichen Programmierpraxis ist es so, dass die Mehrzahl der Informationen über das Ausgangsproblem (und seine zahlreichen Facetten) von
Menschen kommt (meist von mehreren). Es ist kaum jemals möglich,
alle benötigten Informationen in konsistenter Form »auf einmal« zu
bekommen. Viel klüger ist es, Informationen zu sammeln, ein Modell
(einen Prototyp) zu bauen, diesen den BenutzerInnen vorzuführen, Verbesserungsvorschläge und weitere Informationen zu sammeln und das
Modell (den Prototyp) iterativ weiter zu verbessern; so lange, bis das
Modell eine ausreichend gute Lösung darstellt (wie im ersten Abschnitt
ausgeführt). Solche Vorgehensmodelle nennt man *Reverse Engineering*-
Modelle: Vom Modell wird ein Prototyp erzeugt, der wiederum in ein
Modell übergeführt wird, und so weiter.

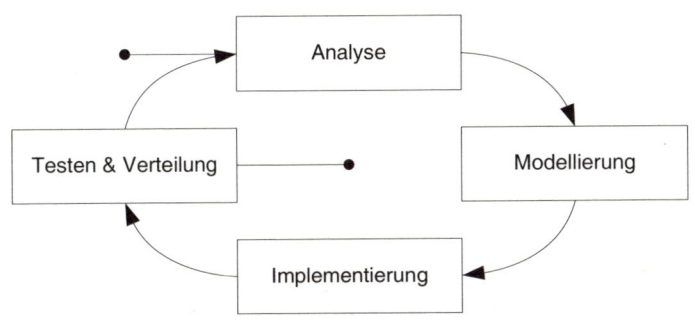

Abbildung 1.8
Iteratives
Vorgehensmodell

Abbildung 1.8 zeigt ein allgemeines iteratives Vorgehensmodell für
die Programmierung. Die wesentlichen Schritte sind Analyse (Beginn),
Modellierung (Zusammenfügen der Analyseergebnisse), Implementierung (Prototypen bauen) und Testen. Auf diesem Konzept basieren verschiedene, heute in der professionellen Softwareentwicklung eingesetzte
Vorgehensmodelle (Rational Unified Process [27] et cetera). Eines der
konsequentesten ist »Extreme Programming« [29]. Extreme Programming definiert eine Reihe von Empfehlungen (*best practices*) für die
schnelle, test-basierte, iterative Entwicklung von Programmen. Wichtig: *Es ist nicht wesentlich, welchem Ansatz Sie folgen, solange er auf
Rückkopplung basiert und Analyse, Modellierung und Test wichtige*

Rollen darin spielen. Letztendlich hängt der Programmiererfolg wesentlich von Ihrer Ausdauer ab!

Grafische Methoden   Grafische Methoden unterstützen die Modellierung: Wir haben bereits Flussdiagramme kennen gelernt, mit deren Hilfe Abläufe, Bedingungen und Datenverwendung dargestellt werden können. Daneben gibt es andere Ansätze (Funktionsgraphen, Zustandsübergangs-Diagramme, Datenmodelle et cetera), die wir an geeigneten Stellen in den folgenden Kapiteln ansprechen werden. Hier noch ein kurzer Hinweis auf ein viel umfassenderes und genormtes System zur grafischen Modellierung von Programmen: die *Unified Modeling Language* (UML). Abbildung 1.9 zeigt zwei einfache UML-Diagrammtypen: Diagramm a) ist ein Beispiel für die Beschreibung von Anwendungsfällen (Use Cases) für das zu modellierende Programm und Diagramm b) zeigt ein Beispiel für die Beschreibung von Abläufen (ähnlich den Flussdiagrammen). Allerdings gehen die von UML gebotenen Möglichkeiten weit über die von Perl gebotenen hinaus. Haupteinsatzgebiet von UML sind große Softwareprojekte, in denen viele ProgrammiererInnen zusammenarbeiten und in denen eine objektorientierte Programmiersprache verwendet wird. Für Aufgabenstellungen, die von einer oder wenigen Personen gelöst werden, sind Flussdiagramme zumeist vollkommen ausreichend. Mehr Informationen zu UML finden Sie in [18].

Abbildung 1.9
Beispiele für
UML-Diagramme

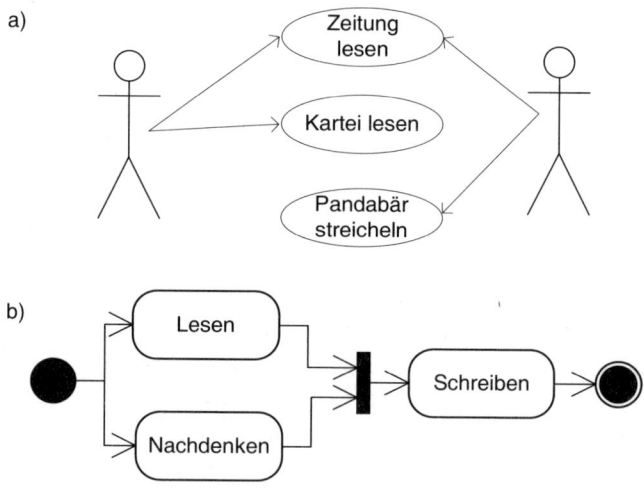

Analyse-Arten   Analyse im Rahmen des Programmierens besteht aus drei Bereichen, die voneinander abhängig sind und verschachtelt ablaufen:

❑ Datenanalyse
❑ Prozessanalyse
❑ Bedingungsanalyse

Die Datenanalyse ist ein guter Startpunkt, um einen Überblick über das Programmierproblem zu gewinnen. Im Mittelpunkt steht die Frage nach den benötigten Dingen und ihren Eigenschaften. Praktisch ergibt sich die Frage, wann welcher Datentyp eingesetzt werden soll. Es ist insbesondere zu klären, welche Signale für Umweltzustände benötigt werden. Bei Listen von Zahlen und Zeichenketten ist darauf zu achten, dass die beiden Basisdatentypen (obwohl das in Perl möglich ist) nicht gemischt werden sollen. Das ist eine grundlegende Anforderung der *Datennormalisierung*. Außerdem müssen so genannte *1:n*-Relationen adäquat implementiert werden. Eine typische *1:n*-Relation ist »Personenname« – »Adresse«. Eine Person kann mehrere Adressen haben, eine Adresse gehört zu einer Person. In Perl lässt sich das einfach durch eine zweidimensionale Liste implementieren:

```perl
my @personenName = ("Gunnar", "Annegret", "Sven");
my @adressen = ([ "Oslo", "Stockholm" ],
                [ "Göteborg", "Bergen" ],
                [ "Stockholm", "Malmö" ] );

my $name = $personenName[1];
my $ersteAdresse = $adressen[1][0];
```

Nach diesem Datenmuster lassen sich beliebige *1:n*-Relationen implementieren. Mehr zu komplexen Datenstrukturen finden Sie in Kapitel 2.

Die Prozessanalyse und die Bedingungsanalyse sind eng verzahnt. Sie beschäftigen sich damit, welche Abläufe und welche Regeln für Umwelteinflüsse es gibt. Man versucht, durch Analyse »Verhaltensmuster« zu identifizieren, die Bestandteil des Algorithmus werden sollen. Die Grundlage jeder Prozessanalyse ist heute die Kenntnis gängiger Ablaufmuster. Wir werden uns mit Mustern im Kapitel 4 beschäftigen. Vorher, in Kapitel 2, befassen wir uns mit dem gängigsten Analyseansatz »Teile und herrsche« (*divide and conquer*). Grundlage dieses Ansatzes ist die *Modularisierung*.

Teile und herrsche

Abschließend möchten wir nochmals darauf hinweisen: Systemanalyse basiert ganz wesentlich auf Erfahrung, auf Übung. Üben Sie Analyse und Modellierung so gut und so viel Sie können!

1.7 Zusammenfassung und Ausblick

In diesem Kapitel wurde folgendes wesentliche Wissen vermittelt:

❏ Abläufe bestehen aus Anweisungen, Zuweisungen, Verzweigungen und Schleifen.

❏ Daten stehen für Dinge der wirklichen Welt.

❏ Bedingungen stellen Verknüpfungen zwischen Umwelt, Daten und Abläufen her.

❏ Analyse und Modellierung sind die Verfahren zum Ableiten von Programmen (Lösungen) aus Problembeschreibungen.

❏ Analyse und Modellierung sind nur wirksam, wenn sie in iterative Vorgehensmodelle eingebettet sind. Ist ein *zwingender* Analyse- und Modellierungsprozess vorhanden, trifft es zu, dass das Problem bereits eine (weniger detaillierte) Form der Lösung ist.

In Kapitel 2 beschäftigen wir uns mit den Grenzen, die in der Programmierung relevant sind: Programm – Mensch, Programm – Systemumgebung et cetera. Außerdem diskutieren wir sinnvolle Modularisierung von Perl-Programmen. Kapitel 3 behandelt Besonderheiten des Sprachumfangs von Perl. Wir werden so wunderbare Dinge wie reguläre Ausdrücke und Hashes kennen lernen: mächtige Konstrukte, die Perl so viel reizvoller machen als viele andere Programmiersprachen. In Kapitel 4 versuchen wir, Daumenregeln für guten Programmierstil (allgemein und Perl-spezifisch) anzubieten. Kapitel 5 schließlich skizziert Eigenschaften von Perl, die im übrigen Buch nicht behandelt werden, weil sie entweder zu komplex für ProgrammieranfängerInnen sind oder für die primären Anwendungsbereiche von Perl nicht relevant sind (zum Beispiel Objektorientierung).

Der zweite Teil des Buches beschäftigt sich mit dem Einsatz von Perl in konkreten Anwendungsbereichen. Kapitel 6 behandelt Textverarbeitung (allgemein und XML). Kapitel 7 zeigt, wie Linux- und Windows-Systemadministration mit Perl effizienter gemacht werden können. In Kapitel 8 schließlich stellen wir unvermutete Fähigkeiten von Perl vor *Weiterführende* (grafische Benutzerschnittstellen et cetera). Natürlich ist es unmöglich, *Literatur* alle Anwendungsbereiche und Facetten von Perl in einem Band zu behandeln. Zu weiterführenden Themen möchten wir auf das Buch »Perl für Profis« [19] verweisen.

1.8 Übungsaufgaben

(Anmerkung: Bei den Übungsaufgaben fällt eine Komplexitätsebene der Programmierung weg, weil bereits ein klar spezifiziertes Problem gegeben ist. In der Praxis wissen die Benutzer meist nicht genau, was sie wirklich wollen.)

1. Analysieren, modellieren und implementieren Sie:

❏ Morgens aufstehen

❏ Frühstücken

❏ Zur Arbeit fahren (berücksichtigen Sie das Wetter!)

❏ Eine Programmiersprache lernen

❏ Pasta kochen

❏ Check-in am Flughafen

Denken Sie sich selbst weitere Beispiele aus! Fangen Sie jeweils mit groben Lösungsansätzen an und verfeinern Sie Ihre Modelle iterativ.

2. Denken Sie über Abläufe Ihres Alltages nach. Versuchen Sie, sie zu formalisieren und gedanklich zu optimieren. Tun Sie das während der Abläufe.

3. Überlegen Sie sich, wie Sie Gegenstände Ihres Alltages als Daten repräsentieren würden. Welche Eigenschaften sind wichtig? Wo bestehen Verknüpfungen und Ähnlichkeiten zwischen Dingen?

4. Reflektieren Sie, was in diesem Kapitel über Systemanalyse gesagt wurde. Sie sind ein selbstständiger Mensch und betreiben Systemanalyse jeden Tag (wie wir gesehen haben). Was ist Ihre Meinung? Schreiben Sie an perlbuch@ims.tuwien.ac.at.

2 Die Programmumgebung und ihre Grenzen

Motivation

Bisher haben wir uns damit beschäftigt, wie der Weg zur Lösung eines Problems mittels Programmcode abgebildet werden kann. In diesem Kapitel erweitern wir unser Blickfeld und betrachten den Kontext, in den Programme eingebettet sind.

Jedes Programm »lebt« im Umfeld einer virtuellen Welt. Es interagiert mit seiner Umgebung beziehungsweise benötigt sie, um zu funktionieren. Abbildung 2.1 zeigt eine schematische Darstellung dieses Umfeldes. Wir werden uns im Folgenden auf die durch Pfeile dargestellten Grenzen zwischen diesen Einheiten konzentrieren. Diese Grenzen werden auch *Schnittstellen* genannt.

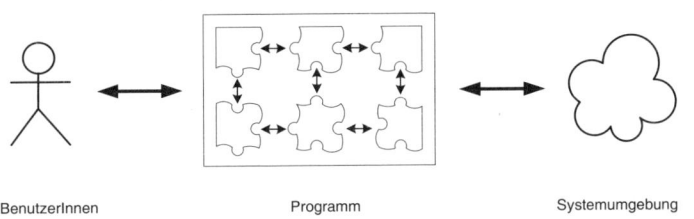

BenutzerInnen   Programm   Systemumgebung

Abbildung 2.1
*Grenzen
(Schnittstellen)*

Wichtige Rollen innerhalb dieses Umfeldes spielen einerseits die BenutzerInnen und andererseits die Systemumgebung, die aus dem Betriebssystem und dem Perl-Interpreter besteht und für das Ausführen eines Programms unbedingt notwendig ist. Darüber hinaus können wir auf Ressourcen zugreifen, die von der Systemumgebung zur Verfügung gestellt werden. Das ist Thema von Abschnitt 2.3. Die Kommunikation zwischen Mensch und Maschine und die Ein- und Ausgabe von Daten im Allgemeinen wird in Abschnitt 2.2 behandelt. In Abschnitt 2.1 beschäftigen wir uns damit, Schnittstellen innerhalb von Programmen zu definieren und dadurch kleinere zusammenpassende Teile (ähnlich Bausteinen oder Puzzleteilen) zu erzeugen, die Funktionen genannt werden. Das ist die Grundidee der *Modularisierung*. Nur sehr kleine Programme sind Monolithen, bestehen also aus einem nicht mehr teilbaren Ganzen. Für alle anderen wird das Baukastensystem verwendet. Mit den so genannten *vordefinierten Funktionen* stellt Perl ein Grundsystem an Standardbausteinen zur Verfügung.

2.1 Innere Grenzen im Programm

Nach dem Schreiben Ihrer ersten Programme, die aus einem einzigen Teil bestehen werden, wird schnell klar, dass das unübersichtlich und unpraktisch ist, sobald das Programm eine gewisse Größe erreicht hat. Die Abschnitte 2.1.1 und 2.1.2 beschäftigen sich mit Möglichkeiten, Programme mit Hilfe von *Funktionen* zu gliedern und zu strukturieren. In Abschnitt 2.1.3 behandeln wir eine Reihe von in Perl vordefinierten Funktionen (*built-in functions*).

2.1.1 Warum Funktionen?

Vorteile von Funktionen

Mit Hilfe einer Funktion kann logisch zusammengehöriger Code vom Rest des Programms getrennt und fortan unter einem eigenen Namen angesprochen werden. Das ist aus zwei Gründen hilfreich:

- ❏ Funktionen gliedern das Programm. Nichts ist unübersichtlicher als ein 500-zeiliges Perl-Skript ohne Gliederung!
- ❏ Funktionen können wiederverwendet werden.

Gliederung

Funktionen werden auch Prozeduren, Subroutinen oder Unterprogramme genannt. Sie ermöglichen es, ein während der Problemanalyse erstelltes Modell strukturiert in ein Programm umzusetzen. Auf Seite 16 haben wir Flussdiagramme als Möglichkeit zur Modellierung kennen gelernt. Jedes im Modell gezeichnete Kästchen (*Blackbox*) stellt ein Teilproblem dar. Für jede Blackbox ist daher festgelegt, welche Aufgabe sie erledigen soll. Wir kümmern uns nicht darum, *wie* sie das erledigen soll. Daher kommt der Name: Der Inhalt dieser schwarzen Schachtel ist nicht wichtig. Genau festgelegt wird nur, welche Eingabedaten notwendig sind, um die gewünschten Ausgabedaten zu erzeugen. Diese stellen gleichzeitig die Lösung des Teilproblems dar. Wie werden diese Blackboxes nun im Programm umgesetzt? Jede davon wird als Funktion implementiert. Daher ist von vornherein klar, was die Aufgabe dieser Funktion ist, welche *Eingabedaten* sie erhält und welche *Ausgabedaten* sie produziert. Das ist der Ausgangspunkt. Nun erst implementieren wir die Funktion, füllen also die Blackbox mit Inhalt. Diese Vorgehensweise entspricht der (empfohlenen!) Top-down-Vorgehensweise (siehe Seite 36). Sie sorgt für die Grundstruktur eines Programms und stellt sicher, dass das ursprüngliche Modell im Programmcode wiederzufinden ist.

Was tun, wenn wir während des Programmierens erkennen, dass ein bestimmtes Problem bereits implementiert wurde und jetzt an anderer Stelle noch einmal benötigt wird? Wir könnten den ursprünglichen Code kopieren. Was passiert dann aber, wenn wir einen Fehler bemerken und den Code ändern müssen? Wir müssen diesen Fehler nicht nur an einer, sondern an beiden Stellen im Programm ausbessern. Die Wahrscheinlichkeit, dabei eine Änderung zu übersehen, ist groß. Falls wir sie übersehen, haben wir einen zusätzlichen und schwer zu findenden Fehler ins Programm eingebaut. Um solche Gefahren zu umgehen, gibt es eine Grundregel: Code, der innerhalb eines Programms öfter als einmal benötigt wird, wird in eine Funktion ausgelagert. Diese Funktion wird dann von beiden Stellen angesprochen. Das entspricht der Bottom-up-Vorgehensweise. Diese Art der Mischung aus beiden Vorgehensweisen (zu Beginn top-down, bei Bedarf bottom-up) wird am häufigsten verwendet.

Wiederverwendung

Ein Programm kann beliebig viele Funktionen enthalten. Genauso wie in Flussdiagrammen mittels Pfeilen festgelegt wird, wie die einzelnen Kästchen in Beziehung zueinander stehen, wird für Funktionen festgelegt, in welcher Reihenfolge sie ausgeführt werden sollen. Wenn ein Programm vom Perl-Interpreter ausgeführt wird, beginnt die Abarbeitung bei der ersten Zeile des *Hauptprogramms*. Hier bestimmen wir, in welcher Reihenfolge die Funktionen aufgerufen werden. Wir müssen in Perl keinerlei Aufwand treiben, um das Hauptprogramm als solches zu markieren. Es ist schlicht und einfach der Teil des Programms, der übrig bleibt, wenn Sie sich alle Funktionen wegdenken. Das Hauptprogramm sollte der Übersichtlichkeit halber zu Beginn eines Programms stehen. Jedes Programm kann nur ein Hauptprogramm enthalten. Hier ein Beispiel für ein Hauptprogramm, das eine Reihe von Funktionen aufruft. Die dazugehörigen Funktionen lassen wir im Moment noch weg.

Hauptprogramm (main)

```
oeffneZeitung();
while ($ungelesenerArtikelvorhanden) {
    liesArtikel();
    bewerteArtikel();
}
bewerteZeitung();

# Ab hier werden Funktionen definiert
```

Was passiert bei der Ausführung dieses Beispiels durch den Perl-Interpreter? Zu Beginn wird die Funktion oeffneZeitung() *aufgerufen*. Das bedeutet, dass der in dieser Funktion enthaltene Code Zeile für Zeile ausgeführt wird. Erst dann wird die nächste Zeile des Hauptprogramms ausgeführt. In diesem Fall ist das die while-Schleife, in der die

Ablauf dieses Beispiels

Funktionen liesArtikel() und bewerteArtikel() so lange abwechselnd aufgerufen werden, bis keine ungelesenen Artikel mehr vorhanden sind. Zum Abschluss führen wir die Funktion bewerteZeitung() aus, in der der Code zum Bewerten der Zeitung gekapselt ist.

Im nächsten Abschnitt besprechen wir die für Funktionen verwendete Syntax und beschäftigen uns genauer mit den bereits erwähnten Ein- und Ausgabedaten.

2.1.2 Funktionen

Rumpf einer Funktion

Im folgenden Beispiel sehen Sie das Grundgerüst einer Funktion. Dieses Grundgerüst wird auch als *Rumpf* einer Funktion bezeichnet.

```
sub oeffneZeitung {
    # Hier kommt der Code
}
```

Schlüsselwort sub

Mit dem Schlüsselwort *sub* (von der englischen Bezeichnung *subroutine*) wird die Funktion eingeleitet. Danach steht der Name der Funktion, der sprechend gewählt werden sollte. Das heißt, aus dem Namen der Funktion sollte ersichtlich sein, welchen Zweck sie erfüllt. Die Regeln für erlaubte Namen von Funktionen sind dieselben wie bei Variablen: Der Name muss mit einem Buchstaben oder einem Unterstrich beginnen, darf Buchstaben und Ziffern sowie Unterstriche enthalten und ist *case sensitive* (das heißt, es wird zwischen Groß- und Kleinbuchstaben unterschieden). Der Code der Funktion steht zwischen den geschwungenen Klammern. Er kann, sollte aber nicht beliebig lang sein, wie in Kapitel 4 näher behandelt wird.

Aufruf einer Funktion

Funktionen können beliebig oft und an beliebigen Stellen im Programm *aufgerufen* werden. Ein Funktionsaufruf sieht so aus:

```
oeffneZeitung();
```

Dieser Funktionsaufruf bewirkt, dass das Programm im Ablauf zur Funktion mit dem Namen oeffneZeitung() springt, diese Zeile für Zeile abarbeitet und danach zur aufrufenden Stelle zurückspringt.

Parameter (Argumente)

In den bisherigen Beispielen war die dem Funktionsnamen folgende Klammer immer leer, weil die jeweiligen Funktionen beim Aufruf keine Eingabedaten erhalten haben. Wir hätten sie in diesem Fall auch weglassen können. Im Normalfall wird die Klammer aber nicht leer sein: Wir wollen nicht »die Zeitung« an sich, sondern *eine bestimmte* Zeitung öffnen. Unabhängig davon, welche Zeitung geöffnet wird, ist der Vorgang des Öffnens einer Zeitung – und damit der dafür nötige Programmcode – immer derselbe. Das ist ja auch der Grund dafür, warum wir immer dieselbe Funktion dafür verwenden können! Nur der Name der Zeitung ist für jeden Aufruf der Funktion unterschiedlich. Solche Eingabedaten werden auch *Parameter* oder *Argumente* der Funktion genannt. Sie werden der Funktion beim Aufruf *übergeben*, das heißt, in der Klammer angegeben:

```
oeffneZeitung("Wochenblatt");
```

Weil eine Zeichenkette übergeben wird, sind Anführungszeichen notwendig. Zahlenwerte werden ohne Anführungszeichen übergeben! Statt eines fixen Wertes können wir natürlich auch den Wert einer Variablen übergeben:

```
oeffneZeitung($zeitungsname);
```

Die Funktion muss den Parameter *übernehmen*. In Perl sieht das so aus:

```
sub oeffneZeitung {
    my $zname = shift;
    # Hier kommt der Code
}
```

Was passiert hier? Wir deklarieren eine Variable $zname und weisen ihr einen Wert zu. Mit shift wird festgelegt, dass der Wert der Variablen der beim Funktionsaufruf übergebene Wert sein soll. Das bedeutet, dass wir diese Variable verwenden, um auf die Eingabedaten der Funktion zuzugreifen. In unseren Beispielen ist das im ersten Fall die Zeichenkette »Wochenblatt« und im zweiten Fall der Wert der Variablen $zeitungsname. Die Variable $zname ist innerhalb der gesamten Funktion gültig und ansprechbar.

Auf Seite 21 haben wir besprochen, dass es in Perl nicht zwingend, aber sehr sinnvoll ist, Variablen mit dem Schlüsselwort my zu deklarieren. Innerhalb von Funktionen sollten Variablen auf jeden Fall mit my deklariert werden, denn hier hat die Verwendung von my (auch ohne use strict) eine zusätzliche Auswirkung: Mit my deklarierte Variablen sind nur *innerhalb* der Funktion gültig! Wir können weder von anderen Funktionen aus noch vom Hauptprogramm aus auf diese Variablen zugreifen. Solche Variablen werden auch *lokale* Variablen genannt. Lokale Variablen sind aus folgenden Gründen nützlich:

Lokale Variablen

❑ Eine Funktion mit lokalen Variablen ist eine in jeder Hinsicht abgeschlossene Einheit. Wenn jede Funktion eines Programms ihre eigenen Variablen hat, ist das Programm viel übersichtlicher.

❏ Wenn im Gegensatz dazu mehrere Funktionen den Wert einer Variablen verändern, können Programmierfehler unerwünschte Wechselwirkungen auslösen.

Es ist erlaubt, dieselben Variablennamen für lokale Variablen in mehreren Funktionen eines Programms zu verwenden.

Mehrere Parameter   Wenn mehr als ein Parameter an eine Funktion übergeben werden soll, dann werden die Daten als Liste übergeben beziehungsweise übernommen. Hier gibt es zwei mögliche Schreibweisen für die Parameterübernahme. Die erste hat diese Form:

```
sub oeffneZeitung {
    my $zeitungsname = shift;
    my $erscheinungsdatum = shift;
    # Hier kommt der Code
}
```

Die Funktion shift() wird auf Seite 59 genauer beschrieben. Die zweite mögliche Schreibweise ist die folgende:

```
sub oeffneZeitung {
    my ($zeitungsname, $erscheinungsdatum) = @_;
    # Hier kommt der Code
}
```

Diese Schreibweise kann auch für einzelne Parameter verwendet werden, die Klammer darf aber nicht weggelassen werden. Die Variable @_ ist eine von Perl vordefinierte Variable, die nicht nur zur Parameterübergabe, sondern auch für andere Zwecke verwendet wird. Genaueres dazu finden Sie in Abschnitt 3.3.

Die Reihenfolge der Parameter bei der Übergabe und bei der Übernahme muss übereinstimmen. Die einzelnen Parameter werden durch Kommata getrennt:

```
oeffneZeitung("Wochenblatt","13.08.2004");
```

Analog können natürlich auch drei oder mehr Parameter übergeben werden.

Eine Anmerkung: Das Prinzip der Parameterübergabe ist in jeder Programmiersprache das gleiche. Die Syntax der Parameterübergabe in Perl unterscheidet sich allerdings sehr von der anderer Programmiersprachen. Meistens werden die Namen und die Datentypen der Argumente in runden Klammern hinter dem Namen der Funktion angegeben.

Wie zu Beginn dieses Abschnittes erwähnt, können Funktionen auch Werte an die aufrufende Stelle im Programm zurückgeben. Wir haben diese Werte als die Ausgabedaten der Funktion bezeichnet. Häufiger benutzt wird die Bezeichnung *Rückgabewerte*. Wie sieht die Syntax für Rückgabewerte aus? Hier sehen Sie ein Beispiel, in dem eine Funktion zuerst einen Parameter entgegennimmt, aufgrund dieses Wertes eine Berechnung anstellt und deren Ergebnis mit return zurückgibt:

Rückgabewerte

```
sub bewerteZeitung {
    my $anzahlArtikel = shift;
    my $guteZeitung = 0;

    if ($anzahlArtikel > 5) {
        $guteZeitung = 1;
    }

    return $guteZeitung;
}
```

Diese Funktion nimmt als Parameter die Anzahl der interessanten Artikel einer Zeitung und berechnet, ob diese Zeitung in die Kategorie »interessant« einzuordnen ist. Das ist der Fall, wenn die in der Variable $anzahlArtikel gespeicherte Anzahl der interessanten Artikel größer als 5 ist. In diesem Fall wird der Wert 1 zurückgegeben. Andernfalls liefert die Funktion den Wert 0. Rückgabewerte werden immer mit dem Schlüsselwort return angegeben.

Der Rückgabewert wird an der aufrufenden Stelle entgegengenommen und weiterverarbeitet, also zum Beispiel einer Variablen zugewiesen. Wenn wir die aufrufende Stelle betrachten, können wir uns das so vorstellen, als würden der Funktion innerhalb der Klammern auf der rechten Seite der Anweisung Werte »hineingefüttert« und als kämen die Rückgabewerte nach der Abarbeitung der Funktion auf der linken Seite »heraus«, wo sie im nächsten Schritt einer Variablen zugewiesen werden:

Verwendung des Rückgabewertes

```
my $istInteressant = bewerteZeitung($anzahl);
```

Sehr oft wird der Rückgabewert einer Funktion nicht in eine eigens dafür vorgesehene Variable gespeichert, sondern sofort weiterverarbeitet, zum Beispiel als Bedingung einer if-Anweisung. Das funktioniert besonders gut für Funktionen, die entweder 0 oder 1 zurückgeben, und sieht folgendermaßen aus:

```
if (bewerteZeitung($anzahl)) {
    abonniereZeitung($zeitungsname);
}
```

Nur wenn `bewerteZeitung()` eine positive Zahl zurückgibt, wird der Block innerhalb des `if` ausgeführt.

Mehrere Rückgabewerte

Eine Funktion kann mehr als nur einen Wert zurückgeben. In Perl werden Listen (siehe Seite 23) verwendet, um eine Reihe von Werten zurückzugeben. Die Liste kann entweder genauso wie ein Skalar mittels `return @meineliste` in der `return`-Anweisung angegeben werden oder mit Hilfe der folgenden Notation erstellt werden:

```
sub berechneProduktUndDifferenz {
    my $zahl1 = shift;
    my $zahl2 = shift;

    my $produkt = $zahl1 * $zahl2;
    my $differenz = $zahl1 - $zahl2;

    return ($produkt, $differenz);
}
```

Die aufrufende Stelle muss die Rückgabewerte ebenfalls in einer Liste entgegennehmen:

```
@ergebnisse = berechneProduktUndDifferenz(7,5);
```

In diesem Fall enthält die Liste `@ergebnisse` nach Ausführung der Funktion die Werte 35 und 2.

Sobald ein Programm bei der Ausführung auf eine `return`-Anweisung trifft, beendet es die Funktion und gibt den jeweils angegebenen Wert zurück. Das bedeutet, dass alle nachstehenden Anweisungen nicht ausgeführt werden, und ist der Grund dafür, warum in den meisten Funktionen und in allen bisherigen Beispielen die `return`-Anweisung die letzte Zeile der Funktion darstellt. `return`-Anweisungen, die nicht in der letzten Zeile einer Funktion stehen, sind nur dann sinnvoll, wenn die Funktion vorzeitig abgebrochen werden soll. Sie werden in diesem Fall immer in Zusammenhang mit einer `if`-Anweisung verwendet. Als Beispiel sehen Sie hier eine andere Implementierung der Funktion `bewerteZeitung()`. Hier definieren wir keine eigene Variable zur Speicherung des Rückgabewertes, sondern verwenden zwei `return`-Anweisungen und geben je nach ausgeführtem Block der `if`-Anweisung entweder eine positive oder eine negative Zahl zurück:

```
sub bewerteZeitung {
   my $anzahlArtikel = shift;

   if ($anzahlArtikel > 5) {
      return 1;
   }
   else {
      return 0;
   }

   # Diese Stelle wird NIE erreicht.
}
```

Diese Methode wird auch als »bedingtes Return« bezeichnet. Wenn eine Funktion keine return-Anweisung enthält oder wenn bei der Abarbeitung der Funktion bis zur letzten Zeile keine der return-Anweisungen erreicht wurde (etwa weil im else-Block die return-Anweisung vergessen wurde und die Anzahl der Artikel kleiner als 5 ist), dann wird ein undefinierter Wert zurückgegeben.

Nun kommen wir noch einmal zur Gültigkeitsdauer von Variablen zurück. Wie wir bereits erwähnt haben, werden lokale Variablen innerhalb einer Funktion mit my deklariert und sind dann nur innerhalb der Funktion gültig. Variablen, die im Hauptprogramm definiert werden, sind im gesamten Programm gültig. Das bedeutet, dass sie auch in allen Funktionen gültig sind! Im Hauptprogramm definierte Variablen heißen *globale* Variablen. Ihre Werte können in allen Funktionen sowohl ausgelesen als auch durch Zuweisungen geändert werden. Das Auslesen des Werts einer globalen Variablen innerhalb einer Funktion ist kein Problem. Das Verändern allerdings schon! Sie sollten globalen Variablen niemals innerhalb von Funktionen neue Werte zuweisen. In manchen Fällen erscheint das zwar verlockend einfach, aber der entstehende Code ist unübersichtlich und spätestens bei der Fehlersuche werden Sie es bereuen!

Globale Variablen

```
$x = 13;
eineFunktion();
print $x;                # $x ist 14 und niemand weiss wieso

sub eineFunktion {
   $x++;
}
```

Besser ist es, die in der Funktion zu ändernden Daten als Parameter zu übergeben und die Rückgabewerte zu verwenden, um die neuen Werte im Hauptprogramm zu übernehmen. Wir machen es also auf keinen Fall so wie im obigen Beispiel, sondern benutzen besser diesen Code:

```
$x = 13;
$x = eineFunktion($x);
print $x;                # $x ist 14 und alle wissen wieso

sub eineFunktion {
    my $y = shift;
    $y++;
    return $y;
}
```

Der Vorteil dieser Vorgehensweise ist, dass im Hauptprogramm sofort ersichtlich ist, dass der Wert von $x durch den Aufruf der Funktion verändert wird.

Was passiert, wenn innerhalb einer Funktion eine lokale Variable mit demselben Namen deklariert wird, den eine existierende globale Variable trägt? Innerhalb der Funktion gilt die lokal definierte Variable. Die globale Variable selbst wird durch ihre kleine Schwester in keiner Weise beeinflusst. Hier ein Beispiel:

```
my $i = 10;
print $i;                # $i hat den Wert 10
eineFunktion();
print $i;                # $i hat nach wie vor den Wert 10!

sub eineFunktion {
    my $i = 5;           # $i hat den Wert 5
    # weitere Anweisungen
}
```

Kommentare! Eine wichtige Sache zum Abschluss: Vor jeder Funktion sollten zu Beginn einige Kommentarzeilen stehen, in denen Sinn und Zweck der Funktion sowie Parameter und Rückgabewerte dokumentiert werden. Hier ein Beispiel dazu:

```
# Berechnung des Wochentags eines Datums
# Input: Datum im Format TT.MM.JJJJ
# Output: Zahlenwert zwischen -1 und 6
#          0 = Montag, ..., 6 = Sonntag
#         -1 = Fehler
sub berechneWochentag {
    #...
}
```

Durch diesen geringen zusätzlichen Aufwand sind die Funktionen auch Monate oder Jahre später – nach kurzem Blick auf den Kopftext – verständlich und können wiederverwendet werden, ohne den gesamten Code durchgehen und nochmals nachvollziehen zu müssen. Besonders wichtig ist es, das Format der Parameter und Rückgabewerte zu kommentieren!

Funktionen, die von mehr als einem Programm verwendet werden, können in ein Perl-Modul ausgelagert werden. Mehr dazu besprechen wir in Kapitel 5.

Perl-Module

2.1.3   Vordefinierte Funktionen

Die *Befehle* einer Programmiersprache sind die in ihr definierten und zur Verfügung gestellten Funktionen. Diese werden auch *built-in functions* oder *eingebaute Funktionen* genannt. Sie werden genauso verwendet wie die im letzten Abschnitt besprochenen selbst definierten Funktionen: Sie haben einen Namen, unter dem sie aufgerufen werden. Sie erwarten beim Aufruf Argumente, die in der Regel in runden Klammern stehen. Jeder Befehl dient einem Zweck und hat eine Wirkung. So gibt zum Beispiel der Befehl print etwas auf dem Bildschirm aus, während length() die Länge einer Zeichenkette berechnet. Analog zu eigenen Funktionen geben auch vordefinierte Funktionen Rückgabewerte zurück. In den meisten Fällen werden diese Werte entweder in einer Variablen gespeichert oder auf dem Bildschirm ausgegeben.

Built-in functions

Perl reduziert sich auf das Wesentliche und stellt im Vergleich zu anderen Programmiersprachen nur sehr wenige vordefinierte Funktionen bereit. In diesem Abschnitt stellen wir die grundlegenden Befehle aus den folgenden drei Kategorien vor:

❑ Mathematische Funktionen
❑ Funktionen zur Verarbeitung von Zeichenketten
❑ Funktionen für Listen

Im folgenden Beispiel verwenden wir einerseits zum ersten Mal die Funktion print und andererseits die mathematischen Funktionen für den Absolutwert abs(), den Integerwert int() und die Wurzelfunktion sqrt(). Mathematische Funktionen erwarten Zahlenwerte als Argumente. abs() retourniert den absoluten Betrag einer Zahl, also dieselbe Zahl ohne Minuszeichen (falls sie vorher eines hatte). Die Funktion int() schneidet eventuell vorhandene Nachkommastellen einer Zahl ab. sqrt() berechnet die Wurzel einer Zahl.

Mathematik

Beachten Sie, dass als Trennzeichen zwischen Ganzzahl und Nachkommastellen immer ein Punkt (kein Komma!) verwendet wird.

```perl
1   my $x = -8.94;
2   print("Der Absolutwert von ");
3   print($x);
4   print " ist ";
5   print abs($x);
6   print ".\n";
7   print "Integerwert von " . $x . " ist " . int($x) . ".\n";
8   print "Integerwert von " , $x , " ist " , int($x) , ".\n";
9   my $wurzel2 = sqrt(2);
10  print "Wurzel von 2: $wurzel2.\n";
11  print 'Wurzel von 2 zum Quadrat: ' . $wurzel2**2 . "\n";
```

Ausgabe mit print   Eine häufig verwendete vordefinierte Funktion ist print. Mit dieser Funktion werden Zeichen ausgegeben. Auch dem Befehl print kann in Klammern ein Argument übergeben werden (siehe zweite und dritte Zeile). Bei print werden die Klammern aber üblicherweise weggelassen und das Argument mit einem Leerzeichen vom Befehl getrennt (siehe Zeilen vier bis acht). Die Notation ohne Klammer haben wir zuvor schon für return verwendet. Sie ist für alle vordefinierten Funktionen erlaubt, aber nicht unbedingt zu empfehlen.

Ausgabesteuerung   Ausgegebene Zeichenketten müssen immer zwischen Anführungszeichen gesetzt werden. Variablenwerte brauchen keine Anführungszeichen. Mit \n wird ein Returnzeichen (also ein Zeilenumbruch) und mit \t ein Tabulator ausgegeben. Mit Hilfe dieser zwei Zeichen kann eine einfache Formatierung der Ausgabe vorgenommen werden. In der siebten Zeile geben wir mehrere Werte mit einem print aus, indem wir Zeichenketten und Variablenwerte mit einem Punkt miteinander verknüpfen. Hier können auch Kommata statt Punkten verwendet werden, wie in der achten Zeile zu sehen ist. Wenn dieses Programm ausgeführt wird, ergibt sich folgende Ausgabe am Bildschirm:

```
Der Absolutwert von -8.94 ist 8.94.
Integerwert von -8.94 ist -8.
Integerwert von -8.94 ist -8.
Wurzel von 2: 1.4142135623731.
Wurzel von 2 zum Quadrat: 2
```

Variablen-Interpolation   In der vorletzten Zeile des obigen Beispiels haben wir eine Technik namens *Variablen-Interpolation* verwendet. Bei Zeichenketten, die innerhalb doppelter Anführungszeichen stehen, ersetzt Perl die darin vorkommenden Skalare und Listen durch ihre Werte. So können Werte von Variablen innerhalb von Zeichenketten ausgegeben werden, ohne Punkte für die Verknüpfung verwenden zu müssen. Um dieses Verhalten auszuschalten, wird die Zeichenkette zwischen einfache Anführungszeichen (siehe letzte Zeile) gesetzt. Dann können alle Sonderzeichen wie @, $ und \ ausgegeben werden. Formatierungszeichen wie \n und \t werden allerdings auch nicht mehr interpretiert, sondern so wie sie sind ausgegeben.

Mit dem Befehl rand() können Zufallszahlen erzeugt werden. rand() *Zufallszahlen* erwartet einen Zahlenwert als Parameter und berechnet eine zufällige Kommazahl zwischen 0 und der übergebenen Zahl. Wir können diese Funktion in Kombination mit int() dazu verwenden, ein einfaches Roulettespiel zu implementieren. Hier wird zuerst eine zufällige Kommazahl zwischen 0 und 37 berechnet. Im nächsten Schritt werden die Nachkommastellen abgeschnitten, um eine Ganzzahl zu erhalten:

```perl
my $roulettezahl = rand(37);
print "Die Zahl ist: " . int($roulettezahl);
```

In früheren Versionen von Perl war es notwendig, vor der Verwendung von rand() die Funktion srand() aufzurufen, um den Zufallsgenerator zu starten. Heute ist das nicht mehr erforderlich, aber noch in vielen Programmen zu finden.

Weitere mathematische Funktionen gibt es für Sinus sin(), Kosinus cos() und Tangens tan() sowie für Logarithmus log() und Exponentialwert exp().

Eine der wichtigsten Funktionen für Zeichenketten ist die Berech- *Zeichenketten* nung ihrer Länge. Die Funktion length() zählt die Anzahl der Zeichen einer Zeichenkette und gibt diesen Wert zurück:

```perl
my $x = "vieleKlEiNeUNDgroßeBUCHstabenundeinä";
print "$x hat die Länge " . length($x) . "\n";
print lc($x) . "\n";
print uc($x) . "\n";
```

Die beiden Funktionen uc() (*upper case*) und lc() (*lower case*) wandeln Zeichenketten in Groß- beziehungsweise Kleinbuchstaben um. Die Funktionen ucfirst() und lcfirst() tun das Gleiche, behandeln aber nur den ersten Buchstaben einer Zeichenkette. Achtung: Diese vier Funktionen können nicht mit Umlauten und Sonderzeichen umgehen, wie in der Ausgabe an ä und ß zu sehen ist:

```
vieleKlEiNeUNDgroßeBUCHstabenundeinä hat die Länge 36
vielekleineundgroßebuchstabenundeinä
VIELEKLEINEUNDGROßEBUCHSTABENUNDEINä
```

Mit den Funktionen chr() und ord() können wir auf die interne Repräsentation von Zeichen als Nummern zugreifen. Im ASCII-Zeichensatz (ASCII = American Standard Code for Information Interchange) sind für die 128 weltweit verbreitetsten Zeichen eindeutige Nummern von 0 bis 127 festgelegt. ord() steht für *ordinal* und gibt den ASCII-Wert eines Zeichens zurück. chr() steht für *character set*. chr() ist die Umkehrfunktion: Sie berechnet das zu einem ASCII-Wert zugehörige Zeichen.

```
1   print ord("A") . chr(65) . "\n" ;
2
3   for (my $i=97;$i<=122;$i++) {              # 97 = a, 122 = z
4       print chr($i);
5   }
6   print "\n";
7
8   my $y = "V";
9   if (ord($y) >= 65 && ord($y) <= 90) {     # 65 = A, 90 = Z
10      print "$y ist ein Großbuchstabe.\n";
11  }
12
13  print "Nachfolgend im Alphabet: " . chr(ord($y) + 1);
```

Arbeiten mit ASCII-Zeichen

Da die Buchstaben im ASCII-Zeichensatz alphabetisch geordnet sind, können wir mit chr() auf einfache Art und Weise alle Zeichen des Alphabets ausgeben (siehe Zeilen drei bis sechs). Mit ord() wird bestimmt, ob ein Zeichen ein Großbuchstabe (Zeile neun), ein Kleinbuchstabe, eine Ziffer oder ein Sonderzeichen ist. In der letzten Zeile kombinieren wir chr() und ord(), um für ein beliebiges Zeichen das im Alphabet nachfolgende bestimmen zu können.

```
65A
abcdefghijklmnopqrstuvwxyz
V ist ein Großbuchstabe.
Nachfolgend im Alphabet: W
```

Ein Hinweis: Die im deutschen Sprachraum verbreiteten Umlaute und Sonderzeichen sind nicht im ASCII-Zeichensatz enthalten, sondern im ISO-Latin-Zeichensatz (oft auch als iso-8859-1 bezeichnet). Dieser verwendet die Nummern von 128 bis 255.

Die nächsten zwei Beispiele behandeln den Zugriff auf Teilmengen von Zeichenketten. Mit der Funktion chop() wird das letzte Zeichen einer Zeichenkette abgeschnitten. Wir können dieses Zeichen entweder einfach ins Nichts verschwinden lassen (wie in Zeile zwei), oder es einer Variablen zuweisen und weiterverwenden (wie in Zeile drei).

```
1  my $x = "NochMehrBuChStAbEn";
2  chop($x);
3  my $letzteszeichen = chop($x);
```

In Perl ist es nicht möglich, mittels Indizes auf die einzelnen Zeichen ei-   *Zeichenketten zerteilen*
ner Zeichenkette zuzugreifen. Stattdessen gibt es die Funktion substr()
(*substring*) für den Zugriff auf Teile einer Zeichenkette. Sie erwartet
drei Argumente:

❏ Das erste Argument ist der Name der Variablen, aus der die Teil-
  kette extrahiert werden soll.

❏ Das zweite Argument gibt an, *wo* die Auswahl starten soll. Um
  ab dem ersten Zeichen zu extrahieren, geben wir hier 0 an.

❏ Das dritte Argument gibt an, *wie viele* Zeichen wir erhalten wollen. Bei Angabe einer negativen Zahl ändert das dritte Argument
  seine Bedeutung. In diesem Fall werden – von der rechten Seite der Zeichenkette beginnend – so viele Zeichen ausgeschnitten
  wie angegeben.

Wenn das dritte Argument weggelassen wird, dann werden alle Zeichen
bis zum Ende der Zeichenkette ausgewählt. Das folgende Beispiel zeigt
die verschiedenen Möglichkeiten:

```
# Argumente: 1. Variablenname, 2. Startposition, 3. Laenge

my $x = "NochMehrBuChStAbEn";
print substr($x,0,1) . "\n";   # erstes Zeichen
print substr($x,0,4) . "\n";   # die ersten vier Zeichen
print substr($x,8,1) . "\n";   # das neunte Zeichen
print substr($x,0,-10)."\n";   # alles bis auf die letzten zehn
print substr($x,4)."\n";       # vom vierten bis zum letzten Zeichen
print substr($x,-10) . "\n";   # die letzten zehn Zeichen

substr($x,0,4) = "VIEL";
print "neu: " . $x;
```

Wie in der vorletzten Zeile zu sehen, kann substr() verwendet werden,
um einem Teil einer Zeichenkette andere Zeichen zuzuweisen. Die Ausführung des Programms ergibt folgende Ausgabe:

```
N
Noch
B
NochMehr
```

```
MehrBuChStAbEn
BuChStAbEn
neu: VIELMehrBuChStAbEn
```

Die letzte wichtige vordefinierte Funktion für Zeichenketten ist index().
Mit ihr können wir überprüfen, ob eine bestimmte Zeichenkette in einem Variablenwert vorkommt oder nicht. index() erwartet einen Variablenwert und eine Zeichenkette als Parameter. Der Rückgabewert ist
die Position (*der Index*) des – von links gesehen – ersten Vorkommens
der Zeichenkette innerhalb des Variablenwerts. Wenn sich die Zeichenkette an der ersten Position befindet, wird der Index 0 zurückgegeben.
Kommt sie gar nicht vor, wird -1 zurückgegeben.

```
my $x = "NochMehrBuChStAbEn";
print index($x,"Mehr") . "\n";          # gibt '4' aus
print index($x,"Gibtsnicht") . "\n";    # gibt '-1' aus

if (index($x,"N") == 0) {
    print "\$x beginnt mit 'N'.\n";
}
```

In der letzten Zeile dieses Beispiels wird index() benutzt, um zu testen,
ob eine Zeichenkette mit einem bestimmten Zeichen (in diesem Fall mit
N) beginnt.

Listen   Die nächsten vier Beispiele zeigen die Verwendung der wichtigsten
vordefinierten Funktionen zur Manipulation von Listen. Die Befehle
reverse() und sort() erzeugen neue Listen, die die Elemente der als
Argument angegebenen Liste in veränderter Reihenfolge enthalten. re-
verse() kehrt die Reihenfolge der Elemente um, macht also das letzte
Element zum ersten der neuen Liste, das vorletzte Element zum zweiten
Element und so weiter. Ein Hinweis: reverse() kann auch auf Zeichenketten angewendet werden. Es gibt dann die Zeichenkette rückwärts
aus.

```
1  my @liste = ("birne", "apfel", 1, "Banane", 14, 7);
2
3  print "Verkehrt: ";
4  foreach my $element (reverse(@liste)) {
5      print $element . " ";
6  }
7
8  my @alphanumsortierteListe = sort(@liste);
9  my @numsortierteListe = sort{$a <=> $b}(@liste);
10
```

```
11   print "\nAlphanumerisch sortiert: ";
12   foreach my $element (@alphanumsortierteListe) {
13       print $element . " ";
14   }
15
16   print "\nNumerisch sortiert: ";
17   print "@numsortierteListe";
```

Die Funktion sort() sortiert die Elemente der Liste (siehe Zeile acht). *Sortieren von Listen*
Sie arbeitet standardmäßig mit alphanumerischer Sortierung: Zuerst die
Ziffern, dann die Großbuchstaben von A-Z, dann die Kleinbuchstaben
von a-z. Für die Sortierung von Zeichenketten eignet sich diese Art der
Sortierung, die auch ASCII-Sortierung heißt, sehr gut. Für Zahlenwerte
weniger, da diese nicht nach ihrem Betrag, sondern nach ihren führen-
den Ziffern sortiert werden, und daher zum Beispiel 14 vor 7 sortiert
wird:

```
Verkehrt: 7 14 Banane 1 apfel birne
Alphanumerisch sortiert: 1 14 7 Banane apfel birne
Numerisch sortiert: birne apfel Banane 1 7 14
```

Die Notation sort{$a <=> $b}(@liste) bewirkt eine numerische Sortierung der Liste (siehe auch Zeile neun). Das ist eine eher unübliche Notation für einen Befehlsaufruf. Wie in obiger Ausgabe zu sehen, bewirkt
sie, dass die Zahlenwerte korrekt numerisch sortiert werden. Ebenfalls
zu erkennen ist, dass sich die numerische Sortierung für Zeichenketten
nicht eignet.

Was gibt es im vorigen Beispiel noch zu sehen? Bei der alphanu-
merischen Sortierung iterierten wir mit foreach über die Elemente der
Liste: Wir gingen sie also alle nacheinander durch und gaben sie – jeweils durch ein Leerzeichen getrennt – aus. Dafür gibt es eine kürzere
Schreibweise (siehe letzte Zeile), die dasselbe bewirkt und vor allem
dann praktisch ist, wenn ein Fehler im Programm gesucht wird und
möglichst schnell alle Elemente einer Liste ausgegeben werden sollen.

Mit den nächsten vier Befehlen können wir Elemente zu Listen hin- *Hinzufügen und*
zufügen beziehungsweise aus ihnen entfernen. Der Zugriff ist immer *Löschen*
nur entweder auf das erste oder auf das letzte Element der Liste erlaubt.
Abbildung 2.2 zeigt eine Übersicht, aus der abgelesen werden kann, auf
welches Element einer Liste die vier Befehle push(), pop(), shift() und
unshift() jeweils zugreifen.

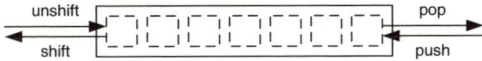

Abbildung 2.2
*push() und pop(),
shift() und unshift()*

Der Befehl pop() leistet für Listen das, was chop() für Zeichenketten tut: Das letzte Element einer Liste wird entfernt. Wir können das Element entweder im Nirvana verschwinden lassen (wie im folgenden Beispiel) oder einer Skalarvariablen zuweisen und weiterverwenden. Der Befehl shift() hat die gleiche Funktion, entfernt das Element aber vom Beginn der Liste. Beachten Sie, dass sich bei Verwendung von shift() alle Positionen der Listenelemente ändern, da sie »um eins nach links« verschoben werden. Abbildung 2.3 zeigt das Prinzip der Indexverschiebung.

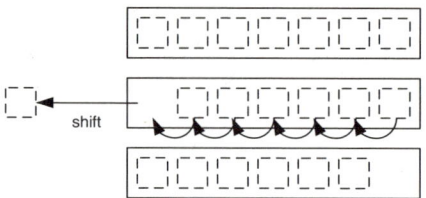

Abbildung 2.3
Indexverschiebung bei
shift

Die Funktion push() fügt einer Liste am Ende ein weiteres Element hinzu. Wenn es push() nicht gäbe, könnte das Element auch mit @liste = (@liste,'schoko'); hinzugefügt werden. Wenn wir unshift() verwenden, wird das neue Element zu Beginn der Liste hinzugefügt. Auch in diesem Fall ändern sich alle Positionen, da alle bisherigen Elemente der Liste »um eins nach rechts« verschoben werden, um dem neuen Element Platz zu machen.

```perl
my @liste = ("apfel", "birne", 1, "banane", 14,
             "karotte", "vitamintablette");

pop(@liste);              # entfernt "vitamintablette"
push(@liste, "schoko");   # haengt "schoko" hinten an

print $liste[0] . "\n";   # gibt "apfel" aus
my $x = shift(@liste);    # entfernt "apfel"
print $liste[0] . "\n";   # gibt "birne" aus

unshift(@liste, "kiwi");  # fuegt "kiwi" vorne ein
print $liste[0] . "\n";   # gibt "kiwi" aus
```

Die Auswirkungen der Indexverschiebung sind im obigen Beispiel zu sehen: Die Ausgabe des ersten Elements der Liste (mit dem Index 0) ergibt nach jedem shift() beziehungsweise unshift() einen anderen Wert. Die Funktionen push() und pop() sind im Vergleich dazu einfacher zu verwenden und daher zu bevorzugen, wenn Skalare in einer Liste gesammelt oder Elemente einer Liste einzeln abgearbeitet und entfernt werden sollen. Noch ein Hinweis: Mit push() und unshift() können auch mehrere Elemente auf einmal angefügt werden. Die Elemente werden als zusätzliche Argumente übergeben:

```
push(@liste, "kiwi","melone","ananas");
```

Auf Seite 55 haben wir besprochen, dass sich die Länge einer Zeichenkette aus der Anzahl ihrer Zeichen berechnet und dass sie mit der Funktion length() bestimmt werden kann. Wie schaut das für die Länge einer Liste aus? Die Länge einer Liste ist die Anzahl ihrer Elemente. Die Länge einer Liste wird bestimmt, indem die Liste einer Skalarvariablen zugewiesen wird (Zeile vier). Das bewirkt, dass dieser Skalar die Anzahl der Listenelemente als Wert erhält.

Länge einer Liste

```
1  my @liste = ("apfel", "birne", 1, "banane", 14,
2             "karotte", "vitamintablette");
3
4  my $laenge = @liste;    # $laenge hat den Wert 7
5
6  print '@liste hat ' . $laenge . " Elemente.\n";
7  print '@liste hat ' . @liste . " Elemente.\n";
```

Warum funktioniert das? Immer wenn eine Liste an einer Stelle im Programm verwendet wird, an der ein Skalar erwartet wird, greift Perl auf die Länge der Liste (statt auf die Liste selbst) zu. Dieser Vorgang wird als *eine Liste im skalaren Kontext verwenden* bezeichnet. Auch in Zeile sieben des letzten Beispiels wird eine Liste im skalaren Kontext verwendet, denn zwischen verkettenden Punkten werden immer skalare Werte erwartet.

Nun haben wir die wichtigsten Befehle zum Umgang mit Zeichenketten, Zahlenwerten und Listen kennen gelernt. Weitere Informationen zu diesen und zu weiteren vordefinierten Funktionen sind mit dem folgenden Befehl aufrufbar, der in einer Kommandozeile (DOS-Eingabeaufforderung oder Unix/Linux-Shell) eingegeben wird:

Weitere Informationsquelle: perldoc

```
perldoc perlfunc
```

Damit wird innerhalb dieser Kommandozeile ein Textdokument angezeigt, in dem alle vorhandenen vordefinierten Funktionen beschrieben sind. Um in diesem (sehr informativen!) Dokument nach einem bestimmten Begriff zu suchen, wird ein Schrägstrich / gefolgt vom Suchbegriff und einem Returnzeichen eingegeben. Mit der Taste n wird zum nächsten Suchergebnis gesprungen, falls es im Dokument mehrere Treffer für das Suchwort gibt. Mit der Taste q wird die Anzeige des Dokuments beendet und zur Kommandozeile zurückgekehrt. Ebenfalls praktisch ist folgender Befehl, der Hilfe zu einer bestimmten Funktion anzeigt:

```
perldoc -f Name_der_Funktion
```

Perl-Module   Neben den vordefinierten Funktionen, die Grundlegendes zur Verfügung stellen, bieten *Perl-Module* eine weitere Möglichkeit, vorgefertigte Funktionalität in Programmen zu verwenden. Mehr zu Perl-Modulen erfahren Sie in Kapitel 5. Im zweiten Teil dieses Buches (Kapitel 6 bis Kapitel 8) werden eine Reihe ausgewählter Perl-Module vorgestellt. Auch in den nächsten Abschnitten werden wir weitere vordefinierte Funktionen kennen lernen: Funktionen zum Zugriff auf Dateien (Abschnitt 2.2) und Funktionen zum Zugriff auf die Systemumgebung (Abschnitt 2.3).

2.2   Grenzen zwischen dem Programm und seinen BenutzerInnen

In diesem Abschnitt beschäftigen wir uns mit der Grenze (Schnittstelle) zwischen dem Programm und seinen BenutzerInnen. Um einen sinnvollen Zweck zu erfüllen, muss ein Programm mit seiner Umwelt kommunizieren: Eingabedaten müssen gelesen werden, auf Basis dieser Daten müssen Algorithmen abgearbeitet werden und am Ende müssen die Verarbeitungsergebnisse durch die Ausgabe von Daten der Umwelt mitgeteilt werden. Diese Kette wird als *EVA-Prinzip* (EVA = Eingabe, Verarbeitung, Ausgabe) der Programmierung bezeichnet.

EVA-Prinzip

Die Eingabedaten können aus verschiedenen Quellen stammen. Sie werden entweder von den BenutzerInnen über die Tastatur eingegeben oder von einer Datei eingelesen. Damit beschäftigen wir uns in diesem Abschnitt. Daneben können Eingabedaten auch aus einer Datenbank kommen oder das Ergebnis einer Webabfrage sein (siehe Abschnitt 8.2). Die textbasierte Ausgabe am Bildschirm mittels print-Befehlen haben wir bereits kennen gelernt. Dieses Wissen werden wir in diesem und in Abschnitt 8.4.1 vertiefen. Schließlich werden wir in Abschnitt 8.4.2 grafische Benutzerschnittstellen erstellen, mit denen wir den BenutzerInnen unserer Programme auch die Maus als Eingabegerät anbieten können. Bis dahin verwenden wir immer die Tastatur als Eingabemedium.

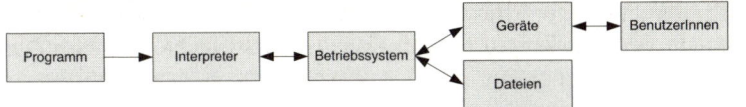

Abbildung 2.4
*Geräte und Dateien zur
Ein- und Ausgabe*

Tastatur und Bildschirm sind *Geräte*, die genauso wie *Dateien* vom Betriebssystem verwaltet werden. Abbildung 2.4 stellt diesen Zusammenhang schematisch dar. In Perl funktioniert der Zugriff auf Dateien und Geräte sehr ähnlich. Das ist auch der Grund dafür, warum wir beides in diesem Abschnitt behandeln.

Geräte und Dateien

2.2.1 Grundlagen zur Gestaltung der Schnittstelle zwischen Mensch und Maschine

Es ist falsch, die BenutzerInnen als diejenigen Menschen zu betrachten, die Eingabedaten für Programme eintippen müssen. Jedes Programm wird genau zu einem bestimmten Zweck geschaffen: um von Menschen verwendet zu werden. Letztendlich wird also *für* die AnwenderInnen programmiert! Je besser deren Bedürfnisse berücksichtigt werden, desto sinnvoller ist ein Programm einsetzbar. Der Erfolg eines Programms hängt vor allem von zwei Fragen ab:

1. Wie gut kann es zur Lösung des Problems der BenutzerInnen eingesetzt werden?
2. Ist die *interaktive* Steuerung durch die BenutzerInnen zufriedenstellend?

Zur Beantwortung der ersten Frage ist es notwendig, die Anforderungen der zukünftigen BenutzerInnen detailliert festzustellen, bevor die Planungs- und Implementierungsphase beginnt. Falls bereits ein Programm vorhanden ist, das bisher das Problem gelöst hat, sollte eine Ist-Analyse der bestehenden Lösung und ihrer Vor- und Nachteile durchgeführt werden.

Die zweite wichtige Frage betrifft den Kommunikationsablauf zwischen Mensch und Programm. Ist es intuitiv zu bedienen, weil der Mensch zu jedem Zeitpunkt ohne zusätzliche Hilfestellungen weiß, welche Eingaben erwartet werden? Zu Beginn Ihrer Karriere als ProgrammiererIn werden nur Sie selbst Ihre (Übungs-)Programme benutzen. Auch später werden Sie oft Programme schreiben, die nur Sie allein verwenden. In diesem Fall müssen Sie sich um die Schnittstelle keine großen Sorgen machen, sprich: Das Programm muss nicht »schön« sein. Achten Sie aber trotzdem darauf, die erwarteten Eingabedaten genau zu beschreiben und alle Meldungen vom Programm an die BenutzerInnen allgemein verständlich zu halten. Das gilt auch für Fehlermeldungen!

2.2.2 Eingabe über die Tastatur

Nach den Grundlagen zur Interaktion mit BenutzerInnen hier nun das erste Beispiel dazu. Es handelt sich um einen Währungsumrechner von Euro nach Dollar:

```
1  print "Geben Sie einen Betrag in Euro ein: ";        # Eingabe
2  my $eurobetrag = <STDIN>;
3  chomp($eurobetrag);
4  my $dollarbetrag = $eurobetrag * 1.2323;              # Verarbeitung
5  print "Das sind " . $dollarbetrag . " Dollar.\n";     # Ausgabe
```

Das für die Eingabe eines Wertes benötigte Muster ist immer dasselbe. Es besteht aus drei Schritten: Im ersten Schritt wird den AnwenderInnen mitgeteilt, welche Eingaben erwartet werden. Dazu ist eine Ausgabe auf dem Bildschirm notwendig, für die wir den bereits bekannten Befehl print (siehe Seite 54) einsetzen.

Standardeingabe   Die *Eingabe* über die Tastatur heißt auch Standardeingabe (*standard input*) beziehungsweise abgekürzt STDIN. Im zweiten Schritt wird eine Eingabe von der Tastatur, und damit von STDIN, gelesen. Was bewirkt das? Die Abarbeitung des Programms wird gestoppt und wartet, bis eine Eingabe gemacht und diese durch Drücken der Eingabetaste abgeschlossen wurde. In unserem Beispiel wird diese Eingabe der Variablen $eurobetrag als Wert zugewiesen (die gedrückte Eingabetaste ist ein Teil dieses Wertes!). Wenn zum Beispiel 99 eingegeben wurde, wird $eurobetrag der Wert 99\n zugewiesen. Zum Weiterverarbeiten des eingegebenen Wertes ist das abschließende Returnzeichen (auch *Newline*-Zeichen genannt) störend. Es wird daher im dritten Schritt mit chomp() entfernt: Diese Funktion testet, ob das letzte Zeichen eines übergebenen Variablenwertes ein Returnzeichen ist. Wenn ja, wird es abgeschnitten. Wenn nicht, passiert gar nichts. In der vierten Zeile findet die *Verarbeitung* statt. Hier wird der Wert in Dollar berechnet, indem der Euro-Wert mit einem der Einfachheit halber konstanten Umrechnungsfaktor multipliziert wird. Besser wäre natürlich, den momentan aktuellen Umrechnungsfaktor zu verwenden. In der letzten Zeile geben wir den erhaltenen Wert am Bildschirm aus:

```
Geben Sie einen Betrag in Euro ein: 13
Das sind 16.0199 Dollar.
```

In diesem Beispiel wurden die eingegebenen Zeichen nicht über- *Eingaben überprüfen!*
prüft. Wir können allerdings nicht davon ausgehen, dass BenutzerInnen
immer alles richtig machen. Was passiert, wenn eine Zeichenkette statt
eines Zahlenwertes eingegeben wird? Wir probieren es aus:

```
Geben Sie einen Betrag in Euro ein: E
Das sind 0 Dollar.
```

Die Berechnung schlägt fehl, es wird aber keinerlei Fehlermeldung ausgegeben. Unter Verwendung der Option -w beziehungsweise des Prag-
mas `use warnings;` (siehe Abschnitt 1.5) ergibt die Ausführung des gleichen Beispiels folgende Warnung:

```
Geben Sie einen Betrag in Euro ein: E
Argument "E" isn't numeric in multiplication (*) at stdin_euro.pl
  line 4, <STDIN> line 1.
Das sind 0 Dollar.
```

Das ist schon besser, aber noch nicht genug. Die vom Interpreter er- *Fehlerbehandlung*
zeugte Warnung ist eine sehr gute Hilfe für ProgrammiererInnen bei der
Fehlersuche. Sie sollte aber auf keinen Fall als Hinweis für die BenutzerInnen eines Programms verwendet werden. Die Grundregel lautet:
Immer wenn eine Eingabe von der Tastatur gelesen wird, die in einem
bestimmten Wertebereich liegen soll, wird vor der Weiterverarbeitung
überprüft, ob der eingelesene Wert innerhalb des erlaubten Wertebe-
reichs liegt. Falls das nicht der Fall ist, wird eine Fehlermeldung ausgegeben, die erklärt, welches Problem aufgetreten ist und wie es in Zukunft verhindert werden kann. Im folgenden Beispiel wird mit Hilfe
eines *regulären Ausdrucks* überprüft, ob die Eingabe eine Kommazahl
ist, also nur Zahlen und möglicherweise einen Punkt enthält. Reguläre Ausdrücke werden in Abschnitt 3.2 behandelt, hier nur ein kleiner
Ausblick auf ihre Verwendung:

```
print "Geben Sie einen Betrag in Euro ein: ";
my $eurobetrag = <STDIN>;
chomp($eurobetrag);

if ($eurobetrag =~ /^\d*\.?\d+$/) {
    my $dollarbetrag = $eurobetrag * 1.2323;
    print "Das sind " . $dollarbetrag . " Dollar.\n";
}
```

```
else {
    print "$eurobetrag ist keine Zahl.\nBitte verwenden Sie " .
          "ausschließlich Ziffernwerte und einen Punkt als " .
          "Trennzeichen zwischen Vor- und Nachkommaanteil.\n";
}
```

2.2.3   Lesen und Schreiben von Dateien

Wie bereits besprochen, kann ein Programm seine Eingabe von der Tastatur, aber auch aus anderen Quellen beziehen. Viele Perl-Programme laufen ohne direkte Interaktion mit Menschen. In diesem Fall und auch wenn eine große Menge an Eingabedaten verarbeitet werden soll, werden diese Daten aus einer Datei eingelesen. Zum Zugriff auf Dateien werden *Datei-Handles* verwendet. Die Verarbeitung von Dateien erfolgt nach folgendem Muster:

1. Öffnen
2. Lesen und/oder Schreiben
3. Schließen

Dateifunktionen Der Befehl open() erzeugt ein Datei-Handle und weist es einer Datei zu, die anhand des Dateinamens identifiziert wird. In unserem Beispiel wird ein Datei-Handle namens READFILE definiert und der Datei $dateiname zugewiesen. Im Anschluss wird ausschließlich über das Datei-Handle auf die Datei zugegriffen.

```
print "Welche Datei soll es sein?\n";
my $dateiname = <STDIN>;
chomp($dateiname);

open(READFILE,"<$dateiname");

print "Der Inhalt der Datei ist:\n";
while (my $zeile = <READFILE>) {
    print $zeile;
}

close(READFILE);
```

Die Funktion open() erwartet zwei Parameter: An erster Stelle steht der frei wählbare Name des Datei-Handles, für den in der Regel immer Großbuchstaben verwendet werden. Wir verwenden den Namen READ-FILE. Der zweite Parameter steht zwischen Anführungszeichen und definiert zwei Dinge gleichzeitig. Erstens, in welchem Modus die Datei geöffnet werden soll, und zweitens den Dateinamen der zu öffnenden Datei. *Zugriffsarten auf Dateien*

Wir verwenden den Modus <, das bedeutet *lesender Zugriff*. Es gibt auch andere Modi:

```perl
open(READFILE, "<datei.txt");        # lesen
open(WRITEFILE, ">datei.txt");       # schreiben
open(APPENDFILE, ">>datei.txt");     # am Ende anhängen
```

Bitte beachten Sie: Der Name des Datei-Handles kann frei gewählt werden, definiert aber nicht den Modus! Der Modus wird einzig und allein durch die Ist-größer- beziehungsweise Ist-kleiner-Zeichen festgelegt. Ist gar kein Modus angegeben, wird die Datei zum Lesen geöffnet. Damit hätten wir die Datei geöffnet. Was nun? Ihr Inhalt wird nicht in einem Stück, sondern zeilenweise zur Verfügung gestellt. Das ist sinnvoll, weil die Datei unbegrenzt groß sein kann. Das Handle stellt den Inhalt der Datei in einer Liste zur Verfügung, deren Elemente die Zeilen der Datei sind.

```perl
while (my $zeile = <READFILE>) {
    print $zeile;
}
```

`my $zeile = <READFILE>` liest eine Zeile der Datei ein, genauso wie `my $eingabe = <STDIN>` eine Zeile von der Tastatur liest. Um den Inhalt der Datei zeilenweise von der ersten bis zur letzten Zeile zu lesen, verwenden wir eine `while`-Schleife. In obigem Beispiel wird der Inhalt der Datei zeilenweise ohne jede Veränderung auf dem Bildschirm ausgegeben, also die Funktion des Unix-Befehls *cat* simuliert.

Sobald der Dateizugriff nicht mehr benötigt wird, wird das Handle mit dem Befehl `close()` freigegeben und die geöffnete Datei geschlossen. Beim Aufruf von `close()` schreibt Perl alle noch zu schreibenden Daten in die Datei. Nach `close()` kann das Datei-Handle und damit die Datei, mit der es verbunden war, nicht mehr verwendet werden. Wenn sich ein Perl-Programm beendet, weil es bis zum letzten Befehl durchgelaufen ist, werden automatisch alle noch offenen Datei-Handles geschlossen. *Dateien schließen*

Es ist kein Zufall, dass die Behandlung eines Datei-Handles jener von STDIN ähnelt. Im Gegenteil: STDIN ist ein spezielles Datei-Handle, das immer geöffnet und in der Regel mit der Tastatur verbunden ist. Es gibt noch zwei weitere derartige Datei-Handles: STDOUT (*standard output*) und STDERR (*standard error*). Beide sind ebenfalls immer geöffnet und in der Regel mit dem Bildschirm verbunden. *STDIN, STDOUT und STDERR*

Wir haben Ihnen bisher verschwiegen, dass der Befehl `print` per Default immer auf die Standardausgabe schreibt. Die ersten beiden Anweisungen sind also vollkommen gleichbedeutend:

```
1  print "Ausgabetext\n";
2  print STDOUT "Ausgabetext\n";
3  print STDERR "Fehlermeldung\n";
```

In der dritten Zeile schreiben wir auf die Standardfehlerausgabe STDERR. Standardmäßig wird diese Meldung ebenfalls auf dem Bildschirm erscheinen. Es kann aber sinnvoll sein, Ausgaben und Fehlermeldungen zu trennen, denn die Standardzuweisungen von STDIN, STDOUT und STDERR können verändert werden. Es ist damit möglich, die entsprechenden Ausgaben auf andere Kanäle umzuleiten. So könnten wir beispielsweise die Standardfehlerausgabe STDERR in eine Datei schreiben und nur diejenigen Fehlermeldungen, die für BenutzerInnen gedacht sind, auf STDOUT ausgeben.

Nach dem letzten Beispiel ahnen Sie vermutlich schon, wie Daten in eine Datei *geschrieben* werden. Richtig: Dazu wird ebenfalls `print` verwendet und zusätzlich festgelegt, auf welches Datei-Handle geschrieben werden soll.

Im nächsten Beispiel probieren wir das gleich aus und produzieren mit wenig Aufwand sehr viel Text, der in eine Datei geschrieben wird.

```
open(WRITEFILE,">datei.txt");
print WRITEFILE "Einmal schreiben.\n";

for (my $i=0;$i<1000;$i++) {
    print WRITEFILE "Tausendmal schreiben! ";
}
close(WRITEFILE);
```

Achtung! Wenn eine existierende Datei zum Schreiben (Modus >) geöffnet wird, dann wird der bisherige Inhalt überschrieben! Im Modus >> (anhängen) besteht keine Gefahr des Überschreibens, da der neue Inhalt an das Ende des bereits vorhandenen geschrieben wird. In beiden Modi gilt: Existiert die angegebene Datei nicht, wird sie erzeugt (neu angelegt). Um das Überschreiben vorhandener Dateien zu verhindern, müssen wir vor dem Erzeugen einer neuen Datei testen, ob bereits eine Datei mit diesem Namen existiert:

```
if (-e 'datei.txt') {
    # Datei existiert! -> Fehlermeldung ausgeben
}
else {
    # Datei existiert nicht -> Datei-Handle erzeugen
}
```

Neben -e gibt es noch weitere *Dateitests*, die Sie auf Seite 176 kennen lernen werden.

Beim Öffnen einer Datei mit open() können Fehler auftreten, bei-spielsweise weil die zu öffnende Datei nicht existiert. Um das festzu-stellen, gibt es den Rückgabewert der Funktion open(). Die Funktion gibt den Wert 1 zurück, wenn die Datei geöffnet werden konnte. Wenn ein Fehler aufgetreten ist, wird der Wert undef zurückgegeben. Das steht für »undefinierter Wert«. Wenn dieser Wert an einer Stelle im Programm verwendet wird, an der eine Zahl erwartet wird, dann steht er für die Zahl 0. An einer Stelle, an der eine Zeichenkette erwartet wird, wird er als Zeichenkette der Länge null betrachtet. Wir können diesen Wert be-nutzen, um festzulegen, was passieren soll, wenn ein Fehler aufgetreten ist:

Fehlerbehandlung

```
print "Welche Datei soll es sein?\n";
my $dateiname = <STDIN>;
chomp($dateiname);

my $status = open(READFILE,"<$dateiname");

if (!$status) {
    print "Datei konnte nicht geöffnet werden.\n";
    exit(1);
}
```

Der if-Block wird ausgeführt, wenn $status den Wert undef bezie-hungsweise 0 hat. In diesem Fall wird eine Fehlermeldung ausgegeben und das Programm mit exit() zum sofortigen Abbruch gebracht. Hier geben wir das Argument 1 an, um der aufrufenden Stelle anzuzeigen, dass ein Fehler aufgetreten ist. Ohne Argument würde exit() den Wert 0 zurückgeben, der in der Regel für den Erfolgsfall steht. (Sie haben vielleicht bemerkt, dass es Perl bei open() genau umgekehrt macht, sich also nicht an diese Regel hält.) In der Praxis wird oft folgendes Muster für die Fehlerbehandlung verwendet. Hier geschieht genau das Gleiche wie im obigen Beispiel. Der Code ist allerdings um einiges kürzer:

```
open(READFILE,"<$dateiname") ||
   die ("Datei konnte nicht geoeffnet werden!");
```

Die vordefinierte Funktion die() bewirkt, dass zuerst die als Argument übergebene Meldung ausgegeben und das Programm sofort danach beendet wird. Die »oder«-Verknüpfung sorgt dafür, dass die() nur dann ausgeführt wird, wenn open() zuvor den Statuswert 0 zurückgegeben hat (also ein Fehler beim Öffnen der Datei aufgetreten ist).

Skalare für Datei-Handles verwenden

Statt des in Großbuchstaben geschriebenen Namens (der auch als GLOB bezeichnet wird) können auch Skalarvariablen für Datei-Handles verwendet werden:

```
my $fh;
open($fh, "<datei.txt");

while (my $zeile = <$fh>) {
    print $zeile;
}

close($fh);
```

Diese Variable wird genauso verwendet wie ein Datei-Handle und stellt eine *Referenz* auf ein Datei-Handle dar. Referenzen sind Thema von Abschnitt 5.1.

2.3 Grenzen zwischen Programm und Systemumgebung

Die letzte wichtige Schnittstelle ist die zum System beziehungsweise zur Systemumgebung. In diesem Abschnitt wollen wir Ihnen ein grundlegendes Bild dieser »virtuellen Welt« vermitteln, in der Programme ablaufen. Abbildung 2.5 zeigt eine schematische Darstellung der Systemumgebung.

Elemente der Systemumgebung

Das Betriebssystem verwaltet die (Hardware-)Ressourcen des Rechners, zu denen unter anderem der Prozessor, der Hauptspeicher und die Schnittstellen für die Eingabe und Ausgabe (auch I/O für Input/Output genannt) gehören. Das Dateisystem, das rechts in Abbildung 2.5 zu sehen ist, ist ein Teil des Betriebssystems. Es ist für das Verwalten der Daten auf Datenträgern (Festplatten) zuständig. Ausführbare Programme, wie zum Beispiel ein Editor, sind im Binärcode (in Maschinensprache) in einer Datei auf der Festplatte gespeichert. Auch der Perl-Interpreter und die Kommandozeile, also die Unix/Linux-Shell beziehungsweise

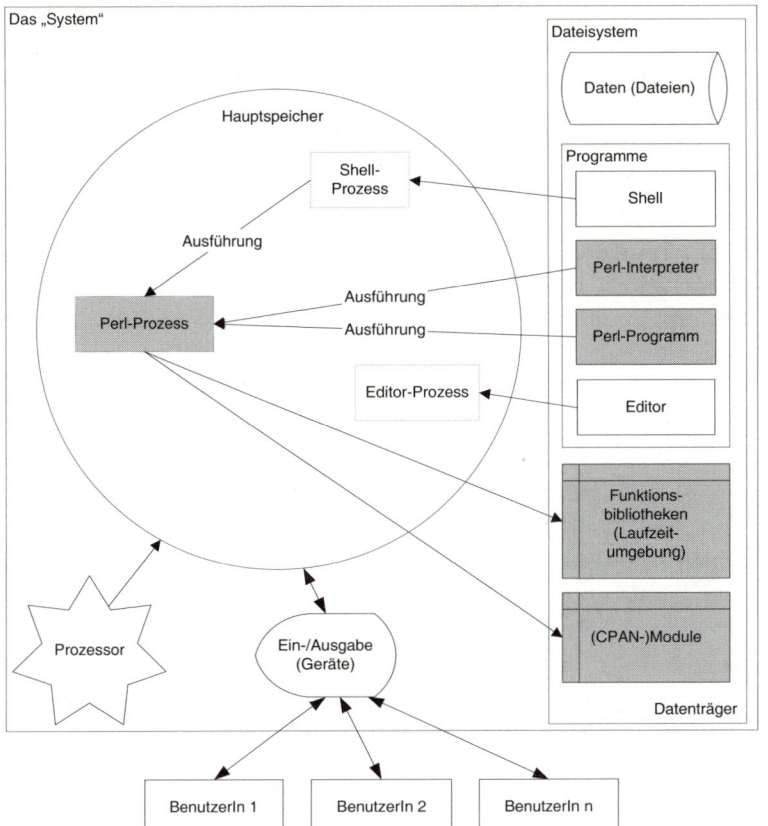

Abbildung 2.5
Systemumgebung

die MS-DOS-Eingabeaufforderung, sind ausführbare Programme. Beim Start eines Programms wird die jeweilige Datei in den Hauptspeicher geladen und »lebt« dort als *Prozess* (Vorgang). Das Verwalten von Prozessen, also die gerechte Zuteilung von Ressourcen zu gleichzeitig ablaufenden Prozessen, ist Aufgabe des Betriebssystems. Welche Prozesse zurzeit im System laufen, können Sie unter Unix/Linux mit dem Befehl ps aux und unter Windows im *Windows Task-Manager* beim Karteireiter »Prozesse« sehen. Sie werden feststellen, dass neben den von Ihnen gestarteten Prozessen auch viele vom Betriebssystem gestartete Prozesse (*Systemprozesse*) laufen, die in Abbildung 2.5 nicht dargestellt sind. Wir beschränken uns darauf, den Editor und die Kommandozeile (auch *Shell* genannt) als momentan laufende Prozesse abzubilden. Wenn Sie nun in dieser Kommandozeile den Befehl

Prozesse

```
perl <dateiname_des_programms>
```

Interpretationsprozess

eingeben, wird der Perl-Interpreter ausgeführt, also als neuer Prozess in den Hauptspeicher geladen. Seine Aufgabe ist, den in der angegebenen Datei befindlichen Perl-Code, der auch als Quellcode bezeichnet wird, von der ersten bis zur letzten Zeile einzulesen (zu *parsen*) und ihn in Binärcode zu übersetzen. Dieser Vorgang wird auch als *Kompilieren* bezeichnet. Für die Übersetzung von Perl-Code in Binärcode benötigt der Interpreter Zugriff auf die Perl-Laufzeitumgebung, die ebenfalls in Form von Dateien auf der Festplatte gespeichert ist. Diese Dateien sind nicht direkt ausführbar, sondern enthalten den Binärcode für die in Perl-Programmen verwendeten Ablaufstrukturen und vordefinierten Funktionen. Falls im zu übersetzenden Perl-Code Perl-Module (siehe Abschnitt 5.2.1) benutzt wurden, werden die verwendeten Funktionen ebenfalls aus Dateien der Festplatte geladen und übersetzt. Das Ergebnis der Übersetzung, also der erzeugte Binärcode im Hauptspeicher, wird dann ausgeführt. Erst jetzt »läuft« Ihr Programm wirklich.

Compiler und Interpreter

An dieser Stelle wird es Zeit, sich mit den beiden Arten von Programmen zu beschäftigen, die zum Ausführen von Programmen benötigt werden: *Compilern* und *Interpretern*. Im ersten Kapitel haben wir bereits angesprochen, dass der Analyseprozess in der Programmierung so weit durchgeführt wird, bis der das Problem beschreibende Algorithmus vollständig in der Programmiersprache beschrieben wurde. Ab diesem Punkt – haben wir behauptet – ist der Computer dazu in der Lage, Algorithmen in Maschinensprache zu übersetzen. Die Programme, die das können, sind Compiler und Interpreter. Sie unterscheiden sich im Wesentlichen im Zeitpunkt, zu dem die Übersetzung durchgeführt wird. Compiler übersetzen den gesamten Quellcode eines Programms (alle Funktionen und Module), *bevor* das Programm ausgeführt werden kann, und schreiben den Maschinencode in eine Datei auf die Festplatte. Diese Datei enthält den Binärcode des Programms und kann auf allen Computern mit dem gleichen Betriebssystem und ähnlicher Hardware gestartet werden. Interpreter übersetzen *zeilenweise*. Das heißt, es wird immer nur jene Zeile übersetzt (oft auch mehrmals), die als Nächstes ausgeführt wird.

Kompilierte und interpretierte Programmiersprachen

Aus diesem Unterschied ergeben sich die stark abweichenden Eigenschaften von kompilierten und interpretierten Programmiersprachen. In kompilierten Sprachen geschriebene Programme lassen sich in der Regel schneller ausführen (die Übersetzung ist zum Ausführungszeitpunkt abgeschlossen, Optimierungen sind möglich), bieten den ProgrammiererInnen aber meist weniger Flexibilität und verlangen sorgsamere Behandlung von Fehlern. Interpretierte Sprachen laufen üblicherweise langsamer ab, bieten aber mehr Flexibilität. So können sich interpretierte Programme zum Beispiel während der Laufzeit problemlos selbst verändern – solange nicht der nächste auszuführende Befehl verändert wird. Ein weiterer Unterschied besteht darin, dass kompilierte Programme vollständig von ihrer Entwicklungsumgebung getrennt werden können. Auf Interpretern basierende Programmiersprachen benötigen zur Programmausführung eine auf dem ausführenden Computer installierte Laufzeitumgebung. Das ist der Grund, warum interpretierte Programme auch als *Skripte* bezeichnet werden und viele ProgrammiererInnen statt Perl-Programm den Begriff *Perl-Skript* verwenden.

Perl ist eine interpretierte Sprache. Das entspricht dem Flexibilitätsanspruch der Programmiersprache. Die längere Laufzeit von Programmen ist für die typischen Perl-Anwendungsgebiete unbedeutend.

Zurück zur Systemumgebung. Wie bereits festgestellt, dient sie dazu, Programme zu entwickeln und auszuführen. Es gibt aber noch mehr zu wissen, denn: Wir können auch innerhalb von Programmen auf die Systemumgebung zugreifen. Den Zugriff auf Geräte und Dateien haben wir bereits in Abschnitt 2.2 behandelt. Nun werden wir uns mit zwei weiteren Zugriffsmöglichkeiten beschäftigen:

Zugriff auf die Systemumgebung

❏ Zugriff auf Informationen des Interpreters und auf Informationen der Kommandozeile
❏ Zugriff auf (Betriebs-)Systemprogramme

Zu Ersterem: Innerhalb des Programmcodes kommunizieren wir mit dem Interpreter und weisen ihn an, was er zu tun hat. Es existiert aber auch die umgekehrte Richtung der Kommunikation: die Informationsweitergabe vom Interpreter zum Programm. Dazu weist der Interpreter Variablen mit vordefinierten Namen Werte zu. Wir sprechen diese *vordefinierten Variablen* über ihre Namen im Programm an, um die jeweiligen Werte zu erhalten. Ein Beispiel: Beim Ausführen eines Perl-Skripts können wir hinter dem Dateinamen noch zusätzliche Parameter angeben, zum Beispiel diese:

@ARGV: Parameterübergabe beim Programmstart

```
perl perl_2_parameter.pl datei3.txt -h now schneekanone
```

Innerhalb des Programms können wir auf diese Werte zugreifen. Das ist eine einfache Möglichkeit, einem Programm eine geringe Anzahl von Eingabedaten zu übergeben. Die vordefinierte Liste, über die wir Zugriff auf diese Eingabedaten haben, heißt @ARGV. Im nächsten Beispiel bestimmen wir zuerst die Länge der Liste @ARGV (siehe Seite 61). Danach greifen wir auf alle Elemente zu und geben den jeweiligen Wert und seinen Index (seine Position innerhalb der Liste) aus:

```perl
my $anzahl = @ARGV;
for (my $i=0;$i<$anzahl;$i++) {
    print "Argument an Index $i ist $ARGV[$i].\n";
}
```

Der Aufruf dieses Skripts ergibt folgende Ausgabe:

```
Argument an Index 0 ist datei3.txt.
Argument an Index 1 ist -h.
Argument an Index 2 ist now.
Argument an Index 3 ist schneekanone.
```

Neben @ARGV gibt es viele andere vordefinierte Variablen. Ein weiteres Beispiel: Wenn ein Perl-Skript an der Kommandozeile gestartet wird, ist der zugehörige Prozess ein *Kindprozess* des Kommandozeilenprozesses beziehungsweise Shell-Prozesses (siehe Abbildung 2.5). Damit erbt der Perl-Prozess Information über die Umgebung der Kommandozeile, zum Beispiel, in welchem Verzeichnis wir uns momentan befinden oder unter welchem Namen wir am System eingeloggt sind. Diese geerbten Informationen werden ebenfalls über vordefinierte Variablen zur Verfügung gestellt. Nähere Informationen dazu und eine Übersicht über alle vordefinierten Variablen und deren Bedeutung finden Sie in Abschnitt 3.3.

Abbildung 2.6
Prozesshierarchie

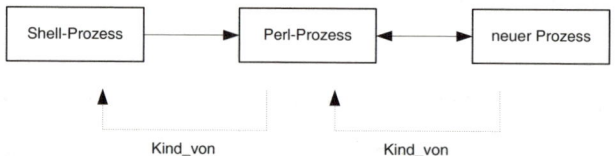

Zugriff auf Systemprogramme

Wie schon erwähnt, kann innerhalb von Perl-Programmen auf das Betriebssystem zugegriffen werden. Alle im System verfügbaren Befehle und damit all jene, die an der Kommandozeile ausführbar sind, können auch innerhalb eines Perl-Skripts ausgeführt werden. Dazu gibt es die Funktion system(). In diesem Beispiel verwenden wir system(), um den Systembefehl date innerhalb eines Perl-Skripts zu starten:

```perl
system("date");
```

system()

Was passiert hier? Mit system() starten wir innerhalb des Programms einen neuen Prozess, der ein Kind des bereits laufenden Prozesses ist (siehe Abbildung 2.6) und der den als Argument übergebenen Systembefehl ausführt. Während der Kindprozess aktiv ist, wartet sein Mutterprozess ab, tut also gar nichts, bis das Kind mit der Abarbeitung des

Systembefehls fertig ist und sich beendet. Die Ausgabe des Systembefehls wird dabei auf die Standardausgabe STDOUT (siehe Seite 67) geschrieben. Falls wir die Ausgabe des Systembefehls im Programm weiterverarbeiten wollen, müssen wir eine andere Notation zum Erzeugen des Kindprozesses verwenden:

```
my $aktuellesDatum='date';
```

Backticks

Dazu wird der Systembefehl zwischen so genannte *Backticks* gestellt. Diese ähneln einfachen Anführungszeichen, zeigen aber nach rechts. Im Gegensatz zu system() wird die Ausgabe des Kindprozesses bei der Verwendung der Backticks nicht auf die Standardausgabe geschrieben, sondern einer Variablen zugewiesen.

Auch system() gibt einen Rückgabewert zurück, und zwar den Statuscode des Systembefehls. Das ist der Wert 0, wenn die Ausführung des Befehls erfolgreich war. Andernfalls wird ein Wert zurückgegeben, der größer als null ist. Hier fragen wir den Statuscode ab und speichern ihn in der Variablen $status:

```
my $status = system("mkdir EinNeuesVerzeichnis");
```

exec()

Eine dritte Möglichkeit, einen neuen Prozess zu starten, ist der Befehl exec(). Wenn wir ihn verwenden, übergibt der aktuelle Prozess die Kontrolle an den neu erzeugten Prozess und beendet sich anschließend. Es existiert dann nur noch der neu erzeugte Prozess. Mehr zu exec() und zu Prozessen finden Sie in Kapitel 7.

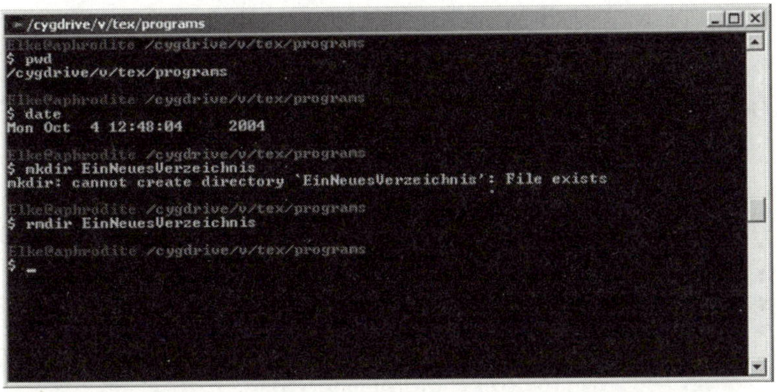

Abbildung 2.7
Cygwin

Unterschiede Unix - Windows

Da unter Unix-artigen Betriebssystemen im Vergleich zu Windows-Systemen eine ungleich größere Anzahl an Systembefehlen zur Verfügung steht, kann der Rückgriff auf Systembefehle unter Unix beziehungsweise Linux besser eingesetzt werden. Windows-BenutzerInnen seien darauf hingewiesen, dass es mit dem unter Windows laufenden Tool *Cygwin* [23] die Möglichkeit gibt, eine Unix-ähnliche Umgebung auf einem Windows-System zu installieren. Cygwin ist mittels Standardinstallationsprogramm (setup.exe) einfach einzurichten und liefert neben einer Vielzahl an Unix-Befehlen auf Wunsch auch einen Perl-Interpreter mit. Abbildung 2.7 zeigt die im Vergleich zur MS-DOS-Eingabeaufforderung viel leistungsstärkere *Cygwin-Shell*.

2.4   Ist das nun alles?

In diesem Kapitel wurden drei Arten von *Schnittstellen* behandelt: Schnittstellen zwischen Programm und BenutzerInnen, Schnittstellen zwischen Programm und System sowie innere Schnittstellen von Programmen. Im Laufe des Kapitels wurden folgende Themen besprochen:

- ❏ Eigene Funktionen definieren, um Programme übersichtlich zu gestalten und Teile davon wiederverwenden zu können.
- ❏ Perls eingebaute Funktionen (Befehle) verwenden.
- ❏ Mit den BenutzerInnen der Programme interagieren.
- ❏ Den Inhalt von Dateien ansprechen oder verändern.
- ❏ Mit der Systemumgebung interagieren.

Wie geht's weiter?   Nach sorgfältigem Studium von Kapitel 1 und Kapitel 2 kennen Sie nun die Grundlagen der Programmierung und haben sich die wesentlichen Bestandteile von Perl angeeignet. War das jetzt alles? Nein, nicht alles. Aber schon sehr viel. In den nächsten zwei Kapiteln werden wir einerseits die Besonderheiten von Perl besprechen und andererseits mehr über Methoden der Programmierung erfahren.

2.5   Übungsaufgaben

1. Überarbeiten Sie die Programme, die Sie bisher erstellt haben. Deklarieren Sie alle Variablen mit my, verwenden Sie use strict; und teilen Sie Ihre Algorithmen in Funktionen ein, die Parameter und Rückgabewerte zur Kommunikation verwenden.
2. Schreiben Sie ein Programm, das in vier Spalten alle Zeichen des ASCII-Zeichensatzes zwischen 32 und 128 mit ihrer Nummer ausgibt. Die Ausgabe soll etwa folgendermaßen aussehen:

```
...
65     A     66     B     67     C     68     D
69     E     70     F     71     G     72     H
...
```

3. Finden Sie heraus, welche Nummer im ISO-Latin-Zeichensatz für das Zeichen Ü festgelegt wurde.

4. Erstellen Sie ein Programm, das Textdateien einliest, jeweils zwei aufeinander folgende Zeilen zu einer Zeile zusammenfügt und das Ergebnis in eine neue Datei ausgibt. Die Namen der Ein- und Ausgabedateien sollen dem Programm als Parameter übergeben werden können.

5. Modellieren und implementieren Sie ein Menüsystem für das Umrechnen von Geldbeträgen zwischen fünf verschiedenen Währungen. Die Ausgabe dieses Programms soll etwa folgendermaßen aussehen (<IN> steht für Eingaben der BenutzerInnen):

```
Wählen Sie bitte eine Startwährung:
(E)uro, (D)ollar, (Y)en, (P)fund, (K)ronen

<IN>E

Wählen Sie bitte eine Zielwährung:
(D)ollar, (Y)en, (P)fund, (K)ronen

<IN>K

Geben Sie einen Betrag ein:

<IN>100.00

100.00 Euro entsprechen 230.00 Kronen.
```

3 Das Besondere an Perl

Dieses Kapitel dient der Vervollständigung und Komplettierung Ihrer Perl-Kenntnisse, wobei die hier besprochenen Themen bereits in die Kategorie »fortgeschrittenes Wissen« fallen.

Abschnitt 3.1 befasst sich mit *Hashes* (Hashtabellen) und vervollständigt das Wissen über die drei in Perl verfügbaren Datenstrukturen. Abschnitt 3.2 beschäftigt sich mit *regulären Ausdrücken* als Mittel zur Überprüfung von Zeichenketten auf darin vorkommende Muster. Abschnitt 3.3 gibt eine Übersicht über Perls Konzept der *vordefinierten Variablen*, die zur Informationsweitergabe vom Interpreter an Programme verwendet werden.

3.1 Hashes

In Perl gibt es drei verschiedene Variablentypen (Datenstrukturen). Zwei davon, Skalare und Listen, wurden bereits in Kapitel 1 vorgestellt. In diesem Abschnitt beschäftigen wir uns mit dem dritten Variablentyp: dem *Hash*. Hashes werden auch als *Hashtabellen (hash tables)* oder *assoziative Listen* bezeichnet.

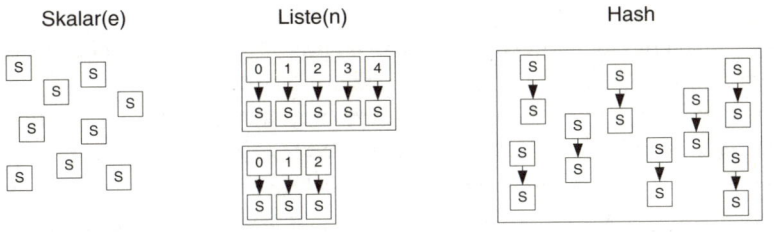

Abbildung 3.1
Skalare, Listen, Hashtabellen

Abbildung 3.1 zeigt Perls Variablentypen im Vergleich. Ein Skalar bietet Platz für einen Wert. In einer Liste können beliebig viele Werte gespeichert werden. Diese werden »nummeriert«, also mit Namen von 0 bis n versehen. Ein Hash ähnelt einer Liste, denn auch ein Hash hat Elemente, die mit Namen versehen sind. Aber: Im Unterschied zu Listen können diese Namen bei Hashes frei gewählt werden. In Abbildung 3.1 ist zu sehen, dass Listen aus Elementen bestehen, die jeweils eine Num-

Wozu Hashes?

mer und einen skalaren Wert tragen. Bei einem Hash ist das anders, denn seine Elemente bestehen aus jeweils zwei frei wählbaren skalaren Werten.

Die Namen werden meist als *Schlüssel* oder *Keys* bezeichnet. Für die Schlüssel sind sowohl Zahlenwerte als auch Zeichenketten erlaubt. Dadurch können *Paare von Werten* gespeichert werden, beispielsweise Namen von Personen und ihre Mobiltelefonnummern, oder Postleitzahlen und die Namen der Städte mit diesen Postleitzahlen. Hashes werden auch verwendet, um mehrere Name-Wert-Paare für *ein* bestimmtes Objekt zu speichern, zum Beispiel Informationen zu einer bestimmten Person (Vorname, Nachname, Telefonnummer, Adresse). Wichtig ist, dass die Schlüssel eindeutig sein müssen! Jeder Schlüssel darf nur einmal vorkommen.

Ein weiterer Unterschied zwischen Listen und Hashes besteht darin, dass die Elemente eines Hashes nicht von 0 bis n geordnet sind.

Hashes deklarieren   Wir wissen bereits: Skalare Variablen beginnen mit $ und Listen mit @. Hashes beginnen mit %. Für den darauf folgenden Variablennamen gelten dieselben Regeln wie für Skalare und Listen. Es ist zwar erlaubt, die drei vollkommen unterschiedlichen und voneinander unabhängigen Variablen $apfel, @apfel und %apfel in einem Programm zu verwenden. Aus Gründen der Übersichtlichkeit sollte aber darauf verzichtet werden. Im folgenden Beispiel wird ein Hash angelegt:

```
my %apfel=(
            'farbe' => "grün",
            'sorte' => "Gloster",
            'radius' => 5,
            'istWurmig' => 0
        );
```

Hier wird ein Hash mit dem Variablennamen %apfel deklariert. Die einzelnen Name-Wert-Paare stehen innerhalb runder Klammern und werden durch Kommata voneinander getrennt. Links steht der *Schlüssel*. Hinter dem Trennzeichen => folgt der Wert (*Value*) für diesen Schlüssel. Wir werden im Folgenden der Übersichtlichkeit halber die Schlüssel immer zwischen einfache Anführungszeichen setzen. Ebenfalls erlaubt ist es, doppelte Anführungszeichen zu verwenden oder – solange keine Leerzeichen oder Bindestriche innerhalb des Schlüsselwertes benutzt werden – sogar ganz auf Anführungszeichen zu verzichten.

Es gibt mehrere mögliche Schreibweisen für die Deklaration eines Hashes. Die im obigen Beispiel verwendete ist die übersichtlichste, bringt aber gleichzeitig auch den größten Schreibaufwand mit sich. Im nächsten Beispiel verwenden wir alle vorhandenen Möglichkeiten für die Schreibweise:

```
my %wb=(
        'yellow' => "gelb",
        'red' => "rot",
        'blue' => "blau"
      );
my %wb2=('yellow' => "gelb", 'red' => "rot", 'blue' => "blau");
my %wb3=('yellow', "gelb", 'red', "rot", 'blue', "blau");
my %wb4= qw(yellow gelb red rot blue blau);
```

Bei der Deklaration von %wb2 ersparen wir uns die Zeilenumbrüche. Anhand der Deklaration von %wb3 ist ersichtlich, dass auch Kommata anstatt => erlaubt sind. Das ist zwar weniger Schreibarbeit, aber dafür auch schlechter lesbar. Die Variable %wb4 wurde mit Hilfe des Schlüsselwortes qw (»quoted words«) deklariert. qw() ist praktisch, um viele Zeichenketten zu definieren. Die Argumente von qw() stehen innerhalb der runden Klammer und sind Zeichenketten, die auch ohne Anführungszeichen als solche erkannt werden. Als Trennzeichen zwischen den Zeichenketten werden Leerzeichen anstelle der üblichen Kommata verwendet. Wenn ein Hash unter Verwendung von qw() deklariert wird, splittet Perl die Argumente automatisch in Name-Wert-Paare auf. Die Hilfsfunktion qw() kann übrigens auch bei der Deklaration von Listen verwendet werden. Das erspart die Angabe der Anführungszeichen und Kommata zur Trennung der Zeichenketten.

Schlüsselwort qw

Wie können wir auf einzelne Elemente eines Hashes zugreifen? Der Zugriff auf ein Element erfolgt über den dazugehörigen Schlüssel, der in *geschwungenen Klammern* hinter dem Variablennamen angegeben wird. Da der zurückgegebene Wert ein Skalar ist, muss zu Beginn der Variablen ein Dollarzeichen stehen. Im nächsten Beispiel geben wir die Farbe des Apfels aus, testen aber vorher mit Hilfe der Funktion exists(), ob ein Element mit dem Schlüssel hatFarbe existiert. Um neue Elemente zu einem Hash hinzuzufügen oder bestehende Elemente zu verändern, werden Zuweisungen verwendet (siehe Zeile acht und neun). delete() entfernt ein Name-Wert-Paar aus dem Hash (Zeile zehn).

Zugriff auf einzelne Elemente

```
1  my %apfel=('hatFarbe' => "grün", 'hatSorte' => "Gloster",
2             'hatRadius' => 5, 'istWurmig' => 0);
3  if (exists($apfel{'hatFarbe'})) {
4      print "Die Farbe des Apfel ist: " . $apfel{'hatFarbe'} ."\n";
5  }
6  $apfel{'hatRadius'} = 7;
7  $apfel{'hatErntedatum'} = "23.08.2004";
8  delete($apfel{'istWurmig'});
```

Zugriff auf alle
Elemente: keys()
Um nicht nur auf einzelne, sondern auf alle Elemente nacheinander zuzugreifen, also über den gesamten Hash zu *iterieren*, gibt es mehrere Möglichkeiten. Meist wird die vordefinierte Funktion keys() im Zusammenhang mit einer foreach-Schleife verwendet. keys() erwartet einen Hash als Parameter und gibt alle Schlüssel des Hashes in einer Liste zurück (Zeile vier). Die so erhaltene Liste in einer foreach-Schleife verwendet, um in jedem Durchlauf einen der Schlüssel in der Variablen $index ansprechen zu können (Zeile fünf). Der Zugriff auf den Wert für diesen Schlüssel erfolgt ebenfalls über die Variable $index:

```
1  my %apfel=('hatFarbe' => "grün", 'hatSorte' => "Gloster",
2            'hatRadius' => 5, 'istWurmig' => 0);
3
4  foreach my $index (keys(%apfel)) {
5      print $index . ": " . $apfel{$index} . "\n";
6  }
```

Die Reihenfolge der Elemente der von keys() zurückgegebenen Liste und damit die Reihenfolge der Schlüssel beim Zugriff wird von Perl bestimmt, wobei eine möglichst zugriffseffiziente Reihenfolge gewählt wird. Die Ausgabe sieht so aus:

```
hatSorte: Gloster
hatFarbe: grün
istWurmig: 0
hatRadius: 5
```

values()
Neben keys() gibt es auch eine Funktion values(), mit der wir alle Werte eines Hashes einer Liste zuweisen können. Da es aber keine Möglichkeit gibt, über den Wert eines Elements seinen zugehörigen Schlüssel anzusprechen, ist keys() im Vergleich zu seinem Gegenstück values() um einiges nützlicher.

Wie bereits erwähnt ist die Reihenfolge der Elemente eines Hashes von Perl bestimmt. Wir können uns also nicht darauf verlassen, dass die Reihenfolge der Elemente mit der bei der Deklaration verwendeten Reihenfolge übereinstimmt! So wird zum Beispiel der Wert mit dem Schlüssel istWurmig im obigen Beispiel an der dritten Stelle ausgegeben, obwohl er an der vierten Stelle deklariert wurde. Eines ist allerdings garantiert: keys() und values() liefern die Elemente immer in der gleichen Reihenfolge zurück. Das sehen wir in diesem Beispiel:

```
my %apfel=('hatFarbe' => "grün", 'hatSorte' => "Gloster",
          'hatRadius' => 5, 'istWurmig' => 0);
```

```
my @apfelSchluessel = keys(%apfel);
print "Schluessel: @apfelSchluessel \n";

my @apfelWerte = values(%apfel);
print "Werte: @apfelWerte \n";
```

Die Schlüssel und die Werte werden in der gleichen Reihenfolge ausgegeben:

```
Schluessel: hatSorte hatFarbe istWurmig hatRadius
Werte: Gloster grün 0 5
```

Wie kann nun die Anzahl der Elemente eines Hashes ermittelt werden? Dazu wird – analog zur Vorgangsweise bei Listen – die Funktion keys() im skalaren Kontext verwendet (siehe Seite 61):

```
my %apfel=('hatFarbe' => "grün", 'hatSorte' => "Gloster",
           'hatRadius' => 5, 'istWurmig' => 0);

my $hashlaenge = keys(%apfel);     # $hashlaenge hat den Wert '4'
```

Das ist erlaubt, weil die Funktion keys() eine Liste zurückliefert und daher alle Funktionen für Listen eingesetzt werden können. In diesem Zusammenhang besonders praktisch ist die Funktion sort(), weil sie das alphanumerische Sortieren der Schlüssel erlaubt:

```
my %apfel=('hatFarbe' => "grün", 'hatSorte' => "Gloster",
           'hatRadius' => 5, 'istWurmig' => 0);

foreach my $index (sort(keys(%apfel))) {
    print $index . ": " . $apfel{$index} . "\n";
}
```

In diesem Beispiel wird die von keys() zurückgelieferte Liste als Parameter der Funktion sort() eingesetzt. Sie liefert daraufhin eine alphanumerisch sortierte Kopie der Liste zurück, deren Elemente mit foreach durchlaufen werden. Auf diese Weise erhalten wir eine nach Schlüsseln sortierte Ausgabe. Die (interne) Reihenfolge der Hashelemente ändert sich dadurch nicht.

Damit kennen wir nun die Grundlagen des Umgangs mit Hashes. Eine fortgeschrittene Verwendungsmöglichkeit von Hashes werden wir in Kapitel 5 behandeln. Sie besteht darin, Hashes zum Aufbau komplexer Datenstrukturen zu verwenden, also zum Beispiel einen Hash zu erzeugen, dessen Elemente aus Listen bestehen.

3.2   Reguläre Ausdrücke

Reguläre Ausdrücke (*regular expressions*) sind ein sehr mächtiges Werkzeug zur Überprüfung von Zeichenketten auf bestimmte Muster. In ihrer einfachsten Form erlauben sie das Suchen nach bestimmten Wörtern in einem Text. Ihre besondere Stärke besteht darin, dass reguläre Ausdrücke weitreichende Möglichkeiten bei der Definition der »Suchwörter« bieten. In diesem Abschnitt werden wir uns sowohl mit dem von regulären Ausdrücken gebotenen Vokabular als auch mit konkreten Anwendungsfällen befassen.

Anwendungen

Ein regulärer Ausdruck ist eine Schablone und definiert, wie eine Zeichenkette aussehen soll. Konkrete Daten (Variablenwerte) werden gegen diese Schablone geprüft und entsprechen ihr oder entsprechen ihr nicht. Reguläre Ausdrücke werden verwendet, um

❑ zu testen, ob eine Zeichenkette einer bestimmten Struktur entspricht,

❑ Teile strukturierter Daten zu extrahieren und um

❑ bestimmte Strukturen in Daten zu suchen und darauf basierend Veränderungen der Daten vorzunehmen (wie zum Beispiel alle in einem Text vorkommenden Umlaute zu suchen und durch HTML-kodierte Umlaute zu ersetzen).

Zur Erinnerung: Bereits in Abschnitt 2.2 haben wir einen regulären Ausdruck als Mittel zur Überprüfung von Eingabedaten verwendet. In diesem Beispiel sind nur ganze Zahlen oder Kommazahlen gültige Eingaben zur Umrechnung von Euro nach Dollarwerten:

```
print "Geben Sie einen Betrag in Euro ein: ";
my $eurobetrag = <STDIN>;
chomp($eurobetrag);

if ($eurobetrag =~ /^\d*\.?\d+$/) {
    my $dollarbetrag = $eurobetrag * 1.2323;
    print "Das sind " . $dollarbetrag . " Dollar.\n";
}
else {
    print "$eurobetrag ist keine Zahl.\nBitte verwenden Sie " .
          "ausschließlich Ziffernwerte und einen Punkt als " .
          "Trennzeichen zwischen Vor- und Nachkommaanteil.\n";
}
```

Operator =˜

Was passiert hier? Der Operator =˜ steht für »entspricht« und testet, ob der Wert der Variablen $eurobetrag dem auf der rechten Seite der Bedingung angegebenen Muster entspricht, welches – auf den ersten

Zeichen	Bedeutung
/	Kennzeichnung von Beginn und Ende eines Ausdrucks
\d \.	eine beliebige Ziffer von null bis neun ein Punkt
^ $	zu Beginn der Zeichenkette am Ende der Zeichenkette
* + ?	beliebig viele (0, 1, 2, …) mindestens eines, beliebig viele (1, 2, …) 0 oder 1

Tabelle 3.1
Metazeichen in diesem regulären Ausdruck

Blick – aus einer obskuren Zusammenwürfelung kryptischer Zeichen zu bestehen scheint. In Tabelle 3.1 sehen Sie eine Auflistung der einzelnen Bestandteile des regulären Ausdrucks und deren Bedeutung. Mit Hilfe dieses Vokabulars werden wir den regulären Ausdruck in seine Bestandteile zerlegen. Reguläre Ausdrücke müssen innerhalb von Begrenzungszeichen stehen, fast immer werden dafür Schrägstriche verwendet. Ohne diese Begrenzungszeichen verbleibt folgende Kombination:

```
^\d*\.?\d+$
```

Dieser Ausdruck kann in fünf Teile zerlegt werden. Die Multiplikatoren *, ? und + stehen nie für sich allein, sondern gehören zum Zeichen davor und definieren seine Häufigkeit. Die Aussage dieses regulären Ausdrucks ist: »Unsere Zeichenkette soll

❑ zu Beginn ^
❑ aus *Ziffern* \d bestehen, und zwar aus *beliebig vielen und möglicherweise gar keiner* *.
❑ Danach soll ein *Punkt* \. folgen. Mit ? wird festgelegt, dass der Punkt *optional* ist (entweder keiner oder genau einer).
❑ Im Anschluss sind wieder *Ziffern* \d erlaubt, und zwar mit der Anzahl +, also *beliebig viele, aber mindestens eine*.
❑ Das soll gleichzeitig das Ende $ der Zeichenkette sein.«

Das ist das Prinzip eines regulären Ausdrucks: Wir definieren ein Muster (*pattern*), das auf alle in unserem speziellen Anwendungsfall erlaubten Zeichenketten passt. Dieses Muster wird verwendet, um zu überprüfen, ob eine bestimmte Zeichenkette diesem Muster entspricht oder nicht entspricht (*pattern matching*). Welche Zeichenketten passen nun auf diesen regulären Ausdruck? Hier einige Beispiele:

```
^\d*\.?\d+$
        1                  ->    1
        45                 ->    45
   7  .  3                 ->  7.3
      .  97                ->  .97
  12  .  8                 -> 12.8
```

Im Folgenden werden wir die wichtigsten Elemente des sehr umfangreichen Vokabulars zur Formulierung regulärer Ausdrücke systematisch vorstellen.

3.2.1 Das Vokabular regulärer Ausdrücke

Vordefinierte Zeichen   Die einfachsten regulären Ausdrücke bestehen nur aus Zeichen beziehungsweise Zeichenkombinationen. Damit können wir überprüfen, ob der Wert einer Variablen (in unserem Beispiel $x) einen bestimmten Buchstaben oder eine bestimmte Buchstabenkombination enthält:

```
1   $x =~ /a/              # Enthält $x das Zeichen 'a' ?
2   $x =~ /ich/            # Enthält $x die Zeichenkette 'ich' ?
3   $x =~ /apfel/          # Enthält $x die Zeichenkette 'apfel' ?
4   $x =~ /Apfel/          # Enthält $x die Zeichenkette 'Apfel' ?
5   $x =~ / /              # Enthält $x ein Leerzeichen ' ' ?
6   $x =~ /\n/             # Enthält $x ein Returnzeichen?
7   $x =~ /\t/             # Enthält $x ein Tabulatorzeichen?
8   $x =~ /$sorte/         # Enthält $x den Wert der Variablen $sorte ?
```

Das sind Bedingungen, die beispielsweise in einer if-Anweisung verwendet werden. Groß- und Kleinschreibung wird unterschieden (siehe Zeile drei und vier). Leer-, Return- und Tabulatorzeichen werden genauso behandelt wie alle anderen Zeichen (Zeilen fünf bis sieben). Innerhalb von regulären Ausdrücken dürfen Variablen verwendet werden (Zeile acht). Beachten Sie, dass die Zeichenkette *an einer beliebigen Stelle* im Variablenwert stehen kann. Auf den Ausdruck /ich/ passen daher alle folgenden Zeilen:

```
mich
Teppich hat Loch!
das war ich
dann bin ich gegangen
```

Der Ausdruck / ich/ mit einem Leerzeichen zu Beginn trifft nur auf die letzten beiden Zeilen zu. Eine kleine Denkaufgabe: Welche Zeilen passen auf das Muster /ich / mit einem Leerzeichen am Ende?

Mit den *Metazeichen* Zirkumflex ^ und Dollar $ können wir Beginn und Ende eines Variablenwertes überprüfen:

Metazeichen ^ und $

```
$x =~ /^Ich/        # Beginnt $x mit der Zeichenkette 'Ich' ?
$x =~ /gegessen$/   # Endet $x mit 'gegessen' ?
$x =~ /^Apfel$/     # Beginnt und endet $x mit 'Apfel' ?
```

Zwei Anmerkungen zu diesem Beispiel:

❏ Für diese einfachen Überprüfungen auf bestimmte Zeichen-kettenkombinationen eignet sich auch die (einfachere) Funktion index() (siehe Seite 58).

❏ Die dritte Zeile entspricht der Bedingung $x eq "Apfel", da der reguläre Ausdruck sowohl ^ als auch $ und abgesehen davon nur »fixe« Zeichen (auch *Terminalzeichen* genannt) enthält.

Die Stärke regulärer Ausdrücke liegt darin, auf *flexibel definierbare* Zeichen und Zeichenketten testen zu können. Dazu gibt es einige Möglichkeiten. Die einfachste davon ist die Verwendung des Punktes als Metazeichen. Das Metazeichen . steht für *genau ein beliebiges Zeichen* mit Ausnahme des Returnzeichens \n. Hier einige Beispiele:

Metazeichen .

```
$x =~ /er.e/        # erle, erde, erpel, werfen, ...
$x =~ /^a..$/       # aaa, aab, abb, aba, abc, acb ... azz
                    # aber auch: aAA...aZZ, a00...a99, a;;, a!!, ...
```

Achtung, hier gibt es ein Problem! Wie können wir testen, ob eine Zeichenkette einen Punkt enthält? Wie wir gerade erfahren haben, sind Punkte Metazeichen und haben innerhalb regulärer Ausdrücke eine spezielle Bedeutung. Um ein Metazeichen innerhalb eines regulären Ausdrucks als »normales Zeichen« verwenden zu können, müssen wir es *maskieren*, also einen umgekehrten Schrägstrich (\) voranstellen. Damit wird ausgedrückt, dass das ursprüngliche Zeichen und nicht das Metazeichen gemeint ist. In diesem Beispiel testen wir auf den Punkt vor der Endung eines Dateinamens:

Metazeichen maskieren

```
if ($dateiname =~ /\.txt$/) {
    # ...
}
```

```
elsif ($dateiname =~ /\.html$/) {
   # ...
}
else {
   # ...
}
```

Zeichenklassen Die nächsteinfachere Möglichkeit zur flexiblen Definition von Zeichenketten sind Metazeichen, die Kategorien von Zeichen definieren. Diese Metazeichen werden auch *Zeichenklassen* genannt. Sie beginnen immer mit einem umgekehrten Schrägstrich:

```
\d    # eine Ziffer
\D    # keine Ziffer
\w    # ein Wortzeichen: a-z A-Z 0-9 _
\W    # kein Wortzeichen
\s    # ein Whitespace (alle Arten von Leerzeichen, z.B. ' ' \n \t)
```

Die am häufigsten benutzten Zeichenklassen sind \d und \D. Die Zeichenklasse \w enthält per Default keine Umlaute und Sonderzeichen. Zur Überprüfung deutschsprachiger Texte mit \w und \W muss der verwendete Zeichensatz temporär auf ISO-Latin (siehe Seite 56) umgestellt werden. Das erledigen die ersten drei Anweisungen in diesem Programm:

```
use POSIX;
use locale;

setlocale(LC_CTYPE,"de_DE.ISO-8859-1");

my $x = "Nun können wir Umlaute äöü erkennen!";

if ($x =~ /^\w+$/) {
    print "OK\n";
}
```

Die Verwendung von \s behandeln wir auf Seite 94. Die Zeichenklasse \D ist praktisch, um zu überprüfen, ob eine Zeichenkette ausschließlich Ziffern enthält:

```
if ($plz =~ /\D/) {
    print "Fehler: Postleitzahl darf nur Ziffern enthalten!\n";
}
```

Diese Bedingung trifft zu, sobald $plz an irgendeiner Stelle ein Zeichen enthält, das keine Ziffer ist. Sobald wir kompliziertere Überprüfungen vornehmen wollen, müssen wir umgekehrt vorgehen: Wir legen die erlaubten Zeichen fest, anstatt nach verbotenen zu suchen. Im nächsten Beispiel legen wir mit Hilfe der Zeichenklasse \d das erlaubte Format (TT.MM.JJJJ) für ein Datum fest:

```
if ($datum =~ /^\d\d\.\d\d\.\d\d\d\d$/) {
    # Alles ok
}
else {
    print "Falsches Datumsformat!\n";
}
```

Multiplikatoren
*? + * {}*

Dieser Ausdruck fordert: »Zu Beginn zwei Ziffern, dann einen Punkt, dann wieder zwei Ziffern, noch einen Punkt, und zu Abschluss vier Ziffern«. Klingt gut, aber was ist mit Datumswerten, wo Tag oder Monat einstellig sind, wie zum Beispiel der 1.12.2004? Im obigen Beispiel würden diese als fehlerhafte Daten erkannt werden. Hier schaffen *Multiplikatoren* Abhilfe: Mit den Metazeichen +, *, ? und {} können wir nicht nur den Inhalt, sondern auch die Länge der zu überprüfenden Zeichenketten flexibel angeben. Die ersten drei davon sind bereits aus Tabelle 3.1 bekannt:

```
$x =~ /x?/        # kein oder ein 'x'
$x =~ /x+/        # ein oder beliebig viele 'x'
$x =~ /x*/        # kein, ein oder beliebig viele 'x'
$x =~ /x{5}/      # fünf 'x'
$x =~ /x{3,7}/    # drei bis sieben 'x'
```

An dieser Stelle haben wir eine geheime Botschaft an Sie, mit der Sie im Moment vermutlich überhaupt nichts anfangen können. Die Botschaft lautet: »Multiplikatoren wollen immer möglichst viele Zeichen vernaschen.« Bitte behalten Sie diese Botschaft bis Seite 92 ganz hinten in Ihrem Kopf, wir werden sie dort entschlüsseln. Im Moment wollen wir lieber unsere Datumsüberprüfung unter Einsatz der Multiplikatoren an die Wirklichkeit anpassen. Für den Tag und den Monat sollen entweder eine oder zwei Ziffern erlaubt sein. Dafür definieren wir die zweite Ziffer mit dem Fragezeichen als optional. Für das Jahr wird die geschwungene Klammer verwendet, um Tipparbeit zu ersparen. Bitte beachten Sie beim Einsatz von geschwungenen Klammern, dass diese nicht nur auf Zeichenketten der angegebenen Länge, sondern auch auf längere Zeichenketten passen. Der reguläre Ausdruck /\d{4}/ würde auch fünf- oder noch höherstellige Zahlenwerte akzeptieren. Die Aussage *genau vier* bedeutet eigentlich *genau vier dazwischen* und ergibt sich durch die Festlegung, wie die Zeichenkette vor und nach \d{4} aussehen soll. Hier der neue Ausdruck:

```
if ($datum =~ /^\d\d?\.\d\d?\.\d{4}$/) {
    # Alles ok
}
```

Ganz perfekt ist dieser Ausdruck aber noch immer nicht, denn er erlaubt nicht existente Datumswerte, wie zum Beispiel das Datum 47.31.2004. Auch das lässt sich ändern, wie wir auf Seite 95 sehen werden. Die Grundlage dafür: Statt die vordefinierten Zeichenklassen zu verwenden, können wir unsere eigenen Kategorien von erlaubten Zeichen festlegen. Dazu werden alle für eine Stelle im regulären Ausdruck erlaubten Zeichen *in eckigen Klammern* aufgelistet.

Selbst definierte Zeichenklassen []

```
[aA]        # ein kleines 'a' oder großes 'A'
[aeiuo]     # ein klein geschriebener Vokal
['"]        # ein einfaches oder ein doppeltes Anführungszeichen
[0123]      # eine Ziffer von null bis drei
[0-4]       # eine Ziffer von null bis vier
[a-z]       # ein Kleinbuchstabe von 'a' bis 'z'
```

Um Aussagen wie »ein beliebiges Zeichen, nur nicht dieses« zu formulieren, hat der Zirkumflex ^ innerhalb der eckigen Klammern eine besondere Bedeutung. Anstatt die erlaubten Zeichen aufzulisten, wird eine Liste der *nicht* erlaubten Zeichen angegeben. Bitte beachten Sie, dass die zweite Zeile des folgenden Beispiels nicht gleichbedeutend mit »ein Konsonant« ist! Hier passen auch Ziffern und Whitespaces.

```
[^a]        # ein beliebiges Zeichen, nur nicht 'a'
[^aeiuo]    # ein beliebiges Zeichen, nur kein Vokal
```

Im nächsten Beispiel verwenden wir (fast) alles bisher Gelernte, um Nachnamen zu überprüfen. Dazu definieren wir zwei Zeichenklassen: eine für alle erlaubten Großbuchstaben zu Beginn des Nachnamens und eine für alle erlaubten Kleinbuchstaben. Hinter diese Klasse stellen wir ein + und erlauben damit mindestens ein, aber beliebig viele Vorkommen der Kleinbuchstaben-Klasse.

```
if ($nachname =~ /^[A-ZÄÖÜ][a-zäöüß]+$/) {
    # Alles ok
}
```

```
else {
    print "Nachname darf nur Buchstaben und Umlaute enthalten,\n";
    print "muss mit einem Großbuchstaben beginnen und\n";
    print "mind. 2 Zeichen lang sein!\n";
}
```

Wir können die Bedeutung eines regulären Ausdrucks negieren, indem wir anstelle des Vergleichsoperators =˜ (»entspricht«) den Vergleichsoperator !˜ (»entspricht nicht«) verwenden. Im Zusammenhang mit einem Test auf erlaubte Zeichen ist dieser Vergleichsoperator praktischer, weil damit der Block innerhalb der if-Anweisung im Fehlerfall (und nicht im Erfolgsfall) ausgeführt wird. Hier verwenden wir !˜ für obiges Beispiel. Damit verschiebt sich der Fehlerfall vom else-Block in den if-Block:

Vergleichsoperator !˜

```
if ($nachname !~ /^[A-ZÄÖÜ][a-zäöüß]+$/) {
    print "Nachname darf nur Buchstaben und Umlaute enthalten,\n";
    print "muss mit einem Großbuchstaben beginnen und\n";
    print "mind. 2 Zeichen lang sein!\n";
    exit();
}
```

Nun kommen wir zu den einzigen bis jetzt noch nicht besprochenen Klammern, die in regulären Ausdrücken Verwendung finden: den runden Klammern. Sie können für zwei Zwecke benutzt werden. Der erste davon ist die Verwendung zur Zwischenspeicherung. Wenn wir einen Teil eines regulären Ausdrucks in runde Klammern setzen, können wir an späterer Stelle wieder darauf zugreifen:

Zwischenspeicher ()

```
use POSIX;
use locale;

setlocale(LC_CTYPE,"de_DE.ISO-8859-1");

@text= ("Das ist ein ein Text, der manche Wörter zweimal",
        "hintereinander enthält enthält, z.B. in dieser Zeile",
        "oder auch nicht, wie in dieser Zeile.");

foreach my $zeile (@text) {
    if ($zeile =~ /(\w+) \1/) {
        print "Doppelt: $1\n";
    }
}
```

Hier findet eine einfache Rechtschreibprüfung statt. Für eine Liste von Eingabedaten wird elementweise geprüft, ob zweimal dasselbe Wort hintereinander vorkommt. Wir verwenden \w für die Wörter. Ein Wort besteht aus mindestens einem Zeichen, daher das + dahinter. Diese Kombination steht für das erste Wort, deshalb setzen wir sie in runde Klammern. Warum? Weil wir dann mit \1 auf den Inhalt der ersten runden Klammer des regulären Ausdrucks zugreifen können und dadurch aussagen können, dass wir nach irgendeinem Wort suchen, hinter dem zuerst ein Leerzeichen und gleich im Anschluss daran noch einmal das gerade gefundene Wort kommt. Der gesamte Ausdruck sagt also: »Ich suche an einer beliebigen Stelle in der Zeile ein Wort, dann soll ein Leerzeichen folgen, und danach soll genau dasselbe Wort noch einmal auftreten«. Wenn diese Bedingung erfüllt ist, wird der Block ausgeführt. Wir können auch innerhalb des Blocks auf den Inhalt der runden Klammern zugreifen. Der Inhalt der ersten Klammer steht in der vordefinierten Variablen $1. Wir dürfen beliebig viele runde Klammern setzen. Auf den Inhalt der zweiten runden Klammer greifen wir mittels \2 und $2 zu, auf den der dritten mittels \3 und $3 und so weiter. Die Ausführung des obigen Beispiels findet folgende doppelte Wörter:

```
Doppelt: ein
Doppelt: enthält
```

Bitte beachten Sie, dass diese Überprüfung nicht sehr ausgereift ist: Nur das erste doppelte Vorkommen eines Wortes innerhalb einer Zeile wird gefunden, alle anderen nicht.

Eigenschaften von Multiplikatoren

Da wir nun wissen, wie mittels runder Klammern auf Teile eines regulären Ausdrucks zugegriffen wird, wird es Zeit für einen zusätzlichen Hinweis zum Thema Multiplikatoren. Erinnern Sie sich an die geheime Botschaft »Multiplikatoren wollen immer möglichst viele Zeichen vernaschen«? Sobald das Suchmuster eines regulären Ausdrucks in einer Zeichenkette mehr als einmal passt, wird immer die längstmögliche passende Zeichenkette gewählt. Für den regulären Ausdruck /x.*x/ angewandt auf die Zeichenkette xyxyx wird folglich die ganze Zeichenkette ein Treffer sein und nicht nur der erste passende Teil xyx. Solange wir nur prüfen wollen, ob eine Zeichenkette auf einen Ausdruck passt oder nicht, ist das nicht wichtig. Sobald wir die Daten aber extrahieren und weiterverwenden wollen, müssen wir auf diesen Umstand achten beziehungsweise ihn beseitigen. Dazu brauchen wir ein zusätzliches Fragezeichen ? hinter dem jeweiligen Multiplikator. Als Anwendungsbeispiel extrahieren wir den Inhalt von HTML-Elementen aus einem Text, einmal mit und einmal ohne Fragezeichen:

```
my $html="Das ist <i>kursiv</i> und das ist <b>fett</b> gedruckt.";
```

```
if ($html =~ /<.>(.+)<\/.>/) {                  # längstmöglich
    print "Wert von \$1: '$1' \n";
}


if ($html =~ /<.>(.+?)<\/.>/) {                 # kürzestmöglich
    print "Wert von \$1: '$1' \n";
}
```

Der erste Ausdruck unterscheidet sich vom zweiten durch das Fragezeichen ? hinter dem Multiplikator +. Die Auswirkung ist folgende:

```
Wert von $1: 'kursiv</i> und das ist <b>fett'
Wert von $1: 'kursiv'
```

Im ersten Fall wird das letzte schließende Tag (</b>) gefunden, im zweiten Fall das erste (</i>). Im nächsten Beispiel verwenden wir das neu erlangte Wissen, um HTML-Links in einem Text zu finden und daraus die URLs und den Text des Links zu extrahieren:

```
my @daten= ('Dieser Text enthält in manchen Zeilen HTML-Links.',
            'z.B. <a href="http://www.perl.org">Perl-Homepage</a>',
            'und <A  href = "http://www.cpan.org">CPAN</A>.' );


foreach my $z (@daten) {

  if ($z =~ /<a href="(http:\/\/.+)">(.*)<\/a>/) {
    print "URL: $1, Linktext: $2\n";
  }

if($z =~ /<\s*a\s+href\s*=\s*["'](http:\/\/.+)["']\s*>(.*)<\/a>/i){
  print "Genauere Suche URL: $1, Linktext: $2\n";
}
}
```

In diesem Beispiel werden zwei unterschiedliche Ausdrücke verwendet. Der erste ist vergleichsweise einfach, findet aber bei weitem nicht alle im HTML-Standard erlaubten Arten von Verweisen. Der zweite Ausdruck gibt einen Vorgeschmack darauf, wie kompliziert reguläre Ausdrücke aussehen können. Nicht verzweifeln, lesen Sie ihn stur von vorne nach hinten und konzentrieren Sie sich immer nur auf einen Bereich. Ausgehend vom ersten Versuch erweitern wir den regulären Ausdruck um folgende Möglichkeiten:

❏ Wir wollen auch Links finden, in denen der HTML-Code groß geschrieben ist. Dazu setzen wir ein kleines i an das Ende des regulären Ausdrucks *hinter* den trennenden Schrägstrich. Dadurch wird bei der Überprüfung auf Groß- bzw. Kleinschreibung nicht mehr geachtet.

❑ Momentan finden wir nur die Links, deren Ziel innerhalb doppelter Anführungszeichen steht. Es ist aber auch erlaubt, die Ziele in einfache Anführungszeichen zu setzen. Daher definieren wir an diesen Stellen Zeichenklassen, die beide Arten von Anführungszeichen enthalten.

❑ An allen Stellen, an denen Leerzeichen auftreten dürfen, setzen wir die Zeichenklasse \s mit den entsprechenden Multiplikatoren. \s steht nicht nur für ein »normales« Leerzeichen (*blank*), sondern für jede Art von Leerzeichen, wie beispielsweise Tabulator \t und Zeilenumbruch \n.

Empfohlene Vorgangsweise

Die eben vorgestellte Vorgangsweise sollten Sie bei der Erstellung von regulären Ausdrücken anwenden: Konzentrieren Sie sich zu Beginn auf die Standardfälle der Eingabedaten und das Muster, das Sie in ihnen erkennen können. Wenn Ihr regulärer Ausdruck den Standardfall fehlerfrei erkennt, kümmern Sie sich um die Sonderfälle und erweitern Ihren regulären Ausdruck schrittweise. Es ist wichtig, immer genügend Testdaten zu verwenden, und zwar sowohl passende als auch unpassende. Wenn obiges Beispiel ausgeführt wird, finden wir mit dem ersten Ausdruck nur einen und mit dem zweiten Ausdruck zwei und damit alle im Text enthaltenen Links:

```
URL: http://www.perl.org, Linktext: Perl-Homepage
Genauere Suche URL: http://www.perl.org, Linktext: Perl-Homepage
Genauere Suche URL: http://www.cpan.org, Linktext: CPAN
```

Zum Abschluss wollen wir unsere Datumsüberprüfung perfektionieren. Die Änderungen: Für den Tag sollen Zahlenwerte zwischen 1 und 31 erlaubt sein und für den Monat wollen wir alle Werte zwischen 1 und 12 erlauben. Wie? Dazu brauchen wir runde Klammern und das allerletzte Ihnen noch unbekannte Metazeichen | für »oder«, mit dem wir Folgendes machen können:

```
/(ab|bc|cd)efg/    # 'abefg' oder 'bcefg' oder 'cdefg'
```

Zwischen den geraden Strichen stehen die verschiedenen erlaubten Möglichkeiten. Genau das brauchen wir jetzt, denn für einen korrekten Wert für den Tag eines Datums gibt es drei Möglichkeiten: Wenn an erster Stelle eine Null steht, dann darf diese auch fehlen und die zweite Stelle darf jede beliebige Ziffer zwischen Eins und Neun sein. Wenn an erster Stelle eine Eins steht, dann darf an zweiter Stelle jede Ziffer stehen. Wenn aber an erster Stelle eine Drei steht, dann darf an zweiter Stelle nur Null oder Eins stehen. Für die Überprüfung erstellen wir drei voneinander unabhängige Teilaussagen, die mit | verknüpft werden. Für den Monatswert gehen wir analog vor. Hier gibt es nur zwei Möglichkeiten. Das ergibt folgenden Ausdruck:

```
my @daten= ("00.08.2004", "13.8.2004", "1.1.1999", "31.12.2007",
            "47.3.1234", "31.2.2004", "39.15.2004", "01.01.3005");

foreach my $d (@daten) {
if($d !~ /^(0?[1-9]|[1-2]\d|3[01])\.(0?[1-9]|1[0-2])\.[12]\d{3}$/){
    print "Falsches Datumsformat: $d\n";
}
}
```

Erkennen wir jetzt alle falschen Datumswerte? Leider nicht, da der Ausdruck für jeden Monat einen 31. Tag erlaubt.

```
Falsches Datumsformat: 00.08.2004
Falsches Datumsformat: 47.3.1234
Falsches Datumsformat: 39.15.2004
Falsches Datumsformat: 01.01.3005
```

Unter Einsatz aller Gehirnkapazität wäre es möglich, einen Ausdruck zu erstellen, der auch noch die jeweils unterschiedlichen erlaubten letzten Tage der Monate berücksichtigt und Datumswerte wie beispielsweise den 31.4.2004 verbietet. Versuchen Sie es! Bitte bedenken Sie aber, dass es in diesem Fall einfacher ist, die Daten zuerst in eine Variable einzulesen und dann mittels mathematischer Operatoren zu überprüfen.

3.2.2 Anwendungen regulärer Ausdrücke

Bis hierher haben wir uns mit regulären Ausdrücken als Mittel zur Überprüfung von Zeichenketten auf bestimmte Muster beschäftigt. Wie schon zu Beginn kurz angesprochen, können reguläre Ausdrücke aber auch zum Suchen und Ersetzen von Zeichenketten dienen. Dazu gibt es den Substitutionsoperator s. Substitutionen haben prinzipiell die folgende Form:

Zeichen ersetzen

```
$eingabe =~ s/x/y/;
```

Ganz links steht die zu bearbeitende Variable, dann der Vergleichsoperator. Die drei Schrägstriche werden als Trennzeichen eingesetzt. Vor dem ersten Schrägstrich steht der Substitutionsoperator s. Zwischen dem ersten und dem zweiten Schrägstrich steht ein regulärer Ausdruck. Dieser definiert, was gesucht werden soll. Zwischen dem zweiten und dem dritten Schrägstrich steht eine Zeichenkette. Diese legt fest, durch welche Zeichenkette der Treffer der Suche ersetzt werden soll. Falls es einen Treffer gibt, wird der Wert der Variablen verändert. Die Suche beginnt immer links, also am Anfang der Zeichenkette. In unserem Beispiel suchen wir nach einem 'x' und ersetzen es durch 'y':

```
my $eingabe = "aaaxzaaaxxx";
$eingabe =~ s/x/y/;
print $eingabe;                    # $eingabe ist jetzt 'aaayzaaaxxx'
```

Meistens ist es aber erwünscht, nicht nur das erste, sondern alle Auftreten des Suchmusters zu ersetzen. Daher gibt es die oft verwendete Option g. Sie wird ans Ende des regulären Ausdrucks gestellt (hinter den letzten Schrägstrich) und bewirkt, dass *jedes* Auftreten des Suchmusters ersetzt wird:

```
my $eingabe = "aaaxzaaaxxx";
$eingabe =~ s/x/y/g;
print $eingabe;                    # $eingabe ist jetzt 'aaayzaaayyy'
```

Im folgenden Beispiel werden alle Sonderzeichen eines Textes gesucht und durch HTML-Sonderzeichen ersetzt:

```
$text =~ s/&/&amp;/g;
$text =~ s/ä/&auml;/g;
$text =~ s/ü/&uuml;/g;
$text =~ s/ö/&ouml;/g;
$text =~ s/Ä/&Auml;/g;
$text =~ s/Ü/&Uuml;/g;
$text =~ s/Ö/&Ouml;/g;
$text =~ s/ß/&szlig;/g;
$text =~ s/</&lt;/g;
$text =~ s/>/&gt;/g;
```

Wir können die Substitution auch zum Löschen von Teilen einer Zeichenkette verwenden. Dazu wird einfach die Zeichenkette für die Ersetzung leer gelassen. Beispielsweise wird hier ein Teil einer Zeichenkette gelöscht:

```
$datum =~ s/\.\d{4}$//;    # '.JJJJ' wird gelöscht
```

Des Weiteren können wir innerhalb der Zeichenkette für die Ersetzung auch Variablen verwenden und mittels der vordefinierten Variablen $1, $2 und $3 auf die in runden Klammern stehenden Teile eines regulären Ausdrucks zugreifen (wie auf Seite 91 besprochen). Hier wandeln wir das im deutschen Sprachraum verwendete Datumsformat auf das im englischsprachigen Raum verwendete um:

```perl
my $datum = "13.08.2004";
my $weekday = lookupDay($datum);


$datum =~ s/^(\d\d)\.(\d\d)\.(\d{4})$/$weekday, $3-$2-$1/;
```

Zum Abschluss beschäftigen wir uns mit der vordefinierten Funktion *split() und join()* split() und ihrer Umkehrfunktion join(). Die Funktion split() verwendet reguläre Ausdrücke und ist sehr nützlich, wenn wir eine Zeichenkette an bestimmten Stellen aufsplitten und die einzelnen Teilketten in einer Liste speichern wollen. Hier zwei Beispiele dazu: Im ersten Fall simulieren wir eine CSV-Datei [49]. Das Format CSV (*Comma Separated Values*) definiert Textdateien, die den Inhalt von Datenbanktabellen enthalten, wobei die einzelnen Werte durch Semikolons getrennt sind. Genau an diesen Zeichen trennen wir die Zeichenkette auf, um die einzelnen Werte in der Liste @tabellenwerte zu speichern. Im zweiten Fall zerlegen wir beim Leerzeichen und spalten damit einen Text in einzelne Wörter auf.

```perl
my $zeile = "1;Sophie;Sauer;14.02.1976;Brittastr. 11;1200;Wien";
my $text = "Das ist ein Text mit vielen Wörtern.";


my @tabellenwerte = split(/;/, $zeile);
my @woerter = split(/ /, $text);
```

Wenn wir den umgekehrten Weg gehen und eine Liste in eine Zeichenkette verwandeln wollen, dann gibt es dazu die Funktion join(), die eine Liste und ein Trennzeichen als Parameter erwartet. Hier verwenden wir das Tabulatorzeichen als Trennzeichen, um die einzelnen Elemente der Liste wieder in eine Zeichenkette zusammenzusetzen und in der Variablen $csv zu speichern.

```perl
my $zeile = "1;Sophie;Sauer;14.02.1976;Brittastr. 11;1200;Wien";
my @tabellenwerte = split(/;/, $zeile);
my $csv = join("\t", @tabellenwerte);
print $csv;
```

Bitte beachten Sie, dass hier kein regulärer Ausdruck, sondern eine Zeichenkette verwendet wird! Daher steht der erste Parameter in Anführungszeichen statt in Schrägstrichen. Das Ergebnis:

```
1    Sophie   Sauer   14.02.1976   Brittastr. 11    1200    Wien
```

In diesem Abschnitt haben wir den grundlegenden Umgang mit regulären Ausdrücken behandelt. In Anhang A.7 finden Sie eine übersichtliche Tabelle aller in regulären Ausdrücken verwendeten Metazeichen. Anhang A.5 enthält eine Liste häufig benötigter Muster für reguläre Ausdrücke. Weiterführende Information über Perls reguläre Ausdrücke erhalten Sie, wenn Sie perldoc perlre an der Kommandozeile eingeben. Eine weitere sehr gute Informationsquelle ist das *Perl regular expressions tutorial*, das Sie mit perldoc perlretut aufrufen können. Mehr Information zum Umgang mit perldoc finden Sie auf Seite 61.

3.3   Vordefinierte Variablen

In diesem Abschnitt lernen wir *vordefinierte Variablen* und damit eines der vielen Wunder kennen, die Perl bietet. Das Variablenwunder $_ ist die bekannteste. Vordefinierte Variablen werden vom Perl-Interpreter deklariert und mit speziellen Werten belegt. Wie in Abschnitt 2.3 besprochen, können diese Variablen in Programmen verwendet werden, um auf verschiedenste Informationen zuzugreifen. Wir werden diese Variablen und ihre jeweiligen Zwecke im Folgenden einzeln durcharbeiten, wobei wir mit den am einfachsten zu verstehenden Variablen beginnen und uns langsam zum krönenden Abschluss $_ vorarbeiten.

Information über die Umgebung

Es gibt eine ganze Reihe von vordefinierten Variablen, in denen Information über die Systemumgebung eines ausgeführten Skripts abgelegt wird. Diese Variablen haben jeweils einen langen und einen kurzen Namen und geben bekannt,

❑ unter welchem Betriebssystem das Skript ausgeführt wird:
$^O bzw. $OSNAME
❑ unter welchem Dateinamen das Skript gespeichert ist:
$0 bzw. $PROGRAM_NAME
❑ ob das Skript mit der Option -w ausgeführt wird und daher Warnungen auf der Kommandozeile ausgibt:
$^W bzw. $WARNING
❑ wann das Skript gestartet wurde:
$^T bzw. $BASETIME

Dieser Wert wird in Sekunden angegeben, und zwar in der Anzahl von Sekunden, die zwischen dem 1. Januar 1970 (Beginn der Unix-Zeitrechnung) und der Startzeit des Prozesses liegen.

❑ unter welcher BenutzerInnen-Kennung das Skript ausgeführt wird:
$< bzw. $UID

❑ unter welcher Gruppenkennung das Skript ausgeführt wird:
$(bzw. $GID

❑ welche Prozess-ID der ausführende Prozess hat:
$$ bzw. $PID

Es gibt noch weitere, weniger häufig verwendete vordefinierte Skalarvariablen zum Zugriff auf Informationen der Systemumgebung. Mit der Eingabe von perldoc perlvar an der Kommandozeile erhalten Sie eine komplette Übersicht. Für alle diese Variablen gilt: Zur Verwendung der langen Namen ist das Pragma use English zu Beginn des Perl-Skripts notwendig.

```perl
#!/usr/bin/perl -w
use English;

print 'Betriebssystem ($OSNAME bzw. $^O): ' . $OSNAME . "\n";
print 'Name des Perl-Skripts ($PROGRAM_NAME bzw. $0): ' . $0 ."\n";
print '-w verwendet? ($WARNING bzw. $^W): ' . $WARNING . "\n";
print 'Startzeit ($BASETIME bzw. $^T): ' . $BASETIME . "\n";
print 'User-ID ($UID bzw. $<): ' . $UID . "\n";
print 'Gruppen-ID ($GID bzw. $(): ' . $GID . "\n";
print 'Prozess-ID ($PID bzw. $$): ' . $PID . "\n";
```

Auf Linux/Unix-Systemen ergibt die Ausführung dieses Beispiels folgende Ausgabe:

```
Betriebssystem ($OSNAME bzw. $^O): linux
Name des Perl-Skripts ($PROGRAM_NAME bzw. $0): 3_vordef_system.pl
-w verwendet? ($WARNING bzw. $^W): 1
Startzeit ($BASETIME bzw. $^T): 1097681146
User-ID ($UID bzw. $<): 2009
Gruppen-ID ($GID bzw. $(): 444
Prozess-ID ($PID bzw. $$): 5463
```

Die Variablen $UID und $GID sind nur unter Unix/Linux mit Werten belegt (unter Windows auch, falls die mit Cygwin mitgelieferte Perl-Version verwendet wird; siehe Seite 75). Wenn dieser Code unter Windows ausgeführt wird, ergibt sich folgende Ausgabe:

```
Betriebssystem ($OSNAME bzw. $^O): MSWin32
Name des Perl-Skripts ($PROGRAM_NAME bzw. $0): 3_vordef_system.pl
-w verwendet? ($WARNING bzw. $^W): 1
Startzeit ($BASETIME bzw. $^T): 1098196274
User-ID ($UID bzw. $<): 0
Gruppen-ID ($GID bzw. $(): 0
Prozess-ID ($PID bzw. $$): 3780
```

@ARGV und %ENV   Damit kommen wir zu den nächsten zwei Variablen, @ARGV und %ENV.
Auch diese bieten Zugriff auf Informationen der Systemumgebung.
Über die vordefinierte Liste @ARGV kann auf beim Programmstart angegebene Parameter zugegriffen werden. Damit haben wir uns bereits
auf Seite 73 ausführlich beschäftigt. Dort wurde kurz angesprochen,
dass der Perl-Prozess die Umgebung der Kommandozeile erbt, in der
er ausgeführt wird. Damit erbt er auch die im Kommandozeilenprozess
definierten *Umgebungsvariablen*, auf die über den vordefinierten Hash
%ENV (für *environment*) zugegriffen wird. Umgebungsvariablen werden
verwendet, um die individuelle Konfiguration der BenutzerInnen eines
Systems zu speichern, wie zum Beispiel den BenutzerInnennamen, das
persönliche Verzeichnis (*Home-Directory*) oder die gewählte System-
sprache. Jedes Betriebssystem definiert unterschiedliche Umgebungsvariablen. Hier eine Liste der wichtigen Umgebungsvariablen unter Windows:

```
%ENV{'USERPROFILE'}   C:\Dokumente und Einstellungen\Elke
%ENV{'SYSTEMROOT'}    C:\WINDOWS
%ENV{'PROGRAMFILES'}  C:\Programme
%ENV{'OS'}            Windows_NT
%ENV{'PATHEXT'}       .COM;.EXE;.BAT;.CMD;.VBS;.VBE;.JS;.JSE;
%ENV{'USERNAME'}      Elke
%ENV{'HOMEPATH'}      \Dokumente und Einstellungen\Elke
%ENV{'PATH'}          C:\Perl\bin\;C:\WINDOWS\system32;C:\WINDOWS;
%ENV{'COMPUTERNAME'}  APHRODITE
%ENV{'CLASSPATH'}     C:\xalan\bin\xalan.jar;
```

Wichtige Umgebungsvariablen unter Linux:

```
%ENV{'HOME'}      /home/em
%ENV{'MAIL'}      /var/spool/mail/em
%ENV{'PWD'}       /mnt/perlbuch/tex
%ENV{'LANG'}      de_DE.UTF-8
%ENV{'USER'}      em
%ENV{'HOSTNAME'}  jason.intra.at
%ENV{'PATH'}      /bin:/usr/bin:/usr/local/bin:/usr/bin/X11
```

```
%ENV{'SHELL'}    /bin/bash
%ENV{'TERM'}     xterm
```

Die bis hierher besprochenen Variablen sind im gesamten Programm definiert, immer verfügbar und immer mit denselben Werten belegt. Es gibt aber auch Variablen, die nur an bestimmten Stellen im Programm mit Werten belegt sind. Das betrifft zum Beispiel die auf Seite 92 besprochenen Variablen $1, $2, $3 und so weiter, mit denen wir auf die in runden Klammern gesetzten Teile von regulären Ausdrücken zugreifen können. Diese Variablen können nur innerhalb jener Blöcke verwendet werden, in denen der jeweilige reguläre Ausdruck definiert ist. Außerhalb dieser Blöcke sind die Variablen undefiniert.

$1, $2, $3 et cetera

Eine andere Variable aus dieser Kategorie ist $! zur Weitergabe von Fehlermeldungen vom Interpreter ans Programm. $! enthält eine Fehlermeldung, falls ein Aufruf einer Systemfunktion schief gegangen ist und einen Fehler verursacht hat. Die Variable $! ist nur in der *unmittelbar* nach dem Funktionsaufruf ausgeführten Zeile des Codes sinnvoll, wie hier am Beispiel der in Abschnitt 2.2 vorgestellten Funktion open() zum Öffnen von Dateien zu sehen ist:

$!

```
if (open(FH, "<esgibtmichnicht.txt")) {
    # Alles ok
}
else {
    print "Fehler: $! \n";
    # weitere Fehlerbehandlung
}
```

Die erste Zeile innerhalb des else-Blocks ist diejenige Zeile, die im Fehlerfall (zum Beispiel wenn die zu öffnende Datei nicht existiert) ausgeführt wird. Dort kann mittels $! auf die Fehlermeldung zugegriffen werden.

Auf Seite 48 haben wir die Parameterübergabe bei Funktionsaufrufen besprochen. Auch dazu wird eine vordefinierte Variable verwendet: die Liste @_. Dort stellt der Interpreter die übergebenen Parameter für die Funktion bereit. Es gibt drei Möglichkeiten, diese Parameter lokalen Variablen zuzuweisen:

@_

```
sub addieren {
    my ($x, $y) = @_;

    return ($x + $y);
}
```

```perl
sub addieren2 {
    my $x = $_[0];
    my $y = $_[1];

    return ($x + $y);
}

sub addieren3 {
    my $x = shift;
    my $y = shift;

    return ($x + $y);
}
```

Die Variable @_ wird hier genauso behandelt wie jede andere Liste. Im ersten Beispiel deklarieren wir eine Liste ($x,$y) und weisen dieser die Werte von @_ zu. Im zweiten Beispiel sprechen wir die Elemente der Liste mittels Indizes an und weisen sie einzeln den Skalarvariablen $x und $y zu. Da die Elemente von @_ Skalare sind, steht hier ein $ zu Beginn. Die dritte Möglichkeit ist, shift() (siehe Seite 60) zu verwenden. Diese Funktion entfernt das erste Element einer Liste, das dann einer Skalarvariablen auf der linken Seite der Zuweisung zugewiesen wird. Die Liste wird als Parameter in den runden Klammern übergeben. Wenn kein Parameter übergeben wird, greift shift() auf die Liste @_ zu. In diesem Fall können die Klammern (wie in unserem Beispiel) komplett weggelassen werden. Wenn nur ein einziger Parameter an eine Funktion übergeben wird, können trotzdem die obigen Schreibweisen (auf einen Parameter reduziert) verwendet werden.

$_   Damit sind wir bei den Verwendungsmöglichkeiten für $_ angelangt. Besonders nützlich ist die Variable $_ dann, wenn über alle Elemente einer Liste iteriert werden soll. Der dazu nötige Schreibaufwand wird erheblich verringert:

```perl
my @apfelsorten=("Gloster", "Golden Delicious", "Granny Smith");
my %birne=('hatFarbe'=>"gelb", 'hatLaenge'=>9, 'hatRadius'=>5);

foreach (@apfelsorten) {
    print $_ . "\n";
}

foreach (keys(%birne)) {
    print $_ . ": " . $birne{$_} . "\n";
}
```

Warum funktioniert das? Der Perl-Interpreter nimmt uns die Arbeit ab, den Namen der Schleifenvariablen selbst festzulegen: Die Variable $_ wird für jeden Schleifendurchgang mit einem neuen Wert belegt. Im obigen Beispiel haben wir das zuerst für eine Liste und dann für die Schlüssel eines Hashes (die ebenfalls in einer Liste bereitgestellt werden) verwendet. Die Variable $_ kann aber noch mehr. Im nächsten Beispiel verwenden wir einen regulären Ausdruck ohne den Vergleichsoperator =~. Immer wenn wir das tun, wird anstatt auf die links neben dem Vergleichsoperator angegebene Variable auf die Variable $_ zugegriffen. In diesem Fall geben wir nur diejenigen Apfelsorten aus, die ein doppeltes n enthalten:

```perl
my @apfelsorten = ("Gloster", "Golden Delicious", "Granny Smith");

foreach (@apfelsorten) {
    if (/nn/) {
        print $_ . "\n";
    }
}
```

Es gibt noch eine zusätzliche Möglichkeit, diesen Code mit Hilfe von $_ kürzer zu schreiben. Wenn wir bei der Verwendung vordefinierter Funktionen, die genau einen Skalar als Parameter erwarten, diesen weglassen, wird ebenfalls auf $_ zugegriffen. Im folgenden Beispiel verwenden wir das für die Funktionen print, length() und chop():

```perl
my @apfelsorten = ("Gloster", "Golden Delicious", "Granny Smith");

foreach (@apfelsorten) {
    if (/nn/) {
        print;
        chop;
        print length;
    }
}
```

Diese Verwendung von $_ ist allerdings nicht zu empfehlen, da der entstehende Code zwar kurz, aber unübersichtlich ist. In obigem Beispiel haben wir die runden Klammern hinter den Funktionsnamen weggelassen. Auch das ist immer erlaubt, dient aber ebenfalls nicht der Übersichtlichkeit.

3.4   Zusammenfassung

Das Ziel dieses Kapitels war die Vertiefung des in den ersten beiden Kapiteln erworbenen Perl-Wissens. Die neu erworbenen Kenntnisse stammen aus drei Themenbereichen. Sie wissen nun,

- ❑ wie und wozu Hashes eingesetzt werden,
- ❑ was reguläre Ausdrücke sind und wie sie angewendet werden,
- ❑ was vordefinierte Variablen sind und welche davon in Perl vorhanden sind.

Damit ist die Grundausbildung in der Programmiersprache Perl abgeschlossen. Im nächsten Kapitel werden wir uns wieder den Grundlagen des Programmierens zuwenden und uns mit Testen und Fehlersuchen beschäftigen.

3.5   Übungsaufgaben

1. Implementieren Sie ein einfaches Übersetzungsprogramm von Deutsch nach Englisch. Verwenden Sie einen Hash zum Verwalten der Wörter. Mit dem Übersetzungsprogramm soll es möglich sein, als Zeichenketten gegebene Sätze wortweise zu übersetzen. Im Wörterbuch fehlende Wörter sollen durch *<wort>* gekennzeichnet werden. Verwenden Sie dazu reguläre Ausdrücke und den Substitutionsoperator.

2. Erstellen Sie eine Anwendung zur Verwaltung von Personendaten. Es soll möglich sein, Name, Beruf, Adresse und Telefonnummer zu erfassen und innerhalb der Daten mit Hilfe von regulären Ausdrücken zu suchen. Die erfassten Daten sollen als Hash verwaltet werden, wobei der Name als Schlüssel fungieren soll. Beachten Sie, dass Namen doppelt vorkommen können!

3. Erstellen Sie reguläre Ausdrücke zum Prüfen und Zerlegen folgender Arten von Daten:

   - ❑ Internationale Buchnummern (ISBNs)
   - ❑ Verschiedene Arten von Datum und Uhrzeit
   - ❑ Telefonnummern mit Vorwahlen und Nebenstellen
   - ❑ Angaben von geografischer Länge und Breite

   Finden Sie weitere zusammengesetzte Datentypen und modellieren Sie passende reguläre Ausdrücke.

4. Erweitern Sie den regulären Ausdruck auf Seite 90. Auch Doppelnamen (mit Bindestrich dazwischen) sollen akzeptiert werden.

5. Implementieren Sie eine Anwendung, die alle verfügbaren Umgebungsvariablen liest und mit regulären Ausdrücken nach den in
   @ARGV übergebenen Wörtern durchsucht. Jede Variable, in der eines der Wörter vorkommt, soll mit Name und Wert ausgegeben
   werden. Verwenden Sie dazu %ENV, keys und eine foreach-Schleife.
   Verzichten Sie dabei – wo möglich – auf die Verwendung eigener
   Variablen und arbeiten Sie mit $_.

4 Richtiges & falsches Perl

4.1 Worum geht's?

Von der ersten Seite bis hierher haben wir die Grundlagen von Perl und die der Modellierung gelernt. Damit können wir Programmieren. Oder? Ja und Nein. Zweifellos wissen Sie nun, wie man eine Problemlösung modelliert, wie man Daten einsetzt und wie man Abläufe in korrekte Algorithmen umsetzt. Was noch fehlt, ist eine Richtung zu zeigen, in die Sie Ihren *Programmierstil* entwickeln sollten: Man kann sehr gut Programmieren können und dennoch einen sehr schlechten Stil haben. Das sollten Sie vermeiden; aber nicht, weil Stil ein Wert an sich ist (was nach unserer Ansicht durchaus stimmt), sondern weil es Ihnen handfeste Vorteile bringt: Wer verständlich programmiert, macht weniger inhaltliche Fehler, diese Fehler sind leichter zu finden und die Programme sind üblicherweise effizienter als »gehackte« Lösungen.

Programmierstil

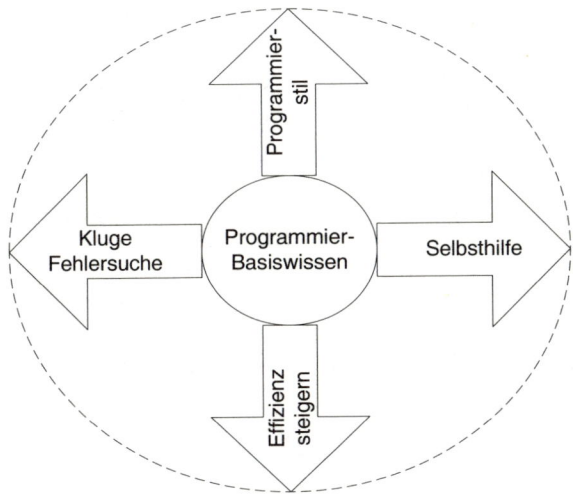

Abbildung 4.1
*Programmier-
Basiswissen intelligent
erweitern*

Abbildung 4.1 illustriert die Ziele dieses Kapitels. Durch kluge Erweiterung des bisher erworbenen Basiswissens wollen wir den Mehrwert für Ihr Können als ProgrammiererIn maximieren. Im Detail wer-

*Überblick über das
Folgende*

den wir uns mit den folgenden Problembereichen beschäftigen: In Abschnitt 4.2 werden wir uns mit gutem Programmierstil an sich beschäftigen. Wir werden uns damit auseinander setzen, wie man Programme stilvoll gliedert, welche Befehle man verwendet (und welche nicht) und wie Muster in Programmen eingesetzt werden. Abschnitt 4.3 diskutiert die Hauptbeschäftigung beim Programmieren: Fehlersuche. Neben effizienten Verfahren zur Fehlereingrenzung und typischen Perl-Fehlern werden wir ausdrücklich auf *Verfahren zur Selbsthilfe* eingehen. Wenn man gelernt hat, sich selbst von Problemen zu befreien, ist in der Tat alles nur noch halb so schlimm! Zudem basiert wirkungsvolle Selbsthilfe auf nur wenigen, einfachen Regeln. Abschnitt 4.4 schließlich zeigt, wie man Programme schneller machen kann, ohne den Anspruch an guten Stil zu verlieren.

4.2 Programme richtig formulieren

4.2.1 Beispiele für richtig und falsch

Sehen wir uns zunächst an, wie man es nicht machen sollte. Es gibt eine Menge Möglichkeiten, um einen schlechten Algorithmus zu programmieren: Man kann ihn zum Beispiel über und über verschachteln oder gar nicht gliedern, jede Funktion viel zu lang machen und mehrere Aufgaben in eine Funktion packen. Dafür kann man dann dieselbe Aufgabe in mehrere Funktionen stecken. Man kann einfache Bedingungen unglaublich komplex formulieren, die Namen und Datentypen von Variablen schlecht wählen und vieles andere mehr. Ein Beispiel: Der folgende Algorithmus gibt alle Zeichenketten einer Liste aus. Dabei wandelt er den Anfangsbuchstaben aller Zeichenketten, die mit b beginnen, in ein B um:

Ein unschöner Algorithmus

```perl
my @hh = ("test", "knödel", "bratsche", "buchsbaum", "tofu");
my $string;
my $x=0;
do {
    $string = $hh[$x++];
    $string =~ /^b/ && $string =~ s/^(.)/\U$1\E/;
    print $string,"\n";
} while($x<5);
```

Unglaublich hässlich! @hh ist kein Name; @wortListe wäre schon besser. Der gewählte Schleifentyp ist sehr unglücklich: Was, wenn die Liste nicht fünf Elemente enthält? Außerdem ist der Zähler unnötig. foreach ist bei Schleifen über eine Liste variabler oder unbekannter Länge fast immer die ideale Wahl. Drittens ist es eine sinnlose Unart, das Inkrement des Zählers in die Zuweisung zu packen. Zudem ist der Ausdruck zum Umwandeln des Anfangsbuchstabens zwar technisch korrekt, aber ebenso unnötig kompliziert wie sinnlos: if durch eine Kette von »und«-Operatoren zu ersetzen ist zwar möglich (der zweite Ausdruck wird nur ausgeführt, wenn der erste zu »wahr« evaluiert), bringt außer der Befriedigung persönlicher Eitelkeit aber keinen Nutzen. Der reguläre Ausdruck (*Regex*) zum Ersetzen des Anfangsbuchstabens ist ebenfalls eine Sache für sich. Sehen wir uns folgende Lösung an:

```perl
my @wortListe=("test", "knödel", "bratsche", "buchsbaum", "tofu");

foreach my $wort (@wortListe) {
    $wort =~ s/^b/B/;
    print "$wort\n";
}
```

Schöner und schneller

Sie erfüllt denselben Zweck, ist aber kürzer und viel einfacher. Da wir uns ohnehin nur für mit b beginnende Wörter interessieren, ersetzen wir stur jedes Auftreten durch B. Der im ersten Algorithmus gewählte Ansatz wäre nur vorzuziehen, wenn wir auch andere Anfangsbuchstaben ersetzen möchten.

Sehen wir uns noch ein Beispiel an; diesmal zum Thema *Gliederung*. Der nachfolgende Algorithmus gibt paarweise Namen und Orte aus (zwei Listen). Dabei werden jeweils die Anfangsbuchstaben auf Großbuchstaben konvertiert.

Gute Gliederung

```perl
my @namen = ("frida", "thor", "helga", "zottel");
my @orte = ("walhallein", "walhallali", "walter", "wald");

# 1. Große Anfangsbuchstaben
my @grosseOrte = kleinAufGross(@orte);
my @grosseNamen = kleinAufGross(@namen);

# 2. Paare von Namen und Orten sortiert ausgeben
foreach my $name (sort @grosseNamen) {
    # 2.1 Position des Ortes in der Liste suchen
    my $pos=0;
    while($grosseNamen[$pos] ne $name) {
        $pos++;
    }

    # 2.2 Paare ausgeben
    print $name, ", ", $grosseOrte[$pos], "\n";
}
```

```perl
sub kleinAufGross {
    my $wort;
    my @wortListe=();

    foreach $wort (@_) {
        $wort =~ s/^(.)/\U$1\E/;
        push(@wortListe, $wort);
    }

    @wortListe;
}
```

An sich ein schönes Programm. Das Problem besteht darin, dass durch das Sortieren der Namen die Bindung von Namen und Orten (über den Listenindex) verloren geht. Deshalb muss die Indexposition in Block 2.1 wiedergefunden werden. Folgender Algorithmus löst dasselbe Problem eleganter:

```perl
my @namen = ("frida", "thor", "helga", "zottel");
my @orte = ("walhallein", "walhallali", "walhter", "wald");

my @paare = ();
for(my $index=0; $index <= $#namen; $index++) {
    push(@paare, $namen[$index] . ", " . $orte[$index]);
}

foreach my $paar (sort @paare) {
    print kleinAufGross($paar), "\n";
}

sub kleinAufGross {
    my $wort = shift;

    $wort =~ s/((^|\s).)/\U$1\E/g;

    $wort;
}
```

Aus dem ersten Algorithmus haben wir gelernt, dass die Hauptarbeit im Finden von Name-Ort-Paaren bestand. Deshalb ist das auch das Erste, was wir im verbesserten Algorithmus tun (gespeichert in der Liste @paare). Der Rest des Algorithmus ergibt sich zwangsläufig: Paare lassen sich leicht sortieren und die Konvertierfunktion muss dazu in der Lage sein, mehrere Konvertierungen in einer Zeichenkette durchzuführen (nach dem Beginn und nach Leerzeichen). Wichtig ist: *Verbessern Sie Ihre Algorithmen iterativ (das nennt man auch Refactoring) und gliedern Sie immer zuerst den Teil eines Algorithmus neu, der die höchste Komplexität hat!*

Außerdem sollten Sie folgende Lehren aus diesem Abschnitt ziehen: Vermeiden Sie sinnlose Komplexität und schwer verständliche Abläufe. Vermeiden Sie insbesondere implizite Anweisungen (wie Funktionen in Bedingungen, Inkrement in Zuweisungen et cetera)! Wichtig ist auch, Variablen sprechend zu benennen und stets zu versuchen, Variablen durch Umstellung der Anweisungsfolge zu vermeiden. Im nächsten Abschnitt werden wir uns mit Heuristiken (Daumenregeln) beschäftigen, die zu klug gegliederten Algorithmen führen.

Schlussfolgerungen

4.2.2 Möglichkeiten der Gliederung und Modularisierung

Gibt es Regeln, wie man gute Blöcke definiert? (Wir sprechen bewusst von Blöcken und nicht von Funktionen. »Block« ist im Folgenden jeder inhaltlich zusammengehörende Bereich eines Programms.) Gute Blöcke zu definieren, ist auch wichtig für das Testen. Wir werden in späteren Abschnitten sehen, dass Testen im Wesentlichen aus dem Eingrenzen von Fehlern besteht. Eingrenzen erfordert, dass zusammengehörende Abläufe (textuell betrachtet) nahe beieinander stehen.

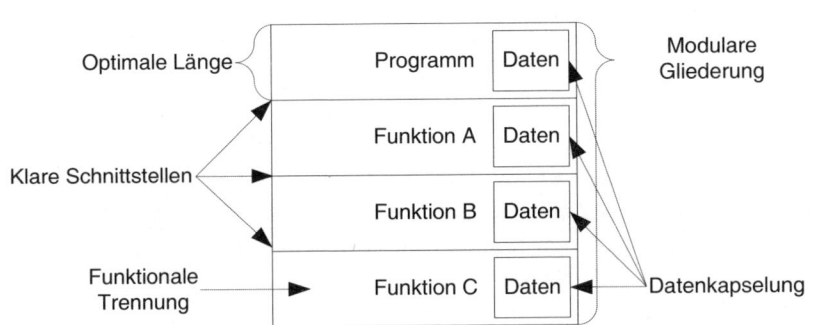

Abbildung 4.2
Regeln für gute Programm-Modellierung

Abbildung 4.2 zeigt, welche Eigenschaften ein gut strukturiertes Programm haben sollte. Als Faustregel gilt: *Ein guter Block enthält alles, was inhaltlich dazu gehört, nichts anderes und ist dabei nicht zu lang.* Geht das überhaupt immer? Nach unserer Erfahrung ja (meistens), wenn man ein paar einfache Regeln beherzigt (lernt und bewusst umsetzt):

Modulare Gliederung eines Algorithmus erreicht man primär durch funktionale Gliederung. Das heißt, die Teile der Lösung, die im Rahmen

Modularer Aufbau

der Analyse identifiziert wurden, werden in getrennten Funktionen implementiert. Jede Funktion wird nur *einmal* implementiert. Ausnahmen sind nur dort zulässig, wo Funktionen durch große Datenmengen miteinander verbunden sind (zum Beispiel, wenn mehrdimensionale Listen zwischen Funktionen ausgetauscht werden müssten). Es empfiehlt sich wieder einmal eine iterative Vorgangsweise: *Gliedern Sie Ihre Programme zunächst nach rein analytischen Gesichtspunkten. Suchen Sie dann im zweiten Schritt nach komplexen Bereichen (verschachtelte Schleifen, große Datenmengen als Parameter et cetera) und versuchen Sie, diese Komplexitäten durch Umstellung der Funktionen und Blöcke zu beseitigen.* Wiederholen Sie das Umstellen, bis Sie das Gefühl haben, dass keine weitere Verbesserung mehr erreichbar ist. Auch hier ist Erfahrung wichtig: Je öfter Sie üben, umso besser werden Ihre Gliederungen!

Datenkapselung   Zur modularen Gliederung gehören zudem *Datenkapselung* und *klare Schnittstellen*. Diese beiden Punkte gehen Hand in Hand. Als Schnittstelle (*Signatur*) einer Funktion bezeichnet man die Summe ihrer Parameter und Rückgabewerte. Datenkapselung bedeutet in Perl die sture Verwendung von my. Widerstehen Sie der Verlockung, in Funktionen auf globale Variablen direkt zuzugreifen. Übergeben Sie sie stattdessen als Parameter an geschützte Variablen. Ebenso sollten Sie mit den Rückgabewerten verfahren. Der Gewinn lohnt den Aufwand: Schwer zu findende Fehler, wie sie durch unerlaubtes Überschreiben von Variablen verursacht werden können, werden durch dieses Verhalten unmöglich gemacht.

Länge von Blöcken   Das letzte Kriterium für gute Modularisierung ist die richtige Länge von Blöcken. Ein Block sollte zumindest aus drei Anweisungen bestehen und nicht länger als etwa dreißig Zeilen sein. Freilich ist es nicht immer leicht, diese Regel einzuhalten. (Manchmal ist es auch kontraproduktiv.) Zumeist ist es aber möglich, in einer zu lang geratenen Funktion wiederum inhaltlich zusammengehörende Blöcke zu identifizieren und die Funktion durch eine Reihe von Unterfunktionen zu ersetzen. Der dadurch gewonnene Vorteil der Übersichtlichkeit ist während des Testens Gold wert.

Funktionsgraphen   Zur Visualisierung modularer Strukturen gibt es – neben den bereits erwähnten Flussdiagrammen – eine sehr alte, einfache und intuitive Methode: Funktionsgraphen. Ausgehend vom Hauptprogramm zeigt ein Funktionsgraph alle funktionalen Abhängigkeiten: Hauptprogramm und Funktionen werden als Kästchen dargestellt, die durch Pfeile verbunden sind. Folgendes Programm lässt sich zum Beispiel durch den Funktionsgraphen in Abbildung 4.3 darstellen.

```
# Hauptprogramm
&funktionA;
&funktionB;

# Funktionen
sub funktionA {
    &funktionC;
    &funktionD;
}

sub funktionB {}
sub funktionC {}
sub funktionD {}
```

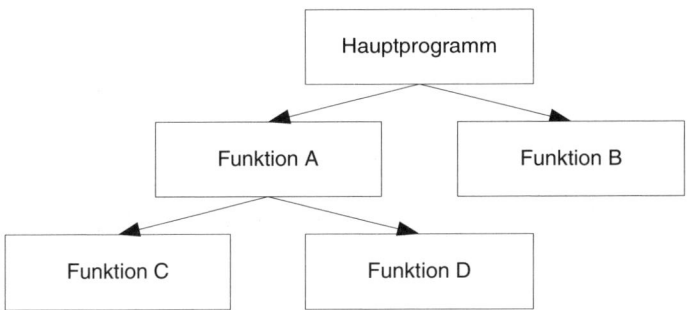

Abbildung 4.3
Funktionsgraph für das Beispiel

Schließlich ist es wichtig, Blöcke auch textuell zu visualisieren. Rücken Sie jeden Block (alles, was innerhalb geschwungener Klammern steht) zumindest um drei Leerzeichen ein und fügen Sie vor inhaltlichen Übergängen im Programm zumindest eine Leer- und eine Kommentarzeile ein. Trennen Sie das Hauptprogramm und die Funktionen durch geeignete Kommentare.

4.2.3 Besondere Anweisungen

Moderne Programmiersprachen enthalten keinen redundanzfreien Satz von Anweisungen, sondern bieten oft mehrere Wege zur Lösung eines Problems. Das hat im Wesentlichen kommerzielle Gründe: Natürlich muss C# alle Sprachkonstrukte von Java enthalten, ebenso jene der früheren Microsoft-Hauptsprachen (Visual C++, Visual Basic). Java enthält wiederum eine Menge Konzepte aus C++, Smalltalk und anderen Sprachen. Bietet eine Sprache eine Obermenge der Möglichkeiten anderer Sprachen, so ist sie diesen überlegen – so die Milchmädchenrechnung. In der Praxis heißt das *Featureritis*. Damit bezeichnet man das Überladen eines Systems mit »das sollte es auch noch können«-Fähigkeiten. Featureritis bringt ein wesentliches Problem mit sich: Das befallene System wird unübersichtlich und schwer zu handhaben.

Featureritis in Perl?

Perl leidet nicht unter sehr starker Featureritis. Die Entwickler hatten eine klare Vorstellung von ihrem Ziel. Dennoch bietet auch Perl mehrere Lösungswege für viele Probleme. Ein paar von ihnen werden wir uns jetzt ansehen. Generell empfehlen wir folgenden Ansatz: *Beschränken Sie sich bei Ihren Programmen auf ein elementares Set von Anweisungen!* Was Sie bisher gelernt haben, reicht leicht zum Lösen der meisten Programmierprobleme aus. Durch freiwillige Selbstbeschränkung im Algorithmus erreichen Sie Übersichtlichkeit und erhöhen die Wiederverwendbarkeit. Indem Sie *Ihren* Satz an Anweisungen besser kennen, werden Sie auch sicherer und schneller programmieren. Wir

Elementary Programming

nennen diesen Ansatz *Elementary Programming*.

Sehen wir uns ein Beispiel an, in dem wir Anweisungen verwenden, die wir bisher noch nicht kennen gelernt haben. Dieser Algorithmus dient dazu, Listen von Wörtern, die per Telegraph übertragen wurden, in Sätze umzuwandeln (getrennt durch stop) und auszugeben. Initialisiert wird das Ausgabeprogramm über das Kommando init:

Einige besondere Schlüsselwörter im Einsatz

```perl
my @nachricht = ("init", "lotto", "gewonnen", "stop",
    "millionärin", "stop", "mit", "scheidung", "einverstanden",
    "stop", "gruss", "an", "geliebte", "stop");
my @saetze=();
my $index = 0;

# 1. Wörter in Sätze umwandeln
foreach my $wort (@nachricht) {
  if ($wort =~ /^init$/) {
     @saetze = ();
     $index = 0;
     $saetze[$index]="";
     next;
  }

  if ($wort cmp "stop") {
     $saetze[$index] .= $saetze[$index] =~ /^$/ ? $wort : " $wort";
  } else {
     $saetze[$index] .= ".";
     $index++;
     $saetze[$index]="";
  }
}
$saetze[$index] = "Ende der Nachricht.";
```

```
# 2. Ausgeben
$index = 0;
while(1) {
   unless($saetze[$index] =~ /^Ende der Nachricht/) {
      print $saetze[$index],"\n";
      $index++;
   } else {
      last;
   }
}
```

Zunächst wird die Nachricht (in @nachricht) in Sätze umgewandelt. Der erste Block fängt das init-Kommando ab und initialisiert die Satzliste und einen Zähler. Danach wird mit next zur nächsten Iteration der Schleife (dem nächsten Wort) gesprungen. Das heißt, der Rest des Blocks wird nicht ausgeführt. Für alle übrigen Wörter wird mit cmp festgestellt, ob sie sich vom Wort stop unterscheiden. Falls ja, wird dem Satz ein neues Wort hinzugefügt. <bedingung> ? <wert1> : <wert2>; nennt man den tertiären Operator. Wenn die Bedingung »wahr« ist, wird der erste Wert, sonst der zweite in der Zuweisung verwendet. In unserem Beispiel werden so die Leerzeichen zwischen den Wörtern eingefügt. Am Ende der Nachricht wird schließlich noch ein gleichlautender Satz eingefügt.

Tertiärer Operator

Im zweiten Teil des Programms werden alle Sätze außer dem Ende der Nachricht ausgegeben. unless überprüft, ob die angegebene Bedingung »nicht wahr« ist. Falls dem so ist, wird ein Satz ausgegeben. Falls die Bedingung aber »wahr« ist, wird die while-Endlosschleife mit last abgebrochen.

Alle besprochenen Anweisungen lassen sich leicht ersetzen: next und last durch Umstellungen im Algorithmus, unless durch if und den Negationsoperator, der tertiäre Operator durch if und cmp durch einen passenden regulären Ausdruck. Wir raten nochmals von der Verwendung dieser Anweisungen ab: Sie sind überflüssig. Dennoch sollten Sie sie kennen, um die Programme anderer verstehen zu können.

4.2.4 Muster und Nicht-Muster

Muster sind eine andere, höhere Form der freiwilligen Selbstbeschränkung beim Programmieren. »Muster« sind Modelle, die sich in der Softwareentwicklung bewährt haben und in abstrakter Form zur Verwendung empfohlen werden. Die Verwendung von Mustern bietet zwei wesentliche Vorteile:

Vorteile der Verwendung von Mustern

1. Das in der Analyse angestrebte Verstehen findet bereits auf einer höheren Ebene statt. Kennt man viele Programmiermuster, ist man eher dazu in der Lage, ein Problem in bekannte Teilprobleme zu zerlegen. Die Implementierung der Muster muss nicht mehr selbst gefunden werden, sondern liegt bereits (in Form von Datenbanken, Büchern et cetera) vor.

2. Muster sind eine Form der Kommunikation (ein Code) zwischen Entwicklern. Basiert eine Problemlösung auf einem gängigen Muster, so ist es nicht mehr notwendig, den genauen Aufbau der Lösung mitzuteilen. Es genügt, einer interessierten Person den Namen des verwendeten Musters mitzuteilen. Dadurch wird die Kommunikation (Dokumentation et cetera) effizienter, öfter eindeutig und besser verständlich.

Wir können zwei Arten von Mustern unterscheiden: Positiv-Muster und Negativ-Muster. Negativ-Muster beschreiben, wie man etwas nicht lösen sollte. Auf einer sehr hohen Ebene sind die Beispiele, die wir in den beiden Abschnitten oben gezeigt haben, Negativ-Muster für die Programmierung. Die überwiegende Zahl der Muster sind aber Positiv-Muster. Die Autoren von [13] haben einen umfangreichen Katalog an Ablauf- und Datenmustern für die objektorientierte Programmierung vorgelegt. [25] und [35] bieten Muster für das Sortieren von Daten und Index-Datenstrukturen an (das sind *die* Klassiker der Muster). Einen Katalog von Perl-Mustern finden Sie unter anderem unter [47]. Im Anhang A.3 haben wir einen dokumentierten Katalog praktischer Perl-Muster erstellt, die wir immer wieder verwenden. Beim Einsatz von Mustern ist ein Punkt wesentlich: *Jedes Muster muss erst in seine Umgebung (den Problemraum) eingepasst werden!* Scheuen Sie sich nicht, den Algorithmus des Musters zu verändern, damit er für Ihr Problem passt. Das ist wesentlich klüger als das Muster unverändert zu lassen und den Rest des Programms an das Muster anzupassen (Schnittstellen et cetera). Wie bei allen anderen Dingen, die die Programmierung betreffen, ist auch der Einsatz von Mustern eine Frage der Übung. Je besser Sie den Sinn eines Musters verstehen, desto besser können Sie es einsetzen. Beschäftigen Sie sich daher eingehend mit den angegebenen Musterdatenbanken!

Maßgeschneiderte Anwendung

4.2.5 Zusammengefasste Lehren

Folgendes sollten Sie aus diesem Abschnitt mitnehmen:

❑ Guter Stil ist die erste Grundlage erfolgreichen Programmierens. Kommentare und Leerzeichen erhöhen die Lesbarkeit des Codes. Vermeiden Sie sinnlose Komplexität. Seien Sie misstraurisch, wenn etwas allzu »cool« wirkt.

❏ Betreiben Sie elementares Programmieren. Viele Elemente des Sprachumfangs einer Programmiersprache können einfach ersetzt werden. Wenn das geht, tun Sie es. Weniger Anweisungen, die man öfter verwendet, sind vertrauter und können effizienter eingesetzt werden.

❏ Modellierung ist zu weiten Teilen Modularisierung. Überprüfen Sie immer wieder Ihr Modell; suchen Sie ausdrücklich nach komplexen Stellen. Beseitigen Sie Komplexitäten durch Teilen des Algorithmus.

❏ Verwenden Sie Muster, um Blöcke zu füllen. Beschäftigen Sie sich mit der zu Mustern existierenden Literatur. Arbeiten Sie die Muster durch, die wir im Anhang aufgelistet haben. Setzen Sie sie als Standardmodelle für Teilprobleme von Lösungen ein.

Im nächsten Abschnitt beschäftigen wir uns mit dem Jagdaspekt der Programmierung: der ewigen Suche nach der Wanze im Algorithmus.

4.3 Kluge Fehlersuche

4.3.1 Beispiel: Falsch testen, richtig testen

Testen dient dazu, Fehler im Programm (Modell) zu finden. Grundsätzlich gibt es zwei Arten von Fehlern: Syntaxfehler (Verletzungen der *Grammatik* der Programmiersprache) und inhaltliche (semantische) Fehler. Erstere sind leicht zu finden. Der Perl-Interpreter gibt sie mit (fast immer richtiger) Zeilennummer an. Semantische Fehler zu finden ist dagegen eine Kunst, die zu erlernen der Übung bedarf. Glücklicherweise bekommt man beim Programmieren ausreichend Gelegenheit dazu.

Testablauf

Zunächst stellt sich die Frage, wie ein Testprozess aussehen sollte. Um Nachhaltigkeit zu garantieren, das heißt die Wahrscheinlichkeit der Fehlerfreiheit eines Programms zu maximieren, muss der Testprozess – wie das Vorgehensmodell, zu dem er gehört – iterativ sein. Nur indem man wieder und wieder prüft, kann man einigermaßen Gewissheit erlangen. (Es gibt ProgrammiererInnen, die die Auffassung vertreten, dass kein Programm je ohne Fehler ist; ja, dass Programme als Einschränkung der Wirklichkeit an sich schon Fehler sind.) Abbildung 4.4 illustriert einen optimalen Testprozess. Auf die Evaluierung des Programms (Modells) folgt die Korrektur der gefundenen Fehler. Damit ergeben sich meist Stilbrüche und Komplexitäten im Algorithmus (zum Beispiel komplexe Bedingungen und lange Blöcke). Diese werden in einem

Refactoring-Schritt beseitigt. Danach wird der Algorithmus geringfügig erweitert und wiederum getestet. So nähert man sich schrittweise einem funktionierenden Programm an. Der Zeitanteil des Testens an qualitätsvollem Programmieren kann ohne weiteres bei 80% oder mehr liegen.

Testen ist 80% der Programmierarbeit!

Abbildung 4.4
Iterativer Testablauf

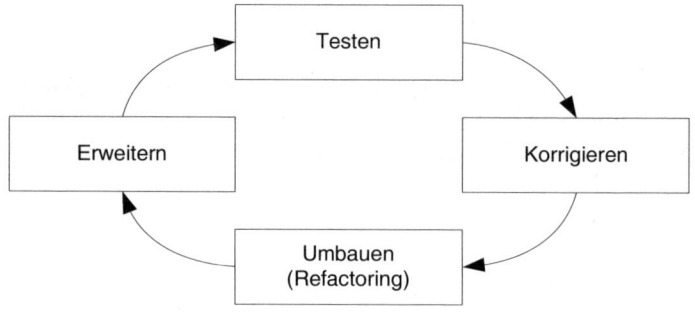

Wann testen?

Als nächste Frage stellt sich: Wann soll man testen? Der klassische Ansatz ist, jeweils eine Funktion zu implementieren und dann vollständig zu testen (»auszutesten«). In den letzten Jahren setzen sich aber immer mehr die so genannten *test-getriebenen* Ansätze (*test driven approaches*) durch. Ein solcher ist zum Beispiel das *Extreme Programming*-Vorgehensmodell [29]. Test-getriebenen Ansätzen folgend implementiert man erst die Testfunktionen und dann erst die zu testenden Funktionen. Was zunächst sonderbar erscheint, hat aber Methode: Beim Erstellen der Testfunktionen setzt man den Analyse-/Modellierungsprozess fort (man denkt zum Beispiel im Detail über die Anforderungen der Funktion nach). Das Ergebnis sind Programme, die besser den Anforderungen entsprechen.

Egal ob vorher oder nachher getestet wird, in beiden Fällen ergibt sich die Frage, nach *wie vielen* Änderungen man testen soll. Eine Funktion kann als Einheit bereits zu groß sein. Der Autor von [36] (einem Klassiker über die Programmierung in C) gibt als Faustregel für die Dauer eines Testvorgangs folgende Gleichung an: $testZeit = (anzahlZeilen + X)^2$. Das bedeutet, der Testaufwand steigt quadratisch mit der Anzahl zu testender Zeilen (der linke Graph in Abbildung 4.5). Die Anzahl zu testender Zeilen sollte also minimal sein, um den Testaufwand zu minimieren.

Schildts Regel

Dem gegenüber steht der *Beschreibungsaufwand*. Darunter verstehen wir, wie schwierig es ist, den zu testenden Modellteil in einer Programmiersprache zu beschreiben. Im mittleren Graph von Abbildung 4.5 nehmen wir an, dass der Beschreibungsaufwand quadratisch mit der Anzahl der erlaubten Programmzeilen abnimmt. Das heißt, mit zu wenigen Zeilen ist es praktisch unmöglich, das Modell adäquat zu beschreiben, und ab einer gewissen Zahl von Zeilen kann die Beschrei-

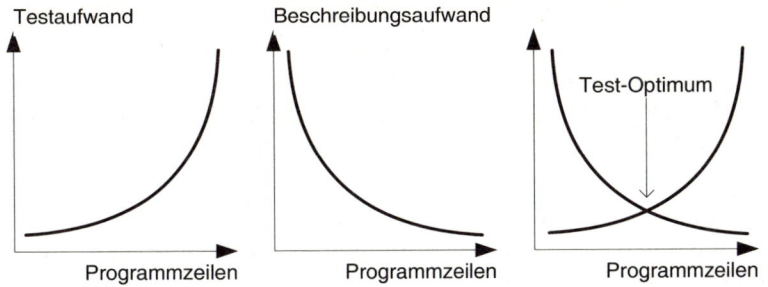

Abbildung 4.5
Bestimmung der optimalen Zahl von Programmzeilen für das Testen

bung nicht mehr sinnvoll verbessert werden. Die optimale Zahl von Programmzeilen liegt im Schnittpunkt dieser beiden Kurven. Das sagt zwar immer noch nicht, nach wie vielen neuen/geänderten Programmzeilen man wieder testen soll; das Modell vermittelt aber Verständnis für das Spannungsfeld, in dem dieses Problem zu lösen ist. *Im Allgemeinen wird man immer dann testen, wenn man eine substanzielle Änderung am Code vorgenommen hat.*

Damit kommen wir zum wesentlichen Punkt beim Testen: der richtigen Vorgangsweise. Für richtiges Testen gibt es – neben regelmäßig und iterativ testen – nur zwei einfache Regeln: *Fehler schrittweise eingrenzen* und *nie zwei Dinge auf einmal ändern.* Die zweite Regel ist klar: Nur so kann man einen Zusammenhang zwischen *Ursache und Wirkung* erkennen. Eingrenzen bedeutet: Wenn man einen Fehler bemerkt hat, schrittweise den Ort des Fehlers finden. Das funktioniert, indem man sich alle Variablen in der Umgebung des Fehlers immer wieder ansieht (zum Beispiel durch Ausgaben mit print) und indem man bereits überprüfte Teile des Algorithmus ausschaltet (zum Beispiel durch Auskommentieren). Ein Beispiel:

Fehler eingrenzen

```
my $farben = "gelb, rot, grün, orange, blau";
my @farbenListe = erstelleFarbenListe($farben);
print $farbenListe[0],"\n";

sub erstelleFarbenListe {
    my $farbenListe = sort split(/, /,$_[0]);
    return(@farbenListe);
}
```

Dieses Programm sollte eigentlich die Farben sortieren, als Liste speichern und die erste Farbe ausgeben. Wenn wir es ausführen, wird aber nichts ausgegeben. Wo ist der Fehler? Zunächst überprüfen wir das Hauptprogramm: nichts zu finden. Also sehen wir uns die Funktion an. Parameterübergabe und Rückgabe funktionieren einwandfrei. Das können wir mit print-Anweisungen an den richtigen Stellen feststellen. Also muss der Fehler im Zerlegen und Sortieren liegen. Und damit haben wir ihn: $farbenListe ist als Skalar definiert und nicht als Liste! Daher wird eine leere Liste an das Hauptprogramm zurückgegeben. Durch schrittweises Eingrenzen und Überprüfen der verwendeten Daten haben wir den Fehler gefunden.

Debugger   Abschließend noch ein Hinweis: Moderne Entwicklungsumgebungen (aber auch die Perl-Laufzeitumgebung selbst) bieten zum Testen so genannte *Debugger* an. Ein Debugger ist ein Interpreter, der es erlaubt, ein Programm schrittweise auszuführen, die Werte von Variablen zu beobachten (durch *Watches*) und die Programmausführung an beliebigen Stellen zu unterbrechen (*Breakpoints*). Ob Sie einen Debugger verwenden oder »von Hand« mit print und Kommentaren testen ist letztendlich Geschmackssache. In [42] finden Sie eine detaillierte Einführung in das Testen und Debuggen.

4.3.2 Typische Perl-Fehler

Wir sind bereits in früheren Kapiteln auf typische Perl-Fehler eingegangen. Hier noch einmal eine Liste der wichtigsten und häufigsten Fehlermöglichkeiten, auf die Sie achten sollten:

❏ Fehler um 1 in Listen und Schleifen. Jeder Listenindex in Perl beginnt mit 0. Daher sollten Sie auch jeden Zähler in einer Schleife mit 0 beginnen lassen und bis zum Wert length(<variable>)-1 laufen lassen.

❏ Achten Sie darauf, dass Variablen immer mit dem richtigen Typ definiert sind: $ für Skalare, @ für Listen, % für Hashes. Das obige Beispiel zeigt, zu welchen kryptischen Fehlern falsche Deklarationen führen können.

❏ Die Verwendung von @, % und $ in Zeichenketten funktioniert nur richtig, wenn die Funktion dieser Zeichen durch einen Backslash maskiert ist. Sonst wird das nächste Wort immer als Variablenname interpretiert.

❏ Schließen von Anführungszeichen und Klammern. Besonders fehlende } können unerklärliche Fehler auslösen. Alle anderen fehlenden Zeichen sind relativ leicht zu finden.

❏ Tippfehler in Variablennamen. Perl erlaubt die Verwendung beliebiger Variablen (auch nicht initialisierter). Daher gibt es bei falsch geschriebenen Variablennamen (zum Beispiel in Zuweisungen) auch keine Fehlermeldungen. Fast alle Perl-Interpreter (etwa der Unix-Perl-Interpreter mit Option -w) geben bei der Verwendung nicht initialisierter Variablen aber Warnungen aus.

❏ Verwendung des Punktes in regulären Ausdrücken (zum Beispiel in /.+xxx$/). Der Punkt steht für ein beliebiges Zeichen. In Kombination mit + und * kann er zum »Auffressen« nachfolgender Muster (des xxx im Beispiel) führen. Überlegen Sie lieber genau, welche Zeichenklassen wirklich vorkommen können.

❏ Austauschen von Dateien zwischen Unix- und Windows-Systemen. Microsoft-Windows-Betriebssysteme hängen hinter jeden Zeilenwechsel ein Zeilenvorschub-Zeichen. Unix-Betriebssysteme tun das nicht und reagieren verwirrt auf dieses Sonderzeichen. Wenn sich ein Windows-Perl-Programm unter Unix nicht ausführen lässt, liegt das meist an diesem Unterschied. Die Lösung ist ein einfaches Perl-Skript:

```
while(<>) {    # @ARGV==(<windows-perl-programm>)
    chop;
    print;
}
```

Sind Sie mit einem neuartigen Fehler konfrontiert und ratlos, dann sollten Sie zunächst immer nach einem dieser Fehler Ausschau halten. Insbesondere nicht geschlossene Blöcke können zu unverständlichen Fehlermeldungen führen. Auch hier gilt wieder: Nur planmäßiges, schrittweises Eingrenzen des Fehlers führt zum Erfolg.

4.3.3 Anleitung zur Selbsthilfe

Selbsthilfe ist Verstehen. Alles beginnt mit einem Problem: Man versteht einen Zusammenhang nicht oder ist vollkommen ratlos, wie etwas funktionieren soll. Oder – am frustrierendsten – man versteht nicht, warum etwas *nicht* funktioniert. In jedem Fall Anlass, zur *planmäßigen* Selbsthilfe zu schreiten. Wie das geht, skizziert dieser Abschnitt. Wir haben ihn eingefügt, weil es unsere Erfahrung ist, dass die meisten Menschen in ihren Programmierbemühungen an mangelnder Fähigkeit zur Selbsthilfe scheitern. Wichtig ist: *Gehen Sie systematisch vor!* Nur so besiegen Sie die Verzweiflung. Wann immer Sie ein Gefühl der Computer-bedingten Hoffnungslosigkeit in sich aufsteigen spüren, versuchen Sie den Empfehlungen dieses Abschnittes zu folgen.

Systematisches Arbeiten

Selbsthilfe ist ein Prozess, der aus drei Elementen besteht (siehe Abbildung 4.6). Diese drei Phasen sind *Dokumentation*, *Analyse* und *Verstehen*. Wie alle guten (das heißt, menschen- und wirklichkeitsgerechten) Prozesse ist auch Selbsthilfe ein iterativer, rückgekoppelter Prozess. Das heißt, wenn Sie in einem Schritt etwas lernen, das Ihr Bild von den früheren Schritten verändert, dann kehren Sie zurück und versuchen

Dokumentation, Analyse, Verstehen

Sie, die geänderte Sichtweise sowie die sich daraus ergebenden Folge-
rungen für die späteren Schritte zu verstehen.

Abbildung 4.6
Schritte der Selbsthilfe

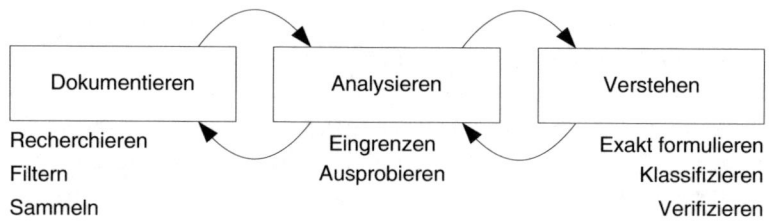

»Dokumentation« bedeutet, das Problem zu beschreiben. Zunächst
ist es wichtig, den eigenen Unmut zu überwinden und sich zu zwingen,
die Phänomene exakt zu beobachten, anhand derer man das Problem
erkannt hat. Da die Beschäftigung mit Problemen zumeist ein seelisches
Ungleichgewicht mit einschließt, ist es von Vorteil, ein neutrales Medium zur Dokumentation zu verwenden: also Papier oder eine Textdatei
anstatt des eigenen Gedächtnisses. Die Verwendung von Papier zur Dokumentation hat darüber hinaus die Vorteile unmittelbarer Visualisierung des Wissens und des wahlfreien Schreib- und Malzugriffes. Nach
unserer Ansicht ist Papier das ideale Medium, um Probleme zu lösen.

*Objektivierung durch
Aufschreiben*

Hat man eine Beschreibung des Problems, die alles enthält, was
man beobachtet hat (auch alle Vermutungen dazu), ist der nächste
Schritt zu recherchieren. Versuchen Sie herauszufinden, ob auch schon
jemand anderer dieselben Phänomene wahrgenommen hat. Der Königs-
weg dazu ist heutzutage das World Wide Web in Gestalt der Suchma-
schine *Google* [22]. Formulieren Sie Ihre Erkenntnisse in ganzen Sätzen,
geben Sie wichtige, zusammenhängende Formulierungen (etwa Fehlermeldungen) zwischen doppelte Anführungszeichen (Phrasensuche), eliminieren Sie Stoppwörter (Artikel, Fürwörter et cetera), formulieren
Sie möglichst in englischer Sprache und führen Sie Ihre Abfragen für alle möglichen Fälle und Verbformen wiederholt durch. Darüber hinaus
bietet Ihnen Google mit dem Attribut `filetype:` die Möglichkeit, nur
nach ganz bestimmten Medien zu suchen. Nach Webseiten mit Musterdatenbanken für Perl könnte man unter anderem folgendermaßen
suchen:

Suchen im Google

```
introduction "design patterns"
"design patterns" perl
patterns perl filetype:html
```

Wichtig ist auch, richtig in den Ergebnissen zu suchen. Hat Ihre Suche
zu mehr als hundert Treffern geführt, ist sie wertlos. Führen Sie sie erneut durch mit zusätzlichen einschränkenden Suchbegriffen. Haben Sie

eine ausreichend kleine Treffermenge, dann sehen Sie sich wirklich alle Ergebnisse an. Google sortiert Ergebnisse zwar sehr schlau, ist aber dennoch nur eine Maschine. Oft ist das beste Ergebnis erst das hundertste. Unter Unix stehen darüber hinaus noch zwei äußerst wertvolle Systemkommandos zur Verfügung: man zum Lesen von Dokumentation und apropos zum Suchen von Dokumentation [26].

Hat man Information gefunden, besteht die nächste Hürde darin, *Richtiges Lesen* sie *richtig* zu lesen. Falsch ist: Dokumente elektronisch speichern und von A bis Z durcharbeiten. Richtig ist: In der Dokumentation nach *interessanten Stellen* suchen (querlesen, an zufälligen Stellen aufschlagen et cetera) und interessante Seiten ausdrucken. Speichern Sie sich außerdem einen Link auf die Quelle in einer Textdatei. Sammeln Sie Ihre Ausdrucke zusammen mit der textuellen Problembeschreibung. Wenn Sie das Gefühl haben, dass eine Quelle früher Gefundenes widerlegt, dann ist es sehr wichtig, dieses veraltete Wissen *wegzuwerfen*. Sammeln und Filtern sind die ultimativen Schritte zur Problembewältigung. Und nochmals: nie ein Dokument als Ganzes lesen (außer dieses Buch natürlich)!

Die Provokation im letzten Absatz hat einen Sinn: Zweck der Selbsthilfe ist nicht nur, für den Moment ein Problem zu lösen, sondern vielmehr, langfristig zu lernen. Über das Problemgebiet; vor allem aber über Selbsthilfe. Wissen ist eine feine Sache im Leben. Sich selbst helfen zu können ist aber eine bessere Sache. Außerdem lehrt die Erfahrung, dass das Schicksal jedes Detailwissens *Vergessen* ist. Es ist daher ökonomisch nicht sinnvoll, allzu großes Detailwissen zu erlernen. Techniken sind besser. Dennoch ist es praktisch, die zu einem Problem erstellte Dokumentation in einer Kartei zu sammeln, um beim nächsten Auftreten Zeit zu sparen.

Auf die Dokumentation folgt die Analyse. Wie beim Testen heißt *Ausprobieren und* das wieder: *Ausprobieren* und *Eingrenzen*. Ist unser Problem ein Pro- *Eingrenzen* grammierproblem, so gehen wir wieder wie oben beschrieben vor. Ist es etwas anderes, versuchen wir durch Analyse eine Problemlösung zu modellieren (zum Beispiel als *Problembaum*, der alle Elemente der Lösung – wie ein Funktionsgraph Funktionen – enthält). Durch Ausprobieren (etwa im Geist die Lösung durchspielen, den so genannten Schreibtischtest) können Lücken, Doppeldeutigkeiten und sonstige Mängel der Lösung gefunden werden. Eine wesentliche Frage ist dabei stets: *Welches Wissen fehlt mir noch zur Problemlösung? Was verstehe ich nicht?* Das zu beantworten, führt uns wieder zur Dokumentation zurück. Der entscheidende Punkt, um sich durch Analyse über ein Problem zu erheben, ist jedoch: *Spielen Sie mit dem Problem. Machen Sie bewusst Fehler und beobachten Sie, was passiert. Lachen Sie sich krumm über die Dummheit Ihres Computers. Lernen Sie aus den beobachteten Phänomenen.*

So gewinnen Sie ein Gefühl für Probleme und Lösungen. Außerdem ist ein wichtiger Schritt der Selbsthilfe, sich dem Problem nicht unterzuordnen, sondern es zu persiflieren.

Die Analyse führt uns direkt zum Verstehen. Verstehen bedeutet, dass wir dazu in der Lage sind, was wir zunächst nur anhand von Phänomenen (beobachteter und gedachter) beschreiben konnten, in Form von Fragen zu formulieren. Verstehen ist *Exaktheit*. Ein Problem exakt formulieren können, bedeutet, ein Modell formulieren können. Damit sind wir wieder am selben Punkt wie zu Beginn dieses Buches: Problem und Lösung unterscheiden sich nur im Detaillierungsgrad. *Selbsthilfe ist die Suche nach dem Detail.* Wer lernt, exakt zu denken, lernt, sich selbst zu helfen. Praktisch versteht man, indem man mögliche Lösungen (Klassen von Lösungen) aus den Analyseergebnissen ableitet und ihre Wahrscheinlichkeit bewertet. Durch Ausprobieren (Verifizieren) kann man dann eine passende Lösung auswählen. Beachten Sie dabei, dass jedes Problem (jede Lösung) eine eigene Vorstellungswelt darstellt. Dass daher die Lösung innerhalb dieser Welt plausibel sein muss. Und dass etwas nicht dadurch plausibel wird, indem es unserer Voreingenommenheit entspricht (die in Vorstellungswelten als etwas Geistigem besonders stark ist!). Versuchen Sie vielmehr, objektive Kriterien zu finden, anhand derer Sie die Lösungen bewerten. Wenn Sie finden, dass zur Lösung noch etwas fehlt, so versuchen Sie diese Empfindung zu formulieren und kehren Sie zur Analyse zurück.

Verstehen basiert auf genauem Denken

Zusammenfassung Das ist Selbsthilfe. Im Grunde dasselbe wie Analysieren, Modellieren und Testen - Programmieren also. Kein Wunder: Da wie dort geht es darum, ein Problem in eine Lösung umzuwandeln. Hinter dem Programmieren steht also ein allgemeines Prinzip, das sich auf alle Lebensbereiche anwenden lässt. Wir möchten sogar so weit gehen zu behaupten, dass, wer den Geist des Programmierens verinnerlicht hat, auch in vielen anderen Bereichen des Lebens erfolgreicher sein wird. Mit diesem Zuckerl möchten wir Sie motivieren, die Übungsaufgaben am Ende des Kapitels fleißig durchzuarbeiten. Denn: *Auch Selbsthilfe ist Üben!*

4.3.4 Destilliertes Testwissen

Damit haben wir über das Testen – als dem integralen Bestandteil erfolgreicher Softwareentwicklung – Folgendes gelernt:

❑ Selbsthilfe ist ein iterativer Prozess, bestehend aus Dokumentation, Analyse und Verstehen. Wesentlich ist, sich über das Problem zu erheben und es spielerisch zu lösen. Und: Was nicht zur Lösung beiträgt, wegwerfen!

❏ Richtiges Testen besteht aus Ausprobieren, Korrigieren, Umbauen und Erweitern. Fehler findet man, indem man sie durch Beobachten von Variablen und Auskommentieren von Blöcken eingrenzt. Testen ist iterativ und eng verzahnt mit Analyse und Modellierung.

❏ Die bei weitem häufigsten Fehler in Perl-Programmen sind falsch gesetzte } zum Schließen von Blöcken. Die daraus resultierenden Fehlermeldungen weisen meist direkt ins Nirvana. Denken Sie also an diese Möglichkeit, wenn Sie einen Fehler nicht verstehen.

Wir haben in diesem Kapitel gelernt, wie man *richtig* programmiert und Fehler findet. Im letzten Abschnitt sehen wir uns an, wie man bereits funktionierende Programme *schneller* macht.

4.4 Programme schneller machen

Ein Programm muss eine gute Performance haben. Was ist »Performance«? Darunter versteht man, dass ein Algorithmus ein Problem, abhängig von der Komplexität des Problems, möglichst schnell lösen soll. Grundlage des Performance-Begriffes ist also *algorithmische Komplexität*. Wichtig ist, sich stets bewusst zu halten, dass Performance trotzdem nie so wichtig ist wie leserlich zu schreiben und klug zu gliedern.

In der theoretischen Informatik (ein Feld der Wissenschaft, das von so großen Namen wie Alan Turing, John von Neumann und Noam Chomsky geprägt wurde) gibt es ausgefeilte Methoden, um algorithmische Komplexität zu messen. Für uns reicht aber eine einfachere *Operationalisierung* (Übersetzung in die Verwendbarkeit; auch ein Wort für Programmieren). Abbildung 4.7 zeigt die beiden wesentlichen Faktoren, die Auswirkung auf die algorithmische Komplexität haben: die *Dimensionalität der verarbeiteten Daten* und die *Anzahl der Schleifen im Algorithmus*. Diese beiden Faktoren gehen oft Hand in Hand.

Komplexität von Algorithmen

Eine vernünftige Vorgangsweise beim Schnellermachen von Algorithmen beginnt mit einem weitgehend ausgetesteten, funktionierenden Programm. Zunächst versucht man, Stellen im Algorithmus zu finden, die komplex sind: die also verschachtelte Schleifen und Operationen auf mehrdimensionale Daten enthalten. Das sind die lohnendsten Ansatzpunkte. Hat man eine solche Stelle gefunden, versucht man, ihre Komplexität zu verringern. Dabei verwendet man wieder dieselben Methoden wie bei der Modularisierung: Zergliedern von Datenfeldern, Trennen von verschachtelten Schleifen in mehrere Funktionen et cetera. Oft helfen auch Muster (Sortieralgorithmen et cetera), um Programme schneller zu machen. Natürlich ist das nicht immer möglich. Das ändert

Faustregeln

Abbildung 4.7
Faktoren, die Einfluss
auf die Komplexität
eines Algorithmus
haben

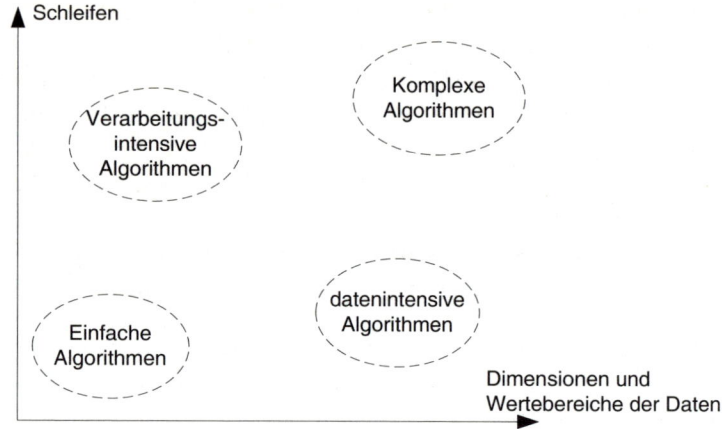

aber nichts an der prinzipiellen Richtigkeit des Ansatzes. Sehen wir uns zum Abschluss ein Beispiel an:

```perl
my @personenName = ("Gunnar", "Annegret", "Sven");
my @orte = ([ "oslo", "stockholm", "ostende" ],
            [ "göteborg", "bergen", "malmö" ],
            [ "stockholm", "malmö", "oslo" ] );
my $namensIndex=0;
foreach my $name (@personenName) {
   my $andererNamensIndex=0;
   foreach my $andererName (@personenName) {
      if ($name ne $andererName) {
         for(my $ortsIndex=0; $ortsIndex < 3; $ortsIndex++) {

            my @andereOrte = @orte[$andererNamensIndex];

            for(my $andererOrtsIndex=0; $andererOrtsIndex < 3;
               $andererOrtsIndex++) {
               if ($orte[$namensIndex][$ortsIndex] eq
                  $orte[$andererNamensIndex][$andererOrtsIndex]) {
                  print "$name - $andererName: $ortsIndex ",
                     "$andererOrtsIndex ",
                     $orte[$namensIndex][$ortsIndex],"\n";
               }
            }
         }
      }
      $andererNamensIndex++;
   }
   $namensIndex++;
}
```

Dieser Algorithmus überprüft, ob zwei Personen einen gemeinsamen Wohnort haben, und gibt im Erfolgsfall ihre beiden Namen und den Ort aus. Durch Anwendung der oben angesprochenen Verfahren lässt sich dieser Algorithmus in eine viel weniger komplexe Form bringen. Hauptproblem sind derzeit die vier (!) ineinander verschachtelten Schleifen. Durch Umorganisation der Daten und Verwenden regulärer Ausdrücke lässt sich eine Schleife eliminieren. Das Ergebnis ist folgender Algorithmus:

```perl
my @personenName = ("Gunnar", "Annegret", "Sven");
my @orte = ([ "oslo", "stockholm", "ostende" ],
            [ "göteborg", "bergen", "malmö" ],
            [ "stockholm", "malmö", "oslo" ] );
my @wohnOrte;

# 1. Daten umorganisieren
for(my $index=0; $index < 3; $index++) {
   $wohnOrte[$index] = "";
   for(my $i=0; $i < 3; $i++) {
      $wohnOrte[$index] .= $orte[$index][$i] . " ";
   }
}


# 2. Vergleichen
for(my $namensIndex=0; $namensIndex < 2; $namensIndex++) {
   for(my $andererNamensIndex=$namensIndex+1;
      $andererNamensIndex < 3; $andererNamensIndex++) {
      for(my $i=0; $i < 3; $i++) {
         if ($wohnOrte[$andererNamensIndex] =~
         $orte[$namensIndex][$i]) {
            print $personenName[$namensIndex]," - ",
               $personenName[$andererNamensIndex], ": ",
               $orte[$namensIndex][$i],"\n";
         }
      }
   }
}
```

Immerhin eine Ebene weniger. Weitere Performance-Gewinne sind nur über Zusatzwissen über die Daten (Anzahl der Zeilen, Spalten) zu erzielen. Fazit: Performance steigern ist eine Kunst.

Programmieren ist Üben! Beschäftigen Sie sich eingehend mit den Übungsaufgaben im nächsten Abschnitt und denken Sie sich bessere aus. Helfen Sie mit, dieses Buch zu verbessern, indem Sie sie an

Feedback an perl-buch@ims.tuwien.ac.at

perlbuch@ims.tuwien.ac.at mailen. Damit würden Sie uns eine große Freude machen!

4.5   Übungsaufgaben

1. Sehen Sie sich die Algorithmen, die Sie bisher modelliert haben, nochmals an. Versuchen Sie, Komplexitäten aufzuspüren und die Gliederung der Algorithmen zu verbessern. Versuchen Sie außerdem, Anweisungen zu ersetzen und Muster zu verwenden.

2. Üben Sie die Fehlersuche. Implementieren Sie Ihre Modelle in Perl und implementieren Sie Testfunktionen. Versuchen Sie, die Korrektheit Ihrer Algorithmen durch Eingrenzen zu verifizieren.

3. Versuchen Sie, die Performance Ihrer Algorithmen mit den genannten Methoden zu verbessern. Versuchen Sie außerdem, komplexe Teile Ihrer Algorithmen zu finden und ihre praktische Auswirkung abzuschätzen.

4. Suchen Sie im Internet nach Musterdatenbanken für Perl. Erstellen Sie sich einen Katalog an nützlichen Mustern und vergleichen Sie diese Muster mit den Mustern im Anhang.

5 Bislang Unerwähntes

Dieses Kapitel bildet den Abschluss des ersten Teil dieses Buches, in dem wir uns darauf konzentriert haben, Ihnen die Grundlagen sowohl von Perl als auch des Programmierens beizubringen. Nun wollen wir die Brücke zum zweiten Teils des Buches schlagen. In den nachfolgenden Abschnitten finden Sie eine Einführung in diese Themengebiete:

- ❏ Referenzen und komplexe Datenstrukturen
- ❏ Perl-Module
- ❏ Objektorientierte Programmierung

Diese Themen bilden die Grundlage, um die Inhalte und die Codebeispiele des zweiten Teils verstehen und für eigene Problemstellungen umsetzen zu können.

Wozu?

5.1 Referenzen

Eine Referenz in Perl ist ein spezieller Wert, den eine skalare Variable annehmen kann. Anstatt einer Zeichenkette oder einer Zahl wird ein *Verweis* auf eine andere, bereits existierende Variable gespeichert.

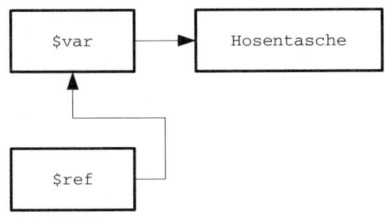

Abbildung 5.1
Referenzen

In Abbildung 5.1 sehen Sie die bildliche Darstellung einer Referenz. Im Unterschied zur Skalarvariablen $var, die eine Zeichenkette als Wert speichert, wird in der Skalarvariablen $ref keine Zeichenkette gespeichert, sondern ein Verweis auf $var.

Referenzen ermöglichen den *indirekten Zugriff* auf einen Variablenwert. Das Konzept des indirekten Zugriffs gibt es in vielen Pro-

Was sind Referenzen?

grammiersprachen. In C und C# ist es durch *Zeiger* realisiert. Das nachstehende Codebeispiel zeigt, wie Referenzen in einem Perl-Programm erzeugt werden. In den ersten beiden Zeilen definieren wir zwei Skalarvariablen, $var und $ref. Der Variablen $var weisen wir einen Wert zu. Die Variable $ref soll eine Referenz auf $var sein. Referenzen werden mit einem umgekehrten Schrägstrich erzeugt, der vor dem Namen der Variablen angegeben wird, auf die referenziert werden soll:

```
my $var = "Hosentasche";
my $ref = \$var;

print "$var $ref ${$ref} \n";
```

Was bewirkt das? Hier sehen Sie die Ausgabe dieses Beispiels:

```
Hosentasche SCALAR(0x1012c48c) Hosentasche
```

Der erste der drei Teile ist klar: Es ist der Wert von $var. Der zweite Teil ist der Wert der Referenz $ref. Hier sehen wir, welchen internen Namen der Perl-Interpreter für die Variable $var vergeben hat. Der dritte Teil der Ausgabe zeigt, wie der indirekte Zugriff *über die Referenz* auf den Wert von $var funktioniert. Dieser Vorgang wird auch *Dereferenzieren* genannt. Mit einem Dollarzeichen ($) vor der in geschwungenen Klammern eingeschlossenen Referenzvariablen weisen Sie den Perl-Interpreter an, auf den unter dieser Referenz gespeicherten skalaren Wert zuzugreifen. Wozu das Ganze? Es gibt zwei Gründe:

Dereferenzieren

❏ Referenzen bilden die Basis für zusammengesetzte (mehrdimensionale) Datenstrukturen in Perl. Sie werden aus den drei in Perl verfügbaren eindimensionalen Datentypen (Skalar, Liste, Hash) zusammengesetzt.

❏ Referenzen bilden die Basis für objektorientierte Programmierung in Perl.

Zusammengesetzte Datenstrukturen

Referenzen können nicht nur auf Skalarvariablen verweisen, sondern auch auf Listen und Hashes. Im nächsten Beispiel bauen wir zwei verschiedene zweidimensionale Datenstrukturen auf: Die Variable @LiAusLi ist eine Liste aus Listen (siehe Abbildung 5.2). Die Variable %HaAusLi ist ein Hash, dessen Werte aus Listen bestehen.

Zu Beginn deklarieren wir zwei Listen @arr1 und @arr2. Wie Sie aus Abschnitt 1.3 wissen, müssen die Elemente einer Liste Skalare sein. Referenzen sind immer Skalare, unabhängig vom Datentyp der Variablen, auf die sie verweisen. Daher dürfen wir zwei Referenzen auf @arr1 und @arr2 als Elemente der Liste @LiAusLi angeben:

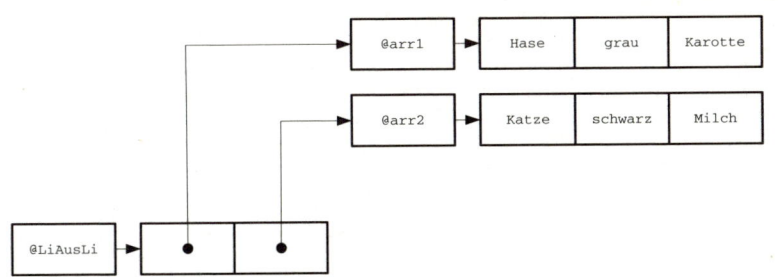

Abbildung 5.2
Liste aus Listen

```
my @arr1 = ("Hase", "grau", "Karotte");
my @arr2 = ("Katze", "schwarz", "Milch");

my @LiAusLi = (\@arr1, \@arr2);
my %HaAusLi = ('Hoppel' => \@arr1, 'Minka' => \@arr2);

print "$LiAusLi[0] $LiAusLi[0]->[1] $HaAusLi{'Minka'}->[2] \n";
```

Erzeugt werden die Referenzen wie zuvor: Mit einem umgekehrten Schrägstrich vor dem Variablennamen. Analog funktioniert das für die Werte des Hashes %HaAusLi. In der print-Anweisung sehen Sie den Zugriff auf diese Datenstrukturen. Daraus ergibt sich folgende Ausgabe:

```
ARRAY(0x1012c4a4) grau Milch
```

Zu Beginn haben wir mit Hilfe der für den Listenzugriff üblichen Syntax das erste Element der Liste @LiAusLi ausgegeben, um noch einmal deutlich zu machen, dass es sich um eine Referenz auf eine Liste handelt. Um über diese Referenz auf die eigentlichen Werte der Listenelemente zuzugreifen, verwenden wir die Syntax -> und schreiben den Index des gewünschten Elements in eckige Klammern dahinter.

Zugriff mit ->

Falls Sie nicht nur einzelne Elemente, sondern eine komplette Liste über eine Referenz ansprechen wollen, dann stellen Sie die Referenz in geschwungene Klammern und setzen einen Klammeraffen @ davor (Dereferenz):

```
my @rekonstruierteListe = @{$HaAusLi{'Minka'}};
```

Für Hashes, deren Elemente Listen beziehungsweise wiederum Hashes sind, wird analog vorgegangen. Um einen kompletten Hash über seine Referenz anzusprechen, müssen Sie ein Prozentzeichen % davor stellen (Zeile neun).

```perl
1  my %ha1 = ('Tierart' => "Hase", 'Name' => "Laura");
2  my %ha2 = ('Tierart' => "Katze", 'Name' => "Fides");
3
4  my @LiAusHa = (\%ha1, \%ha2);
5  my %HaAusHa = ('meinTier' => \%ha1, 'deinTier' => \%ha2);
6
7  print "$LiAusHa[0] $LiAusHa[0]->{'Name'}";
8  print "$HaAusHa{'deinTier'}->{'Name'}";
9
10 my %rekonstruierterHash = %{$LiAusHa[0]};
11 print "\n" . $rekonstruierterHash{'Tierart'};
```

Damit haben wir in aller Kürze das Wichtigste zum Thema mehrdimensionale Datenstrukturen zusammengefasst. Für das Erzeugen von und für den Zugriff auf mehrdimensionale Listen gibt es eine Kurzschreibweise, die wir auf Seite 24 behandelt haben. In Abschnitt 6.2.2 werden wir noch einmal auf dieses Thema zurückkommen und uns anhand eines praktischen Beispiels mit dem Zugriff auf eine komplexe Datenstruktur beschäftigen. Eine sehr gute Informationsquelle zum Thema zusammengesetzte Datenstrukturen ist *Mark's very short tutorial about references*. Sie können es mit perldoc perlreftut in der Kommandozeile aufrufen.

Gültigkeitsdauer   Sobald Sie eine Referenz auf eine Variable setzen, heben Sie das in Abschnitt 2.1.2 behandelte Gesetz der Gültigkeitsdauer von Variablen auf. Wenn es eine Referenz auf eine Variable gibt, dann ist der Wert der Variablen so lange gültig und benutzbar, solange die Referenz gültig ist. Im folgenden Beispiel sehen Sie zwei Hashes, die wir innerhalb eines Blocks mit my deklariert haben und die daher nur innerhalb dieses Blocks gültig sind. Auf %ha1 setzen wir eine Referenz $href, die wir außerhalb des Blocks deklarieren. Dadurch ergibt sich die Möglichkeit, über diese Referenz auch außerhalb des Blocks auf %ha1 zuzugreifen:

```perl
my $href;

{
    my %ha1 = ('Tierart' => "Hase", 'Name' => "Laura");
    my %ha2 = ('Tierart' => "Katze", 'Name' => "Fides");

    $href= \%ha1;
}

print "$href->{'Tierart'}";
```

Dieses Beispiel dient nur der Veranschaulichung des Prinzips. Sie sollten Referenzen auf keinen Fall dafür verwenden, die Gültigkeitsdauer einer Variablen zu verlängern. Sinnvoll ist der Einsatz von Referenzen dann, wenn Sie von mehr als einem Perlskript aus *skriptübergreifend* auf dieselben Daten zugreifen wollen. Das ist der zweite wichtige Grund für die Existenz von Referenzen in Perl. Dieser Grund wird in Abschnitt 5.3 eine große Rolle spielen. Zum Abschluss ein Hinweis: Neben Skalaren, Listen und Hashes können Referenzen auch auf Funktionen verweisen. Ein Anwendungsbeispiel für diese eher selten verwendete Möglichkeit finden Sie auf Seite 183.

5.2 Perl-Module

Perl-Module sind Perl-Programme, die von Einzelnen oder Gruppen entwickelt und zur Wiederverwendung freigegeben wurden. Sie dienen jeweils einem speziellen Zweck, lösen also ein bestimmtes Problem.

In diesem Abschnitt konzentrieren wir uns auf das zum Einsatz von Modulen notwendige Grundlagenwissen. Die Installation von Modulen wird in Abschnitt 5.2.1 behandelt. Dort erfahren Sie, welche Kategorien von Modulen es gibt und wie Sie im CPAN (*Comprehensive Perl Archive Network*, [17]) ein Modul finden können, das für Ihre Problemstellung geeignet ist. In den Abschnitten 5.2.2 und 5.3 wird erklärt, wie die Schnittstellen der vorgefertigten Module zu verwenden sind. Im zweiten Teil dieses Buches werden verschiedene Perl-Module vorgestellt.

5.2.1 Installation von Perl-Modulen

Das CPAN (*Comprehensive Perl Archive Network*, [17]) ist ein riesiges Archiv von unentgeltlich und im Quellcode (bei einer interpretierten Programmiersprache gar nicht anders möglich) zur Verfügung stehendem Perl-Code. Hier finden Sie eine Unmenge von *Perl-Modulen* für verschiedene Einsatzbereiche wie Datenbankzugriff oder Erzeugung von Grafiken. Auch für »Kleinigkeiten« wie beispielsweise den Zugriff auf MP3-Dateien gibt es passende Module, die von Privatpersonen oder Gruppen entwickelt und zur Wiederverwendung freigegeben werden. Einige wenige sehr verbreitete Perl-Module werden als Teil der Perl-Distributionen mitgeliefert. Alle anderen können Sie bei Bedarf nachträglich auf Ihrem System installieren. Es gibt zwei gute Gründe, um Perl-Module aus dem CPAN zu installieren:

❏ Wenn Sie ein Perl-Skript verwenden wollen, das seinerseits auf ein Modul zurückgreift.

❑ Wenn Sie bestimmte Funktionen in Perl implementieren und dabei auf bereits Bestehendem aufbauen wollen, um Zeit zu sparen.

Zum ersten Fall: Wie erkennen Sie, ob ein Skript Module verwendet? Die erste Möglichkeit besteht darin, die ersten Zeilen des Skripts zu betrachten. Falls Sie dort use-Anweisungen finden, dann verwendet das Skript Module. Die zweite Möglichkeit: einfach ausprobieren! Wenn Sie ein Skript ausführen, das auf ein Modul zugreift, das *nicht* auf Ihrem System installiert ist, erhalten Sie eine Fehlermeldung der folgenden Art:

```
Can't locate MP3/Info.pm in @INC (@INC contains: /usr/lib/perl5/5.8
.0/i386-linux-thread-multi /usr/lib/perl5/5.8.0 /usr/lib/perl5/site
/_perl/5.8.0/i386-linux-thread-multi /usr/lib/perl5/site_perl/5.8.0
usr/lib/perl5/site_perl /usr/lib/perl5/vendor_perl/5.8.0/i386-linux
-thread-multi /usr/lib/perl5/vendor_perl/5.8.0 /usr/lib/perl5/vendo
r_perl /usr/lib/perl5/5.8.0/i386-linux-thread-multi /usr/lib/perl5/
5.8.0 .) at /home/elke/ipod/mp3info.pl line 3.
BEGIN failed--compilation aborted at /home/elke/ipod/mp3info.pl
line 3.
```

Zu Beginn dieser Fehlermeldung sehen Sie den Namen des fehlenden Moduls. Er besteht aus zwei Teilen: Paketname und Modulname. In unserem Fall ist der Paketname MP3 und der Modulname Info. Der vollständige Name des Moduls, den Sie bei der Installation angeben müssen, ist MP3::Info.

Im zweiten Fall ist es etwas schwieriger, den Modulnamen herauszufinden. Sie müssen dazu im CPAN nach einem passenden Modul suchen, das die Funktionalität zur Lösung Ihrer jeweiligen Problemstellung bietet. Um die riesige Anzahl verfügbarer Module übersichtlich zu halten, gibt es ein einheitliches System zur Sortierung nach drei Kriterien:

❑ Kategorien (*by category*),
❑ Paketnamen (*by module*, empfohlen!) und
❑ AutorInnen (*by author*).

Wie suchen? Wir empfehlen Ihnen, die sehr anwendungsfreundlich gestaltete Suchmöglichkeit auf http://search.cpan.org/ zu verwenden. Hier können Sie die oben genannten Kategorien durchstöbern, aber auch die Kurzbeschreibungen der Module nach Schlagwörtern durchsuchen. Die einzelnen Module sind als Archive mit der Dateiendung .tar.gz oder .zip abgelegt und enthalten die Versionsnummer im Dateinamen. Um die Stabilität und den Verbreitungsgrad eines Moduls einschätzen zu können, sollten Sie auf jeden Fall einen Blick auf seine aktuelle Versionsnummer werfen. Ebenfalls sinnvoll ist eine Suchmaschinenabfrage nach dem Namen des Moduls. Dadurch erfahren Sie, ob das Modul in der Praxis verwendet wird und ob es in der Vergangenheit Probleme damit gab. Zusätzlich sollten Sie auf `http://search.cpan.org/` nachsehen, ob beziehungsweise welche Bewertung dieses Modul von seinen BenutzerInnen erhalten hat. Zwischen null und fünf Sterne sind möglich.

Sobald Sie sich für ein bestimmtes Modul entschieden haben, können Sie es händisch herunterladen und installieren. Es gibt aber viel bequemere Alternativen. Da diese für Unix/Linux- und Windows-Systeme unterschiedlich sind, werden wir sie in den folgenden Abschnitten getrennt voneinander behandeln.

Perl-Module sind Textdateien mit der Dateiendung .pm. Sie sind *Nach der Installation* nach einem bestimmten, sehr einfachen Format namens *POD* (Plain Old Documentation) [46] aufgebaut und enthalten sowohl Quellcode als auch Dokumentation. Da jedes Modul andere Schnittstellen zur Verfügung stellt und daher auf jeweils unterschiedliche Art und Weise zu verwenden ist, müssen Sie sich auch dieses Wissen aneignen. Sie finden es in der Dokumentation des jeweiligen Moduls, die Sie mit dem Befehl `perldoc <Modulname>` aufrufen können. In den meisten Modulen sind Codebeispiele enthalten.

Unix/Linux: CPAN.pm

Das Modul `CPAN.pm` ist ein Standardbestandteil jeder Perl-Distribution und damit ganz sicher auch auf Ihrem System installiert. Es stellt Ihnen eine interaktive Kommandozeile (*Shell*) zur Verfügung, um Perl-Module vom CPAN herunterzuladen und zu installieren. Notwendigerweise brauchen Sie dazu einen Internetzugang. Da Sie mit der CPAN-Shell Software auf Ihrem System installieren, sollten Sie sie als Benutzer *root* starten. Dazu geben Sie folgenden Befehl in der Linux/Unix-Kommandozeile ein:

```
perl -MCPAN -e shell
```

Falls dies das erste Mal geschieht, müssen Sie eine Reihe von Fragen *Grundkonfiguration* zur Konfiguration der CPAN-Shell beantworten. Hinter den Fragen finden Sie, in eckige Klammern gestellt, jeweils einen Vorschlag für eine Antwort. Diese Defaultkonfiguration ist eine zuverlässige Wahl und Sie können Sie mittels Drücken der Returntaste übernehmen. Die wichtigste Einstellung und gleichzeitig die einzige, für die es keine Defaultkonfiguration gibt, ist die Wahl des zu verwendenden *CPAN-Mirrors*. Das »N« in CPAN steht für »Network«. Da ein einziger Server unter der Last der vielen Anfragen zusammenbrechen würde, wird der gesamte Inhalt des CPAN auf hunderten Servern weltweit gespiegelt. Sie sollten den

Ihnen geografisch nächstliegenden Spiegel verwenden. Dazu wählen Sie in der angebotenen Auswahl zuerst Ihren Kontinent und danach das Land, in dem Sie sich befinden. Danach bekommen Sie eine Liste der Spiegel in Ihrem Land angezeigt und wählen den passenden aus. Nach dem Abschluss der Grundkonfiguration wird der Prompt cpan> angezeigt. Hier können Sie Befehle zum Installieren von Modulen oder zum Abfragen von Informationen über Module eingeben:

```
[root@jason root]# perl -MCPAN -e shell

cpan shell -- CPAN exploration and modules installation (v1.76)
ReadLine support enabled

cpan>
```

Um ein Modul zu installieren, verwenden Sie folgenden Befehl:

```
install <Modulname>
```

Installation von Modulen

Dieses Modul wird dann vom vorher ausgewählten CPAN-Mirror heruntergeladen und entpackt. Danach wird die Installationsroutine (perl Makefile.PL und make) ausgeführt und es wird getestet, ob sie erfolgreich war (make test). Wenn ja, dann wird das neue Modul auf die Festplatte geschrieben (make install). Hier sehen Sie den Vorgang für das Modul MP3::Info, wobei wir uns aus Platzgründen auf die relevanten Teile der Ausgabe beschränken:

```
cpan> install MP3::Info
Running install for module MP3::Info
Running make for C/CN/CNANDOR/MP3-Info-1.02.tar.gz
CPAN: LWP::UserAgent loaded ok
Fetching with LWP:
ftp://ftp.cpan.org/CPAN/authors/id/C/CNANDOR/MP3-Info-1.02.tar.gz
CPAN: Compress::Zlib loaded ok
MP3-Info-1.02/
MP3-Info-1.02/Info.pm
MP3-Info-1.02/Makefile.PL
MP3-Info-1.02/MANIFEST
MP3-Info-1.02/README
MP3-Info-1.02/t/
MP3-Info-1.02/t/getset.t
MP3-Info-1.02/t/id3.t
  CPAN.pm: Going to build C/CN/CNANDOR/MP3-Info-1.02.tar.gz
Checking if your kit is complete... Looks good
Writing Makefile for MP3::Info
```

```
 /usr/bin/make  -- OK
Running make test
t/getset.......ok
t/id3.........ok
All tests successful.
Files=2, Tests=246,  0 secs (0.44 cusr + 0.04 csys = 0.48 CPU)
 /usr/bin/make test -- OK
Running make install
Installing /usr/lib/perl5/site_perl/5.8.0/MP3/Info.pm
Installing /usr/share/man/man3/MP3::Info.3pm
 /usr/bin/make install  -- OK
```

Im Normalfall findet dieser Ablauf ohne Ihr Zutun statt. Es gibt aber Ausnahmen, beispielsweise wenn ein zu installierendes Modul seinerseits ein anderes Modul verwendet. In diesem Fall werden Sie gefragt, ob Sie das zusätzlich benötigte Modul auch installieren wollen. Bestätigen Sie das Ganze mit der Eingabetaste.

Mit `CPAN.pm` können Sie nicht nur Module installieren, sondern auch Informationen über Module abfragen (mit dem Kürzel `m`):

Suchmöglichkeit

```
m MP3::Info
m /MP3/
```

Im ersten Fall wird Information über das Modul `MP3::Info` angezeigt und im zweiten Fall werden alle im CPAN verfügbaren Module gelistet, die das Stichwort *MP3* im Namen enthalten. Anstatt eines Stichwortes können Sie hier beliebige reguläre Ausdrücke (siehe Abschnitt 3.2) verwenden. Es gibt noch weitere Suchmöglichkeiten. Mit `help` können Sie sich eine Befehlsübersicht anzeigen lassen. Zum Beenden der CPAN-Shell verwenden Sie den Befehl `exit`. Weiterführende Information zur Verwendung von `CPAN.pm` finden Sie unter [37] oder in der lokal auf Ihrem System installierten Perl-Hilfe, indem Sie `perldoc CPAN` in der Kommandozeile eingeben.

Windows: ActiveState Perl Package Manager

Zur Installation von Modulen werden Unix-Kommandos wie beispielsweise `make` benötigt. Diese fehlen auf Windows-Systemen zumeist. Daher ist das im vorigen Abschnitt beschriebene `CPAN.pm` unter Windows nur eingeschränkt verwendbar. Falls Sie Perl unter *Cygwin* einsetzen, können Sie `CPAN.pm` verwenden und so vorgehen, wie in Abschnitt 5.2.1 beschrieben. Falls Sie *ActivePerl* verwenden, ist der *Perl Package Manager* oder kurz ppm das Werkzeug der Wahl. Es umgeht die beschriebene Problematik, indem es eigens angepasste Versionen der CPAN-Module vom ActiveState-Webserver installiert, anstatt auf einen der

CPAN-Mirror zuzugreifen. Bei der Installation von ActivePerl wird im Windows-Startmenü ein Eintrag erzeugt, über den Sie den *Perl Package Manager* starten können. Alternativ geben Sie einfach ppm in der Kommandozeile ein. Der Befehl zum Installieren von Modulen lautet:

```
install <Modulname>
```

Im Unterschied zum im CPAN verwendeten Trennzeichen :: werden Paketname und Modulname durch das Trennzeichen - getrennt:

```
install MP3-Info
```

Weitere wichtige Befehle:

```
search <Schlagwort>
query <Modulname>
remove <Modulname>
help
```

Mit search durchsuchen Sie die Kurzbeschreibung aller verfügbaren Pakete. Mit query wird Information über installierte Module angezeigt, wobei Sie durch query * eine Liste aller installierten Module erhalten. Mit remove entfernen Sie ein installiertes Modul. Für eine Kurzübersicht über alle verfügbaren Befehle geben Sie help ein. Weiterführende Information zur Verwendung von ppm finden Sie unter [31].

5.2.2 Verwendung von Perl-Modulen

Einbinden von Modulen

Um ein Modul verwenden zu können, müssen Sie es im Programm *einbinden*. Das geschieht mit einer use-Anweisung zu Beginn des Programms:

```
use MP3::Info;
```

In diesem Fall wird ein Modul namens MP3::Info eingebunden. Danach kann dieses Modul beziehungsweise die von ihm zur Verfügung gestellten Schnittstellen (*Interfaces*) genutzt werden. Es gibt drei Arten der Implementierung von Perl-Modulen:

- ❏ Prozedurale Perl-Module
- ❏ Objektorientierte Perl-Module
- ❏ Hybride Perl-Module

Je nach Implementierungsart stehen unterschiedlich zu nutzende Schnittstellen zur Verfügung. In diesem Abschnitt werden wir uns mit der Verwendung prozedural implementierter Perl-Module beschäftigen. Die Verwendung objektorientiert implementierter Module wird in Abschnitt 5.3 behandelt. Ein hybrides Perl-Modul stellt sowohl prozedurale als auch objektorientierte Schnittstellen zur Verfügung und kann daher auf beide Arten angesprochen werden.

Arten von Modulen

Prozedural implementierte Perl-Module *exportieren* eine Reihe von Funktionen (Unterprogrammen). Analog zur Verwendung der in Perl eingebauten Funktionen (Abschnitt 2.1.3) können Sie als AnwenderIn des Moduls diese nun zusätzlich zur Verfügung stehenden Funktionen in Ihrem Programm aufrufen und verwenden. Welche Funktionen das Modul exportiert, erfahren Sie in seiner Dokumentation.

Prozedural implementierte Perl-Module

Ein Beispiel: Mit `perldoc MP3::Info` rufen Sie die Dokumentation des Moduls `MP3::Info` auf. Dort finden Sie Information über die Namen, die erwarteten Parameter und die Rückgabewerte der exportierten Funktionen. Nachfolgend finden Sie einen Ausschnitt aus der Dokumentation von `MP3::Info`. Unter SYNOPSIS finden Sie Codebeispiele und unter DESCRIPTION ist jede exportierte Funktion genauer dokumentiert. Wir haben hier nur die Dokumentation der Funktionen `set_mp3tag()` und `get_mp3tag()` herausgegriffen:

```
MP3::Info(3)  User Contributed Perl Documentation   MP3::Info(3)
NAME
    MP3::Info - Manipulate / fetch info from MP3 audio files
SYNOPSIS
    #!perl -w
    use MP3::Info;
    my $file = 'Pearls_Before_Swine.mp3';
    set_mp3tag($file, 'Pearls Before Swine', '77s',
            'Sticks and Stones', '1990', '', 'Rock');
    my $tag = get_mp3tag($file);
    $tag->{GENRE} = 'Rock & Roll';
    set_mp3tag($file, $tag);
DESCRIPTION
  set_mp3tag(FILE,TITLE,ARTIST,ALBUM,YEAR,COMMENT,GENRE [,TRACKNUM])
  set_mp3tag(FILE,$HASHREF)
    Adds/changes tag information in an MP3 audio file. Will
    clobber any existing information in file.
    Fields are TITLE, ARTIST, ALBUM, YEAR, COMMENT, GENRE. All
    fields have a 30-byte limit, except for YEAR, which has a
    four-byte limit, and GENRE, which is one byte in the file.
    The GENRE passed in the function is a case-insensitive text
    string representing a genre found in @mp3_genres.
    Will accept either a list of values, or a hashref of the type
```

```
        returned by "get_mp3tag".
    get_mp3tag (FILE)
        Returns hash reference containing tag information in MP3 file.
        The keys returned are the same as those supplied for
        "set_mp3tag".
```

Damit ist klar, wie die Funktion get_mp3tag() eingesetzt wird. Sie erwartet einen Dateinamen als Parameter und liefert eine Referenz auf
einen Hash zurück. Wir liefern den in der Kommandozeile als Parameter übergebenen Dateinamen ($ARGV[0], siehe Seite 73) und speichern
die Referenz in der Variablen $mp3data. Der referenzierte Hash hat Ele-
mente mit den Schlüsseln TITLE, ARTIST, ALBUM, YEAR, COMMENT, GENRE und
TRACKNUM. Über diese Schlüssel wird auf die jeweiligen Werte zugegriffen. Die Syntax -> für den Zugriff auf einen Hash über eine Referenz
kennen Sie bereits aus Abschnitt 5.1.

```perl
use MP3::Info;


my $mp3data = get_mp3tag($ARGV[0]);
print "Artist: " . $mp3data->{ARTIST} . "\n";
print "Album: " . $mp3data->{ALBUM} . "\n";
print "Track Nr.: " . $mp3data->{TRACKNUM} . "\n";
print "Title: " . $mp3data->{TITLE} . "\n";
```

Ein weiteres Beispiel für ein prozedural implementiertes Perl-Modul ist
File::Find (Abschnitt 7.2.4). Da MP3::Info ein hybrides Modul ist, können wir es auch im nächsten Abschnitt als Beispiel für objektorientierte
Programmierung verwenden, um die beiden Schnittstellen miteinander
zu vergleichen.

5.3   Objektorientierte Programmierung in Perl

Nun verwenden wir die objektorientierten Schnittstellen des Moduls
MP3::Info, um auf die Metadaten (Zusatzinformationen) einer MP3-
Datei zuzugreifen:

```perl
1  use MP3::Info;
2
3  my $mp3 = MP3::Info->new($ARGV[0]);
4
5  print "Artist: " . $mp3->artist() . "\n";
6  print "Album: " . $mp3->album() . "\n";
```

```
7  print "Track Nr.: " . $mp3->tracknum() . "\n";
8  print "Title: " . $mp3->title() . "\n";
```

Wir benutzen eine *Klasse* mit dem Namen `MP3::Info`. Ganz allgemein bietet diese Klasse Funktionalität zum Anzeigen und Bearbeiten von MP3-Metadaten. Insofern besteht kein Unterschied zur prozeduralen Schnittstelle, die ebenfalls eine Reihe von exportierten Funktionen bereitstellt. Und doch ist alles anders, denn: Bei der objektorientierten Programmierung stehen, wie der Name schon ausdrückt, *Objekte* im Mittelpunkt. In unserem Beispiel sind dies die verschiedenen MP3-Dateien auf der Festplatte. Diese Objekte haben verschiedene Dateinamen, Titel, InterpretInnen und so weiter. Trotzdem ist der zum Zugriff auf diese Informationen notwendige Code immer derselbe, einzig die ausgelesene Information unterscheidet sich für jedes Objekt. Das ist die Trennung zwischen *Klasse* und *Objekt*: Alles allgemein Gültige ist in der Klasse zu finden und kann für eine Vielzahl gleichartiger Objekte (wieder-)verwendet werden. Genau das wollen wir tun. Was genau ist in der Klasse zu finden?

Klassen und Objekte

- ❏ Jede Klasse bietet vordefinierte Funktionen. Diese werden als *Methoden* der Klasse bezeichnet. Die Methoden werden immer *für ein bestimmtes Objekt* aufgerufen.
- ❏ Jede Klasse stellt eine besondere Methode `new()` bereit, die auch *Konstruktor* genannt wird. Mit dieser Methode werden neue Objekte erzeugt.
- ❏ Die von einer Klasse nach außen zur Verfügung gestellten Variablen heißen *Attribute* (Eigenschaften). Diese Variablen werden für jedes Objekt mit Werten belegt. Ein Beispiel für den Zugriff auf die Attribute eines Objekts finden Sie auf Seite 205.

Ein neues Objekt zu erzeugen ist immer der erste Schritt, wenn Sie eine Klasse verwenden wollen. In Zeile drei des obigen Codebeispiels erzeugen wir ein Objekt der Klasse `MP3::Info`. Die allgemeine Syntax für das Erzeugen eines Objektes lautet:

Konstruktor new()

```
REFERENZ = MODULNAME->new(PARAMETER)
```

Der Konstruktor `new()` liefert immer eine Referenz (Abschnitt 5.1) zurück. Über diese Referenz kann das neu erzeugte Objekt angesprochen werden. Beachten Sie, dass wir `new()` als Parameter den Dateinamen einer ganz bestimmten MP3-Datei übergeben. Das Objekt ist also mit genau dieser Datei fest verknüpft. Der Vorgang, ein neues Objekt zu erzeugen, wird auch *instanziieren* genannt. Ebenso werden Objekte auch als *Instanzen* einer Klasse bezeichnet. Der *Typ* eines Objektes ist diejenige Klasse, zu der es gehört. Welche Parameter die Methode new() erwartet, hängt vom jeweiligen Modul ab und ist in seiner Dokumentation nachzulesen. Dort finden Sie auch Informationen darüber, welche Methoden die Klasse zur Verfügung stellt. Im Fall von MP3::Info werden Methoden zum Lesen und zum Verändern von MP3-Metadaten angeboten. Hier der relevante Ausschnitt:

```
$mp3 = MP3::Info->new(FILE)
   OOP interface to the rest of the module.  The same keys
   available via get_mp3info and get_mp3tag are available via the
   returned object (using upper case or lower case; but note that
   all-caps "VERSION" will return the module version, not the MP3
   version). Passing a value to one of the methods will set the
   value for that tag in the MP3 file, if applicable.
```

Methoden Im Gegensatz zur prozeduralen wird über die objektorientierte Schnittstelle meist nicht direkt auf einen Variablenwert oder eine Datenstruktur zugegriffen, sondern Methoden aufgerufen, die ihrerseits auf die Daten zugreifen und diese zurückgeben (Datenkapselung). Die Methoden der Klasse MP3::Info heißen title(), artist(), album(), year(), comment(), genre() und tracknum(). Rufen wir sie ohne Parameter auf, geben sie den entsprechenden Wert zurück. Beim Aufruf mit einem Parameter wird dieser Wert gesetzt. Solche Methoden werden oft auch als *Get-* und *Set-Methoden* beziehungsweise *Getter-* und *Setter-Methoden* bezeichnet. Die allgemeine Syntax für Methodenaufrufe lautet:

```
REFERENZ->METHODE(PARAMETER)
```

Achtung: Der Konstruktor new() wird über den Namen des Moduls aufgerufen. Alle übrigen Methoden werden über die Objektreferenz aufgerufen und nicht über den Namen des Moduls!

Vergleich der Schnittstellentypen Im direkten Vergleich der beiden Schnittstellen des hybriden Moduls MP3::Info fällt auf, dass die objektorientierte Schnittstelle sauberer gestaltet ist. Das ergibt sich direkt aus dem Ziel der Wiederverwendung, das die objektorientierte Programmierung verfolgt. Es ist auch der Grund dafür, warum die Mehrheit der verfügbaren Perl-Module objektorientierte Schnittstellen anbietet. Beachten Sie: Dieser Abschnitt stellt weder eine komplette Einführung in die Grundlagen der objektorientierten Programmierung noch eine Anleitung zur Erstellung objektorientierter Perl-Programme dar. Das ist aus Platzgründen in diesem Buch nicht möglich. Wir haben uns daher in diesem Abschnitt auf die Verwendung bereits existierender objektorientierter Perl-Software konzentriert. Mit der Eingabe von `perldoc perltoot` in der Kommandozeile rufen Sie *Tom's object-oriented tutorial for Perl* auf und erhalten so weiterführende Information. Eine komplette Darstellung dieses umfangreichen Themas finden Sie in [40].

5.4 Zusammenfassung

In diesem Kapitel haben wir uns mit Referenzen sowie mit der Verwendung von Perl-Modulen beschäftigt. Sie wissen nun, wie Sie zusammengesetzte Datenstrukturen aufbauen können. Außerdem sind Sie in der Lage, Perl-Module in Programmen zu verwenden. Damit steht Ihnen im CPAN ein riesiges Archiv an bestehender Software zur Verfügung, das Sie zur Lösung Ihrer eigenen Problemstellungen einsetzen können.

Ihre Perl-Grundausbildung ist hiermit abgeschlossen. Im zweiten Teil des Buches werden wir uns mit verschiedenen Anwendungsbereichen beschäftigen, für die Perl besonders gut geeignet ist. In Kapitel 6 geht es um Textverarbeitung. In Kapitel 7 werden wir uns mit Perl als Mittel zur Steuerung des Betriebssystems befassen. In Kapitel 8 stellen wir Ihnen eine Reihe nützlicher Perl-Module vor, zum Beispiel `Chart::Pie` zur Erzeugung von Diagrammen oder `WWW::Search::Google` zum Zugriff auf Informationen im World Wide Web.

Überblick über den zweiten Teil

5.5 Übungsaufgaben

```
ID;Nachname;Vorname;Strasse;PLZ;Ort;Land;
9;Degensee;Hermine;Lychener Str. 14;10437;Berlin;de;
10;Mosel;Margit;Peter-Jordan-Strasse 21;1190;Wien;at;
11;Bebenberg;Bernd;Traunsteiner Str. 82;24146;Kiel;de;
```

1. Überlegen Sie sich eine geeignete zusammengesetzte Datenstruktur für die oben gegebenen Daten und implementieren Sie diese. Das Programm soll die Daten aus einer Datei einlesen und in der Kommandozeile ausgeben. Hinweis: Falls Sie Probleme beim Einlesen der Daten haben, können Sie sich Anleihen aus dem Beispiel auf Seite 153 holen.
2. Falls Sie es nicht schon getan haben: Installieren Sie das Modul `MP3::Info` und probieren Sie seine beiden Schnittstellen aus!
3. Werfen Sie einen Blick auf `http://search.cpan.org` und suchen Sie dort nach für Sie interessanten Modulen.
4. Das Perl-Modul `IO::File` bietet objektorientierte Schnittstellen zum Zugriff auf Dateien an. Lesen Sie seine Dokumentation und

verwenden Sie es sowohl zum Lesen als auch zum Schreiben einer Datei. Erweitern Sie Übungsaufgabe 1 dahingehend, dass `IO::File` zum Einlesen der Daten verwendet wird. Hinweis: Falls Sie dabei auf Probleme stoßen, können Sie auf Seite 158 nachsehen. Dort finden Sie ein Beispiel, das `IO::File` verwendet.

Teil II

Perl verwenden

6 Text verarbeiten

Das Akronym *Perl* steht für *Practical Extraction and Report Language*. Übersetzt bedeutet das in etwa »praktische Sprache zur Datenextraktion und Auswertung«. Den Grundstein für Perl legte Larry Wall 1986. Warum? Weil er seine Problemstellung, eine große Anzahl von Textdateien auswerten zu müssen, mit den damals vorhandenen Mitteln (den Unix-Kommandos sed und awk) nicht zufriedenstellend lösen konnte. Obwohl die Sprache seither kontinuierlich weiterentwickelt wurde und daher universell einsetzbar ist, liegt eine der großen Stärken von Perl nach wie vor in der Bearbeitung von Textformaten.

Das Akronym Perl steht für Practical Extraction and Report Language

In Abschnitt 6.1 finden Sie praktische Beispiele zur Textanalyse und Textbearbeitung mit Perl. Abschnitt 6.2 ist eine Einführung in die Verarbeitung von XML-Daten mit Perl.

6.1 Textbearbeitung mit Perl

Das für diesen Abschnitt notwendige Grundlagenwissen wurde in Abschnitt 2.2.3 (Lesen und Schreiben von Dateien) und Abschnitt 3.2 (Reguläre Ausdrücke) behandelt. Nun beschäftigen wir uns mit Lösungen für die folgenden Problemstellungen:

- ❏ Zeilenumbrüche entfernen
- ❏ Zeilennummern hinzufügen
- ❏ Worthäufigkeiten in einem Text ermitteln
- ❏ Suchen und Ersetzen von Termen in Dateien
- ❏ Einlesen strukturierter Texte

Damit wollen wir möglichst viele potenzielle Anwendungen abdecken. Natürlich spricht nichts dagegen, diese Programme für eigene Problemstellungen zu adaptieren und zu verwenden. Ganz im Gegenteil: Das ist der Sinn der Sache! Bitte fühlen Sie sich ermutigt, diese Programme an Ihre eigenen Aufgaben anzupassen.

6.1.1 Zeilenumbrüche entfernen

Nie auf Originaldateien schreiben!

In diesem Beispiel werden alle Zeilenumbrüche in einer Textdatei entfernt. Das empfohlene Vorgehen ist, eine Originaldatei zu lesen (*Eingabe*) und die vorgenommenen Manipulationen (*Verarbeitung*) in einer anderen Datei zu speichern (*Ausgabe*). Sie sollten niemals direkt auf den Originaldateien arbeiten! Falls Sie einen Programmierfehler übersehen und dadurch die Originale (in unerwünschter Weise) verändern, stehen diese danach nicht mehr in ihrer ursprünglichen Form zu Verfügung.

```
my $dateiname = $ARGV[0];
my $dateiname2 = $ARGV[0] . ".new";

open(IN,"<$dateiname");
open(OUT,">$dateiname2");

while (my $zeile = <IN>) {
    chomp($zeile);
    print OUT $zeile . " ";
}

close(IN);
close(OUT);
```

Der Dateiname der zu bearbeitenden Datei wird als Parameter beim Start des Skripts übergeben und ist daher in der Variablen $ARGV[0] zu finden (siehe Seite 73). Für den Namen der neuen Datei hängen wir die Zeichenkette .new an den Namen der Originaldatei und speichern diesen Wert in $dateiname2. Wir brauchen zwei Datei-Handles: eines zum Lesen der originalen Datei (IN) und eines zum Schreiben der neuen Datei (OUT). Anschließend lesen wir zeilenweise von IN und entfernen mit chomp() den Zeilenumbruch am Ende jeder Zeile (siehe Seite 64), bevor wir sie auf OUT, und damit in die neue Datei, schreiben.

6.1.2 Zeilennummern einfügen

Analog zum letzten Beispiel können wir natürlich auch jede andere Art von Textbearbeitung durchführen, etwa Zeilennummern zu Beginn jeder Zeile einfügen.

sprintf()

Zu diesem Zweck verwenden wir die vordefinierte Funktion sprintf() für die Formatierung der Zeilennummern. In unserem Fall wollen wir erreichen, dass die Zeilennummer fünfstellig dargestellt wird. Die fehlenden Stellen werden (von links gesehen) mit Nullen aufgefüllt. sprintf() formatiert Zahlenwerte und erwartet mindestens zwei

Parameter: Der erste legt das Muster fest, nach dem die nachfolgenden Parameter (Variablenwerte) ausgegeben werden sollen. Das Muster %05d definiert, dass der Inhalt der Variablen $i als eine auf fünf Stellen formatierte Dezimalzahl ausgegeben wird.

```perl
my $dateiname = $ARGV[0];
my $dateiname2 = $ARGV[0] . ".new";

open(IN,"<$dateiname");
open(OUT,">$dateiname2");

my $i = 1;

while (my $zeile = <IN>) {
    my $number = sprintf("%05d", $i);
    print OUT $number . " " . $zeile;
    $i++;
}

close(IN);
close(OUT);
```

Analog können wir mit sprintf() die Anzahl der ausgegebenen Nachkommastellen für eine Kommazahl festlegen, zum Beispiel mit dem Muster %.4f für vier Nachkommastellen. Das f steht für *floating-point number* (Fließkommazahl). Wie für jede eingebaute Funktion können Sie mit perldoc -f sprintf in der Kommandozeile weitere Anleitung erhalten.

6.1.3 Worthäufigkeiten bestimmen

Nun erstellen wir eine Übersicht über die in einem Text vorkommenden Wörter und ihre Häufigkeit.

Die Daten werden zeilenweise bearbeitet. Im ersten Schritt entfernen wir alle vorkommenden Satzzeichen mit einem regulären Ausdruck (siehe Abschnitt 3.2.2). Danach wird jede Zeile mittels split() an den Wortgrenzen in ihre einzelnen Wörter zerlegt. Das \s+ steht für *mindestens ein Leerzeichen* (siehe Seite 94). Anschließend erstellen wir die Statistik über die Häufigkeiten. Dazu verwenden wir einen Hash %index, dessen Schlüssel die Wörter und dessen Werte deren Häufigkeiten sind. Für jedes Wort wird getestet, ob der betreffende Schlüssel schon definiert ist. Wenn ja, dann wird die Häufigkeit um eins erhöht. Andernfalls tritt dieses Wort zum ersten Mal auf. Dann wird ein neuer Schlüssel angelegt und die Häufigkeit auf eins gesetzt.

Zuletzt schreiben wir die Statistik in eine Datei, jedes Wort in eine Zeile. Dabei sortieren wir alphanumerisch: Zuerst die in Großbuchstaben geschriebenen Wörter von A bis Z, danach die kleingeschriebenen von a bis z. Die Häufigkeit wird jeweils vor das Wort geschrieben und auf drei Stellen formatiert.

```perl
my $dateiname = $ARGV[0];
my $dateiname2 = $ARGV[0] . ".new";

open(IN,"<$dateiname");
open(OUT,">$dateiname2");

my %index;

while (my $zeile = <IN>) {
    chomp($zeile);
    $zeile =~ s/[.,:!?()"']//g;          # Satzzeichen entfernen
    my @woerter = split(/\s+/, $zeile);  # in Wörter zerlegen
    foreach my $wort (@woerter) {        # Häufigkeit erhöhen
        if ($index{$wort}) {
            $index{$wort}++;
        }
        else {
            $index{$wort} = 1;
        }
    }
}

close(IN);

foreach my $wort (sort(keys(%index))) {
    my $number = sprintf("%03d",$index{$wort});
    print OUT $number . " " . $wort . "\n";
}

close(OUT);
```

Ein Hinweis: Mit der Verwendung von *Formaten* haben Sie weitreichende Möglichkeiten zur Formatierung von Textdateien. Mehr dazu erfahren Sie mit perldoc perlform an der Kommandozeile.

6.1.4   Suchen und Ersetzen

In nächsten Beispiel wollen wir jedes Auftreten eines bestimmten Wortes durch ein anderes Wort ersetzen. Das allein wäre für uns nichts

Neues mehr, denn dazu müssen wir nur das Programm aus Abschnitt 6.1.1 (Zeilenumbrüche entfernen) geringfügig anpassen, indem wir statt chomp() einen regulären Ausdruck verwenden. Daher erschweren wir die Sache: Wir durchsuchen nicht nur eine Datei, sondern alle Dateien in einem Verzeichnis.

Dazu verwenden wir die Funktionen opendir(), readdir() und chdir(). Die ersten beiden arbeiten mit *Verzeichnis-Handles*. Ähnlich wie Datei-Handles für den Zugriff auf Dateien sind Verzeichnis-Handles für den Zugriff auf Verzeichnisse zuständig.

Zugriff auf Verzeichnisse

Mit opendir() verknüpfen wir ein Verzeichnis-Handle mit einem Verzeichnis. In unserem Fall wird das Handle WORKDIR definiert und es wird ihm das Unterverzeichnis ./perl_6/ zugewiesen. Die Funktion readdir() erwartet ein Verzeichnis-Handle als Parameter und liefert die Namen aller Dateien in diesem Verzeichnis in einer Liste zurück. closedir() schließt das Verzeichnis-Handle.

```perl
my $workdir = "./perl_6/";
my $suchwort = $ARGV[0];
my $ersetzwort = $ARGV[1];

opendir(WORKDIR, $workdir);
my @dateien = readdir(WORKDIR);
closedir(WORKDIR);

chdir($workdir);

foreach my $dateiname (@dateien) {
    if (-f $dateiname) {
        my $dateiname2 = $dateiname . ".new";

        open(INFILE,"<$dateiname");
        open(OUTFILE,">$dateiname2");

        while (my $zeile = <INFILE>) {
            $zeile =~ s/$suchwort/$ersetzwort/g;
            print OUTFILE $zeile;
        }

        close(INFILE);
        close(OUTFILE);
    }
}
```

Um die Dateien unter diesem Namen ansprechen zu können, müssen wir mit der Funktion chdir() in das betreffende Verzeichnis wechseln.

Sonst würde das Betriebssystem im aktuellen Verzeichnis nach den Dateien suchen. Achtung: Als Parameter erwartet chdir() den Verzeichnisnamen und nicht das Handle!

Nun arbeiten wir mit foreach durch alle im Array @dateien gespeicherten Dateien. Da readdir() neben den Dateinamen auch die Namen der Unterverzeichnisse des betreffenden Verzeichnisses liefert, wird im ersten Schritt mit Hilfe des Dateitests -f (siehe Seite 176) getestet, ob es sich um eine Datei handelt. Nur dann wird sie über ein Datei-Handle geöffnet, gelesen und das betreffende Suchwort zeilenweise durch das neue Wort ersetzt. Danach wird die Zeile in eine neue Datei geschrieben.

6.1.5 Strukturierte Daten einlesen

In diesem Abschnitt beschäftigen wir uns mit dem Einlesen von CSV-Dateien. Dieses Thema haben wir auf Seite 97 bereits kurz behandelt. Hier der Inhalt der einzulesenden CSV-Datei:

```
ID;Nachname;Vorname;Strasse;PLZ;Ort;Land;
9;Degensee;Hermine;Lychener Str. 14;10437;Berlin;de;
10;Mosel;Margit;Peter-Jordan-Strasse 21;1190;Wien;at;
11;Bebenberg;Bernd;Traunsteiner Str. 82;24146;Kiel;de;
```

Die einzelnen Zeilen werden mit Hilfe der Funktion split() in ihre Bestandteile zerlegt. Die Namen der einzelnen Spalten werden in die Liste @spalten eingelesen. Beachten Sie, dass wir diese Liste zu Beginn des Skripts deklarieren. Dadurch ist die Variable im gesamten Programm gültig. Würden wir sie innerhalb des if-Blocks deklarieren, wäre @spalten im else-Block nicht gültig und damit nicht ansprechbar.

Verarbeiten von Daten mit Titelzeile Die Variable $istErsteZeile steuert die unterschiedlichen Abläufe beim Einlesen der ersten beziehungsweise aller weiteren Zeilen. Zu Beginn weisen wir $istErsteZeile den Wert 1 zu. In der Bedingung der if-Anweisung fragen wir ab, ob die Variable einen positiven Wert hat. Wenn ja, wird der if-Block ausgeführt, der die Spaltennamen einliest und zum Abschluss den Wert der Variablen $istErsteZeile auf 0 setzt. Dadurch ist gewährleistet, dass in allen anderen Durchläufen der else-Block ausgeführt wird.

```
my $dateiname = $ARGV[0];
my @spalten;
my $istErsteZeile = 1;

open(IN,"<$dateiname");
```

```
while (my $zeile = <IN>) {
    chomp($zeile);
    if ($istErsteZeile) {                    # erste Zeile
        @spalten = split(/;/, $zeile);
        $istErsteZeile = 0;
    }
    else {                                   # alle anderen Zeilen
        my @daten = split(/;/, $zeile);
        my $anzahl = @daten;
        for (my $i=0;$i<$anzahl;$i++) {
            print "$spalten[$i]: $daten[$i] \n";
        }
    }
}

close(IN);
```

Es gibt noch eine zweite Möglichkeit, die erste Zeile separat zu behandeln. Die Bearbeitung kann auch zwischen open() und der while-Schleife geschehen, wie im nächsten Beispiel gezeigt wird. Dann erübrigt sich zwar die zusätzliche Variable, allerdings sind die Befehle zum Lesen der Zeile und zum Abschneiden des Returnzeichens zweimal notwendig. Die Entscheidung für eine dieser Möglichkeiten ist Geschmackssache.

```
my $dateiname = $ARGV[0];
my @spalten;

open(IN,"<$dateiname");

my $erstezeile = <IN>;                       # erste Zeile
chomp($erstezeile);
@spalten = split(/;/, $erstezeile);

while (my $zeile = <IN>) {                    # alle anderen Zeilen
    chomp($zeile);
    my @daten = split(/;/, $zeile);
    my $anzahl = @daten;
    for (my $i=0;$i<$anzahl;$i++) {
        print "$spalten[$i]: $daten[$i] \n";
    }
}

close(IN);
```

In den Beispielen in diesem Abschnitt wurden die Daten in der Kommandozeile ausgegeben. In Abschnitt 6.2 werden wir uns unter anderem damit beschäftigen, diese Adressdaten in ein XML-Format zu konvertieren.

6.2 Perl und XML

Was ist XML? Die eXtensible Markup Language (XML) [4] ist ein Mittel zur Datenauszeichnung. Daten *auszuzeichnen* bedeutet, sie mit beschreibenden Metadaten zu versehen. So können wir zum Beispiel für eine bestimmte Zeichenkette festlegen, dass sie einen Nachnamen darstellt. Sowohl die Daten als auch die zugehörigen Metadaten werden in einer Datei (einem *XML-Dokument*) gespeichert. XML bietet damit eine standardisierte Methode zur Datenstrukturierung an. Wir konzentrieren uns in diesem Abschnitt auf einen wichtigen Anwendungsbereich: XML als Format zum Datenaustausch. Dafür werden wir einen Überblick über die gebotenen Möglichkeiten zur Verarbeitung von XML-Dokumenten mit Perl geben und dabei auf folgende Anwendungsfälle fokussieren:

❏ Erzeugen von XML-Dokumenten
❏ Einlesen und Bearbeiten von XML-Dokumenten

Falls Sie kein XML-Vorwissen besitzen, finden Sie unter [44] ein gutes Tutorial zu diesem Thema. Im folgenden Beispiel sind die in Abschnitt 6.1.5 verwendeten Adressdaten als XML-Dokument zu sehen:

```xml
<?xml version="1.0" encoding="iso-8859-1"?>
<adressen>
        <adresse>
                <ID>9</ID>
                <Nachname>Degensee</Nachname>
                <Vorname>Hermine</Vorname>
                <Strasse>Lychener Str. 14</Strasse>
                <PLZ>10437</PLZ>
                <Ort>Berlin</Ort>
                <Land>de</Land>
        </adresse>
        <adresse>
                <ID>10</ID>
                <Nachname>Mosel</Nachname>
                <Vorname>Margit</Vorname>
                <Strasse>Peter-Jordan-Strasse 21</Strasse>
                <PLZ>1190</PLZ>
                <Ort>Wien</Ort>
                <Land>at</Land>
        </adresse>
```

```
        <adresse>
                <ID>11</ID>
                <Nachname>Bebenberg</Nachname>
                <Vorname>Bernd</Vorname>
                <Strasse>Traunsteiner Str. 82</Strasse>
                <PLZ>24146</PLZ>
                <Ort>Kiel</Ort>
                <Land>de</Land>
        </adresse>
</adressen>
```

Erzeugt wurde dieses XML-Dokument mit dem folgenden Skript. Es stellt eine Erweiterung des in Abschnitt 6.1.5 vorgestellten Programms dar, in dem wir eine CSV-Datei eingelesen und die eingelesenen Daten in der Standardausgabe ausgegeben haben. Welche Erweiterungen wurden vorgenommen? Die Ausgabe wird in eine Datei statt auf die Standardausgabe geschrieben. Des Weiteren fügen wir jede Menge spitze Klammern für die XML-Tags und Tabulatoren für die Formatierung ein. Da XML ein Textformat ist, können die Daten ohne jede Unterstützung durch Perl-Module erzeugt werden:

```perl
my $dateiname = $ARGV[0];
my $dateiname2 = $ARGV[0] . ".xml";
my @spalten;
my $istErsteZeile = 1;

open(IN,"<$dateiname");
open(OUT,">$dateiname2");

print OUT "<?xml version=\"1.0\" encoding=\"iso-8859-1\"?>\n";
print OUT "<adressen>\n";
while (my $zeile = <IN>) {
    chomp($zeile);
    if ($istErsteZeile) {
        @spalten = split(/;/, $zeile);
        $istErsteZeile = 0;
    }
    else {
        my @daten = split(/;/, $zeile);
        my $anzahl = @daten;
        $anzahl--;
        print OUT "\t<adresse>\n";
        for (my $i=0;$i<$anzahl;$i++) {
          print OUT "\t\t<$spalten[$i]>$daten[$i]</$spalten[$i]>\n";
```

```
        }
        print OUT "\t</adresse>\n";
    }
}
print OUT "</adressen>\n";

close(IN);
close(OUT);
```

Wohlgeformte
XML-Dokumente

In der Praxis ist diese Methode allerdings nicht empfehlenswert. Warum? Weil wir uns in diesem Fall selbst darum kümmern müssen, ein *wohlgeformtes* XML-Dokument zu erzeugen. Ein Dokument ist wohlgeformt, wenn alle von XML geforderten Syntaxregeln eingehalten werden. Eine vollständige Beschreibung der XML-Syntax finden Sie unter [4]. Wir beschränken uns hier auf eine Auflistung der wichtigsten Grundlagen:

❑ XML-Dokumente sind hierarchisch. Sie sind aus baumartig ineinander verschachtelten Elementen aufgebaut. Es existiert immer genau ein Wurzelelement. In unserem Fall ist dies das Element adressen.

❑ Jedes Element besteht aus einem öffnenden Start-Tag und einem schließenden End-Tag. Dazwischen befindet sich der Inhalt des Elements. Die Namen von Start- und End-Tag müssen übereinstimmen:
<adresse> ... </adresse>
Achtung: Groß- und Kleinschreibung wird unterschieden!

❑ Elemente können Attribute (Eigenschaften) besitzen. Diese werden als Name-Wert-Paar im Start-Tag angeführt. Die Werte von Attributen stehen zwischen einfachen oder doppelten Anführungszeichen:
<adresse id="23"> ... </adresse>

❑ Kommentare werden mit <!-- eingeleitet und mit --> abgeschlossen:
<!-- Das ist ein Kommentar -->

❑ Tabelle 6.1 listet die Sonderzeichen auf, die innerhalb von XML-Dokumenten eine spezielle Bedeutung haben und daher maskiert werden müssen, wenn sie im Inhalt eines Elements vorkommen:
<firma>Haas & Haas</firma>
Die einfachen und doppelten Anführungszeichen müssen nur dann maskiert werden, wenn sie innerhalb eines Attributwertes vorkommen.

Tabelle 6.1
*Sonderzeichen
(Vordefinierte
XML-Entities)*

Zeichen	vordef. Entity
&	&
<	<
>	>
"	"
'	'

In der ersten Zeile eines XML-Dokuments kann (und sollte!) eine XML-Deklaration zu finden sein:

*Kopfzeile:
XML-Deklaration*

```
<?xml version="1.0" encoding="UTF-8" standalone="yes" ?>
```

Die Version des Dokuments muss in jedem Fall angegeben werden. Derzeit ist die Version 1.0 aktuell. Unter dem optionalen Parameter encoding wird der von der XML-Datei verwendete Zeichensatz angegeben. Ein Zeichensatz ist ein Standard, der jedem Zeichen eine eindeutige Nummer zuordnet. In Abschnitt 2.1.3 haben wir über den ASCII-Zeichensatz und den Zeichensatz iso-8859-1 gesprochen. Das Kürzel UTF-8 steht für den Unicode-Zeichensatz, der für XML-Dokumente sehr gebräuchlich ist. Der dritte optionale Parameter standalone gibt an, in welcher Weise das Dokument mit einer *Document Type Definition* (DTD) verknüpft ist. Eine DTD legt fest, welche Elemente und Attribute in einem XML-Dokument auftreten dürfen. Mehr zu DTDs finden Sie unter [8].

Zeichensätze

Geeignete Perl-Module erleichtern die Erzeugung wohlgeformter Dokumente. Zum Schreiben von XML-Daten empfehlen wir das speziell für diesen Anwendungszweck geschaffene Modul XML::Writer, mit dem wir uns im nächsten Abschnitt beschäftigen werden. Eine Installationsanleitung für Perl-Module finden Sie in Abschnitt 5.2.1.

6.2.1 XML::Writer

XML::Writer bietet Unterstützung beim Erstellen von XML-Dokumenten und Überprüfungsmechanismen auf Wohlgeformtheit. Im nächsten Beispiel lassen wir uns von XML::Writer bei der Erzeugung eines XML-Dokuments unterstützen. Wie gehabt wird eine CSV-Datei eingelesen. Anschließend erzeugen wir XML aus diesen Daten:

```perl
use XML::Writer;
use IO::File;
my $dateiname = $ARGV[0];
my $dateiname2 = $ARGV[0] . ".xml";
my @spalten;
my $istErsteZeile = 1;

open(IN,"<$dateiname");
my $output = IO::File->new(">$dateiname2");
my $writer = XML::Writer->new(OUTPUT => $output, DATA_MODE => 1,
                             DATA_INDENT => 3);

$writer->xmlDecl("iso-8859-1");
$writer->startTag("adressen");
while (my $zeile = <IN>) {
    chomp($zeile);
    if ($istErsteZeile) {
        @spalten = split(/;/, $zeile);
        $istErsteZeile = 0;
    }
    else {
        my @daten = split(/;/, $zeile);
        my $anzahl = @daten;
        $anzahl--;
        $writer->startTag("adresse","ID" => $daten[0]);
        for (my $i=1;$i<$anzahl;$i++) {
            $writer->dataElement($spalten[$i],$daten[$i]);
        }
        $writer->endTag();
    }
}
$writer->endTag();
$writer->end();

close(IN);
$output->close();
```

XML::Writer stellt objektorientierte Schnittstellen (siehe Abschnitt 5.3) zur Verfügung und erwartet ein Objekt der Klasse IO::File zum Schreiben auf Dateien. IO::File bietet objektorientierte Methoden zum Zugriff auf Datei-Handles und wird daher gern in objektorientiert implementierten Programmen verwendet, anstatt direkt auf Datei-Handles zuzugreifen (wie wir es in Abschnitt 2.2 getan haben).

Der Konstruktor new() der Klasse IO::File erwartet einen Dateinamen als Parameter und gibt eine Objektreferenz $output zurück. Der

Konstruktor new() von XML::Writer erwartet eine Reihe optionaler Parameter, die als Hash übergeben werden. Unter dem Schlüssel OUTPUT übergeben wir die Referenz auf das IO::File-Objekt. Wenn wir das nicht getan hätten, würde die Ausgabe auf die Kommandozeile statt in eine Datei geschrieben. DATA_MODE setzen wir auf 1. Damit wird nach jedem Element ein Zeilenumbruch eingefügt. Auch DATA_INDENT ist für Formatierungsaufgaben zuständig: Hier wird die Tabulatorbreite für die Einrückungen der Elemente festgelegt. new() liefert eine Objektreferenz zurück, die wir in $writer speichern. Eine Übersicht über alle möglichen Parameter für new() finden Sie in der Dokumentation (perldoc XML::Writer).

XML::Writer stellt eine Reihe von Methoden zur Verfügung. Zuerst rufen wir die Methode xmlDecl() auf, um die XML-Deklaration einzufügen und den verwendeten Zeichensatz anzugeben. Bitte beachten Sie, dass die hier gemachte Angabe mit dem auf Ihrem System verwendeten Zeichensatz übereinstimmen muss! Der Standardzeichensatz für Windows-Systeme trägt den Namen windows-1252. Für Linux-Systeme wird im deutschsprachigen Raum in den meisten Fällen iso-8859-1 (siehe Abschnitt 2.1.3) beziehungsweise – wenn das Eurozeichen € benötigt wird – der um dieses Zeichen erweiterte Zeichensatz iso-8859-15 verwendet.

Verwendung von Zeichensätzen

Mit der Methode startTag() wird ein Element geöffnet, wobei der Name des Elements als Parameter übergeben wird. Zum Schließen von Elementen dient endTag(). Hier muss kein Parameter angegeben werden: Das zuletzt geöffnete Element, das noch nicht wieder geschlossen wurde, wird automatisch ermittelt und geschlossen. Die Methode dataElement() ist praktisch, um ein Element einzufügen, das keine Kindelemente besitzt. Sie erwartet den Namen und den Inhalt des Elements als Parameter und fügt Start- und End-Tag sowie den Inhalt des Elements ein. Die Methode startTag() bietet Unterstützung beim Erstellen von XML-Attributen. Die Name-Wert-Paare für die Attribute werden hinter dem Namen des Elements als Hashelemente angegeben. Um diese Verwendung zu veranschaulichen, schreiben wir damit die IDs der einzelnen Datensätze, die im letzten Beispiel als XML-Elemente geschrieben wurden, nun als XML-Attribute.

Der Aufruf der Methode end() überprüft, ob alle Elemente korrekt geöffnet und geschlossen wurden. Gleichzeitig wird überprüft, ob exakt ein Wurzelelement existiert. XML::Writer kümmert sich selbstständig um die korrekte Darstellung der Sonderzeichen (siehe Tabelle 6.1). Zuletzt schließen wir das Datei-Handle IN und rufen die Methode close() der Klasse IO::File auf, um die über die Objektreferenz $output angesprochene Ausgabedatei zu schließen. Damit haben wir folgende Datei erzeugt:

```
<?xml version="1.0" encoding="iso-8859-1"?>

<adressen>
    <adresse ID="9">
        <Nachname>Degensee</Nachname>
        <Vorname>Hermine</Vorname>
        <Strasse>Lychener Str. 14</Strasse>
        <PLZ>10437</PLZ>
        <Ort>Berlin</Ort>
        <Land>de</Land>
    </adresse>
    <adresse ID="10">
        <Nachname>Mosel</Nachname>
        <Vorname>Margit</Vorname>
        <Strasse>Peter-Jordan-Strasse 21</Strasse>
        <PLZ>1190</PLZ>
        <Ort>Wien</Ort>
        <Land>at</Land>
    </adresse>
    <adresse ID="11">
        <Nachname>Bebenberg</Nachname>
        <Vorname>Bernd</Vorname>
        <Strasse>Traunsteiner Str. 82</Strasse>
        <PLZ>24146</PLZ>
        <Ort>Kiel</Ort>
        <Land>de</Land>
    </adresse>
</adressen>
```

Eine komplette Auflistung aller von XML:Writer gebotenen Methoden finden Sie in der Dokumentation. Im nächsten Abschnitt beschäftigen wir uns damit, XML-Dokumente einzulesen.

6.2.2 XML::Simple

XMLin()

Der vielsagende Name XML::Simple hält, was er verspricht: Dieses Modul ist das am einfachsten zu verwendende Perl-Modul, um XML-Dokumente einzulesen. XML::Simple exportiert eine Funktion namens XMLin(), die als Parameter einen Dateinamen erwartet. Wir brauchen genau zwei Zeilen Code, um ein Dokument einzulesen:

```
use XML::Simple;

my $data = XMLin($ARGV[0]);
```

Der Name der XML-Datei steht in `$ARGV[0]`, wird also als Parameter beim Ausführen des Skripts übergeben (siehe Seite 73). Falls die Ausführung dieses Beispiels einen Fehler ergibt, liegt das mit großer Wahrscheinlichkeit daran, dass das Modul `XML::Simple` nicht installiert ist. Eine Anleitung zur Installation von Perl-Modulen finden Sie in Abschnitt 5.2.1.

Wie wird auf die eingelesenen Daten zugegriffen? `XMLin()` baut eine mehrdimensionale Datenstruktur auf und liefert eine Referenz darauf zurück, die in der Skalarvariablen `$data` gespeichert wird. Referenzen als Grundlagen mehrdimensionaler Datenstrukturen wurden in Abschnitt 5.1 behandelt. Um einen Überblick über diese Struktur zu erhalten, verwenden wir das Modul `Data::Dumper`. Es stellt eine Methode `Dumper()` zur Verfügung, die eine Referenz als Parameter erwartet und die komplette Datenstruktur als Zeichenkette zurückliefert:

Data::Dumper

```
use XML::Simple;
use Data::Dumper;

my $data = XMLin($ARGV[0]);
print Dumper($data);
```

Für die Beispieldatei sieht die von `XML::Simple` erzeugte Datenstruktur folgendermaßen aus:

```
$VAR1 = {
          'adresse' => [
                        {
                          'ID' => '9',
                          'Land' => 'de',
                          'Ort' => 'Berlin',
                          'PLZ' => '10437',
                          'Strasse' => 'Lychener Str. 14',
                          'Vorname' => 'Hermine',
                          'Nachname' => 'Degensee'
                        },
                        {
                          'ID' => '10',
                          'Land' => 'at',
                          'Ort' => 'Wien',
                          'PLZ' => '1190',
                          'Strasse' => 'Peter-Jordan-Strasse 21',
                          'Vorname' => 'Margit',
                          'Nachname' => 'Mosel'
                        },
```

```
                                {
                                  'ID' => '11',
                                  'Land' => 'de',
                                  'Ort' => 'Kiel',
                                  'PLZ' => '24146',
                                  'Strasse' => 'Traunsteiner Str. 82',
                                  'Vorname' => 'Bernd',
                                  'Nachname' => 'Bebenberg'
                                }
                              ]
                };
```

Abbildung 6.1
Schematische
Darstellung der
Datenstruktur

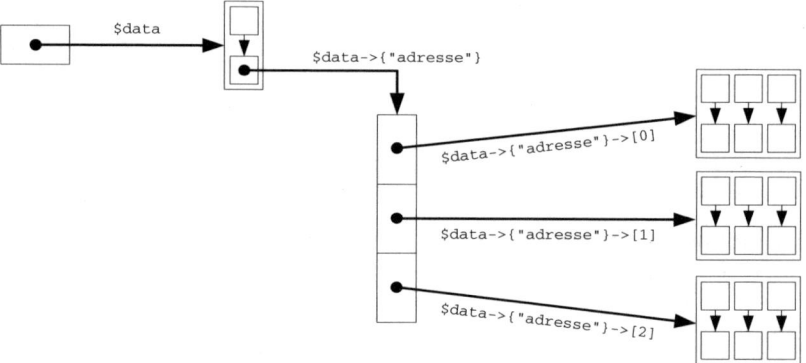

Wir erhalten also eine Referenz auf einen Hash. Dieser Hash besteht aus genau einem Hashelement mit dem Schlüssel adresse. Der unter diesem Schlüssel gespeicherte Wert ist eine Referenz auf eine Liste. Jedes Element der Liste ist eine Referenz auf einen Hash, in dem die Adressdaten als Schlüssel-Wert-Paare gespeichert sind. Abbildung 6.1 zeigt eine schematische Darstellung der Datenstruktur. Um einzelne Datenwerte wie zum Beispiel den Vornamen der zweiten Person anzusprechen, greifen wir über mehrere Referenzen auf diese Hashes zu. Das funktioniert sowohl lesend als auch schreibend:

```
use XML::Simple;
my $data = XMLin($ARGV[0]);

print $data->{"adresse"}->[1]->{"Vorname"};
$data->{"adresse"}->[1]->{"Vorname"} = "Birgit";
```

Analog können auch alle anderen Datenwerte einzeln ausgelesen werden. Etwas schwieriger ist es, auf eine Folge von Datenwerten zuzugreifen. Wie finden wir heraus, wie viele Adressen insgesamt vorhanden sind? Indem wir die Anzahl der Listenelemente zählen. Dazu muss die Liste dereferenziert werden (siehe Seite 131). Im Anschluss wird die Liste im skalaren Kontext verwendet, um ihre Länge herauszufinden (siehe Seite 61):

Zugriff auf eine komplexe Datenstruktur

```
use XML::Simple;
my $data = XMLin($ARGV[0]);

my @LiMitHashRefs = @{$data->{"adresse"}};      # Dereferenz
my $size = @LiMitHashRefs;                       # Laenge =
print "Anzahl der Adressen: " . $size . "\n\n"; # Adressenanzahl
```

Die Listenelemente sind zwar Hashreferenzen, ihre Anzahl ist natürlich trotzdem die gleiche wie die Anzahl der Adressen. Um auf alle Datenfelder einer einzelnen Adresse zuzugreifen, müssen wir einen Schritt weitergehen und die Hashreferenz ebenfalls auflösen. Im nächsten Beispiel greifen wir mit dem Index [0] auf das erste Element der Liste zu und dereferenzieren die dort gespeicherte Hashreferenz. Danach können die Schlüssel und Werte dieses Hashes auf die übliche Weise ausgegeben werden (siehe Seite 82):

```
use XML::Simple;
my $data = XMLin($ARGV[0]);

my %Adr1 = %{@{$data->{"adresse"}}[0]}; # Das erste Element der
print "Die erste Adresse:\n";           # dereferenzierten Liste
foreach my $k (keys(%Adr1)) {           # @{$data->{"adresse"}}[0]
    print $k . ": " . $Adr1{$k} . "\n"; # ist eine Hashreferenz
}
```

Um nicht nur die Werte einer Adresse, sondern einzelne Werte *jeder* Adresse zu erhalten, muss die komplette Liste aller Hashreferenzen abgearbeitet werden. Dazu verwenden wir foreach und können damit jede einzelne Referenz über $href ansprechen. In diesem Beispiel werden alle Nachnamen ausgegeben:

```
use XML::Simple;
my $data = XMLin($ARGV[0]);
```

```
print "Liste aller vorhandenen Nachnamen:\n";
foreach my $href (@{$data->{"adresse"}}) {
    print $href->{"Nachname"} . "\n";
}
```

XMLout()   Zum Schreiben von XML-Dokumenten exportiert XML::Simple eine
Funktion namens XMLout(). Verwendet wird diese Funktion, um eine
mit XMLin() eingelesene Datenstruktur und alle in ihr vorgenommenen
Änderungen auf die Festplatte zu schreiben. XMLout() erwartet die Referenz auf die Datenstruktur als ersten Parameter. Anschließend sind eine
Reihe von Optionen möglich. Diese werden als Hashelemente übergeben und beeinflussen die Struktur des erzeugten Dokuments.

```
use XML::Simple;
my $dateiname2 = $ARGV[0] . ".new2";

my $data = XMLin($ARGV[0], KeepRoot => 1);

foreach my $href (@{$data->{"adressen"}->{"adresse"}}) {
    $href->{"istKundIn"} = "1";
}

XMLout($data, OutputFile => $dateiname2,
              NoAttr => 1,
              KeepRoot => 1);
```

In diesem Beispiel haben wir ein Dokument mit XMLin() eingelesen und
dabei die Option KeepRoot als Parameter übergeben. Diese Option bewirkt, dass das Wurzelelement des Dokuments beibehalten wird. (In
den bisherigen Beispielen wurde es verworfen, um die Datenstruktur
einfacher zu gestalten.) Danach fügen wir zu jeder Adresse das Element
istKundIn hinzu, das immer den Wert 1 hat. Beachten Sie, dass beim
Zugriff auf die Datenstruktur nun auch das Wurzelelement berücksichtigt wird. Es gibt noch eine Reihe weiterer Optionen für XMLin(),
mit denen bestimmt werden kann, wie die aufzubauende Datenstruktur
aussehen sollte. Mehr Information erhalten Sie wie immer mit perldoc
XML::Simple in der Kommandozeile.

Anschließend verwenden wir XMLout() mit folgenden Parametern:
Unter OutputFile geben wir den Namen der zu schreibenden Datei an.
Ohne diesen Parameter werden die Daten als Rückgabewert von XM-
Lout() zurückgeliefert. Die Option NoAttr wird mit 1 eingeschaltet und
legt fest, dass das Dokument keine Attribute enthalten soll. Das ist notwendig, da Elemente ohne Kindelemente sonst als Attribute geschrieben werden. Achtung: Ohne zusätzliche Optionen bestimmt XMLout()

selbstständig, wie die Struktur des neuen Dokuments aussehen soll. Wir können also nicht davon ausgehen, dass sie der ursprünglichen Struktur entspricht! Zuletzt geben wir die Option KeepRoot an, um das Wurzelelement auch im neuen Dokument zu erhalten.

Das Modul XML::Simple wurde ursprünglich zur Bearbeitung von einfachen Konfigurationsdateien in XML-Formaten konzipiert, kann aber auch mit umfangreicheren XML-Dokumenten umgehen. In unseren Tests wurde ein zehn Megabyte großes Dokument auf einem Standardrechner in angemessener Geschwindigkeit verarbeitet. Eine Einschränkung gibt es allerdings: Das Modul XML::Simple kann nicht mit XML-Elementen umgehen, die gemischten Inhalt (*Mixed Content*), also sowohl Text als auch weitere Elemente, enthalten:

Leistungsfähigkeit vom XML::Simple

```
<Termin>
  Wir treffen uns jeden
  <Wochentag>Montag</Wochentag>
  um
  <Uhrzeit>5</Uhrzeit>
</Termin>
```

Für das Einlesen der XML-Dokumente greift XML::Simple auf die Fähigkeiten anderer Module zurück. Dazu verwendet es entweder das Modul XML::Parser oder das Modul XML::SAX. Eines dieser Module muss also in jedem Fall installiert sein. Wenn beide installiert sind, wird XML::SAX verwendet. Was ist der Unterschied zwischen diesen beiden Modulen und XML::Simple?

Parser

XML::Simple arbeitet nach der gleichen Methode wie die so genannten DOM-Parser. Solche Programme *parsen* (verarbeiten) XML-Dokumente und bauen daraus eine hierarchische Datenstruktur auf, die im Hauptspeicher gehalten wird. Das funktioniert gut, solange der Hauptspeicher groß genug ist, um den Parsercode selbst und das Dokument gleichzeitig speichern zu können. Wenn die Datei aber größer ist, dann ist diese Methode sehr langsam und daher nicht geeignet.

SAX und DOM: Vorteile & Einsatzmöglichkeiten

In solchen Fällen werden stattdessen Parser verwendet, die mit *Events* (Ereignissen) arbeiten. Diese Parser lesen ein Dokument vom Beginn bis zum Ende und rufen passende Funktionen auf, sobald ein Ereignis eingetreten ist. Dadurch wird vermieden, das komplette Dokument im Hauptspeicher halten zu müssen. Sowohl XML::SAX als auch XML::Parser arbeiten nach diesem Schema. In der folgenden Aufzählung finden Sie Beispiele für Ereignisse und die Namen der dazugehörigen Funktion im Perl-Modul XML::SAX:

- ❏ Ein Element wurde geöffnet: `start_element()`
- ❏ Ein Element wurde geschlossen: `end_element()`
- ❏ Zeichen wurden gelesen: `characters()`

Der Parser liefert die Fähigkeit zum Lesen des Dokuments und zum Aufrufen der richtigen Funktionen. Die Funktionen an sich sind allerdings – je nach gewünschtem Bearbeitungsvorgang – unterschiedlich und müssen daher von den AnwenderInnen des Moduls selbst implementiert werden. Innerhalb der Funktionen stellt der Parser die jeweils aktuellen Daten (wie Name des Elements, Name und Werte der Attribute oder gelesene Zeichen) als Variablenwerte zur Verfügung. Falls `XML::Simple` für eine Problemstellung nicht ausreichend schnell arbeiten sollte, empfehlen wir die Verwendung von `XML::SAX`. Sobald Sie dieses Modul installiert haben, können Sie mit `perldoc XML::SAX::Intro` einführende Informationen und ein Codebeispiel aufrufen.

6.3 Zusammenfassung

In diesem Kapitel haben wir uns mit Textbearbeitung unter Perl beschäftigt. In Abschnitt 6.1 haben wir Textdateien in verschiedenen Formaten bearbeitet. Die dort präsentierten Beispiele stellen eine repräsentative Übersicht über mögliche Problemstellungen dar. Die ersten vier der folgenden Übungsaufgaben helfen Ihnen dabei, Textverarbeitungsprofi mit Perl zu werden. In Abschnitt 6.2 haben wir die Verarbeitung von XML-Dokumenten mit Perl behandelt, wobei wir uns hauptsächlich mit dem Einlesen und dem Erzeugen von XML-Dokumenten auseinander gesetzt haben. Nicht behandelt wird der Umgang mit fortgeschrittenen XML-Standards, DTDs, XML-Schema, XML-Namensräumen (Namespaces) und XSLT. Weiterführende Informationen zu Perl und XML finden Sie in der Perl-XML-FAQ [30].

6.4 Übungsaufgaben

Das in diesen Übungen verwendete Beispieldokument finden Sie hier:
http://www.w3.org/TR/xquery-use-cases/#xmp-data

1. Erweitern Sie den Code zum Zählen der Worthäufigkeiten. Nicht nur eine Datei, sondern die Dateien eines Verzeichnisses sollen zum Erstellen der Worthäufigkeitsstatistik verwendet werden.

2. Gegeben sind zwei Textdateien. Schreiben Sie ein Programm, das eine Liste über die in beiden Dateien vorkommenden Wörter erstellt. Die Namen der Textdateien sollen als Parameter beim Programmstart übergeben werden.

3. Gegeben ist ein Verzeichnis mit Textdateien. In allen diesen Dateien sollen folgende Ersetzungen vorgenommen werden:

   ❏ ä wird zu ae

   ❏ ü wird zu ue

   ❏ ö wird zu oe

   ❏ ß wird zu ss

4. Kopieren Sie das unter der oben angegebenen URL befindliche XML-Dokument und speichern Sie es in eine Datei. Verwenden Sie XML::Simple, um dieses Dokument einzulesen.

5. Geben Sie die Anzahl der Bücher sowie deren Gesamtpreis auf STDOUT aus.

6. Entfernen Sie alle Tags mit dem Namen publisher.

7. Verwenden Sie XML::Simple, um das veränderte Dokument in eine Datei zu schreiben. Experimentieren Sie mit den Optionen für XMLout() und finden Sie heraus, welche Veränderungen in der Struktur des XML-Dokuments Sie damit erreichen können.

8. Verwenden Sie XML::Writer, um das veränderte Dokument in eine Datei zu schreiben.

7 Systemnahes: Verwendung und Administration

7.1 Worum geht's?

In diesem Kapitel befassen wir uns nochmals mit der *Systemumgebung*, die Perl-Programme umschließt. Wir haben diesen Begriff bereits in Kapitel 2 kennen gelernt. Hier beschäftigen wir uns damit, wie wir auf Betriebssystem-Mittel zugreifen können und wie man die Verwaltung eines Betriebssystems mit Perl-Programmen effizienter durchführen kann.

Abbildung 7.1 zeigt die einzelnen Aspekte, die wir behandeln werden. Wir werden uns ansehen, wie Perl-Programme auf Systemressourcen zugreifen können (Prozessinformation, Benutzerinformation et cetera), wie man mit dem Dateisystem arbeitet und mit gleichzeitig ablaufenden Programmen kommunizieren kann. Darüber hinaus werden wir uns ansehen, wie man das Betriebssystem verwalten und aktuelle Informationen sowie Fehlermeldungen zu Berichten zusammenfassen kann. Durch die Verwendung von Perl-Programmen lassen sich Aufgaben der Systemadministration ohne großen Aufwand lösen.

Überblick

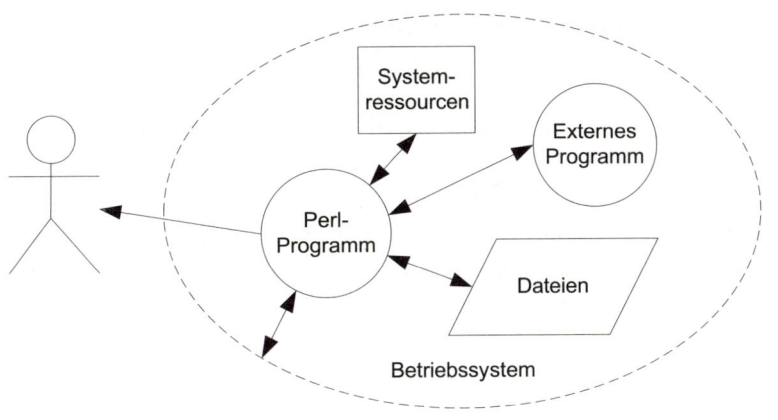

Abbildung 7.1
Das Perl-Programm und seine Systemumgebung

Im folgenden Abschnitt 7.2 zeigen wir, wie man mit Mitteln des Betriebssystems arbeiten kann (Prozesse, Dateien et cetera). Abschnitt 7.3 beschäftigt sich mit Systemadministration: In Abschnitt 7.3.1 benutzen wir Perl-Programme für eine tägliche Datensicherung und in Abschnitt 7.3.2 zeigen wir, wie Perl zur Überwachung von Computern eingesetzt werden kann (Monitoring, Logging). Schließlich skizzieren wir in Abschnitt 7.4, wie mit Perl externe Anwendungen gesteuert werden können.

Vorwissen   *Achtung! Die in diesem Abschnitt behandelten Themen sind überwiegend für SystemadministratorInnen gedacht und zum Teil sehr komplex.* Teilweise ist zum Verständnis Hintergrundwissen nötig. Wir geben an geeigneten Stellen Verweise auf hilfreiche Quellen. Folgen Sie diesen Verweisen, um sich fehlendes Wissen zur Systemadministration und -verwendung anzueignen. Lassen Sie sich nicht entmutigen und arbeiten Sie dieses Kapitel erst durch, wenn Sie sich im Umgang mit Perl einigermaßen sicher fühlen.

Anmerkung: Manche in diesem Abschnitt eingesetzten CPAN-Module benutzen objektorientierte Programmierung. Die verwendeten Referenzen und Zugriffsmethoden wurden in Kapitel 5 besprochen.

7.2   Arbeiten mit dem System

7.2.1   Einleitung

Unter »System« verstehen wir im Folgenden nicht die gesamte Laufzeitumgebung, sondern nur jene Teile, die von Perl unabhängig sind, das heißt, vom Betriebssystem zur Verfügung gestellt werden. Während der nächste Abschnitt sich mit der Administration von Betriebssystemen

Motivation   beschäftigt, sehen wir uns in diesem an, welche Mittel das Betriebssystem zur Programmierung zur Verfügung stellt und wie man sich diese nutzbar machen kann. So lassen sich einige Funktionen etwa nutzen, um Programme durch Parallelisierung zu beschleunigen.

Was ist ein   Betriebssysteme dienen dazu, die Verwendung eines Computers
Betriebssystem?   (und aller angeschlossenen Geräte) mehreren BenutzerInnen gleichzeitig zu ermöglichen, die mehrere Programme zur gleichen Zeit ausführen können. Jedes im System aktive Programm wird *Prozess* genannt. Da auf einem Rechner mit nur einer Recheneinheit (»Prozessor'«) immer nur ein Prozess aktiv sein kann, muss das Betriebssystem dazu in der Lage sein, Prozesse ineinander verschachtelt parallel auszuführen. Diese Funktion nennt man »Scheduling«. Abbildung 7.2 zeigt ein Beispiel.

Neben Prozessen verwaltet das Betriebssystem einen Baum von Verzeichnissen (Ordnern) und Dateien, die üblicherweise auf physischen

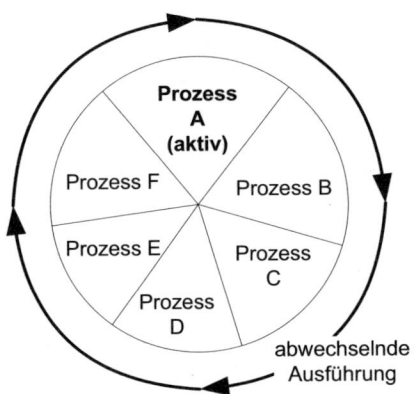

Abbildung 7.2
Abwechselnde
Ausführung von
Prozessen

Datenträgern (Festplatten et cetera) abgelegt werden. »Verwalten« heißt unter anderem, Erzeugung, Löschung und parallelen Zugriff zu ermöglichen.

Prozessverwaltung (nächster Abschnitt) und Dateiverwaltung (Abschnitte 7.2.3 und 7.2.4) sind nur zwei Aufgaben von Betriebssystemen, aus denen sich eine Reihe von Funktionen ergeben. Eine vollständige und übersichtliche Einführung in Betriebssysteme, ihre Funktionsweisen und Aufgaben finden Sie in [43].

7.2.2 Steuerung von Prozessen

Perl bietet eine Reihe von Funktionen zum Starten, Prüfen und Beenden von Prozessen an. Da diese Funktionen auf vom Betriebssystem angebotenen Funktionen beruhen, nennen wir sie auch *Systemfunktionen*. Abbildung 7.3 zeigt einen Überblick über die wichtigsten Systemfunktionen zum Verwalten von Prozessen.

Systemfunktionen

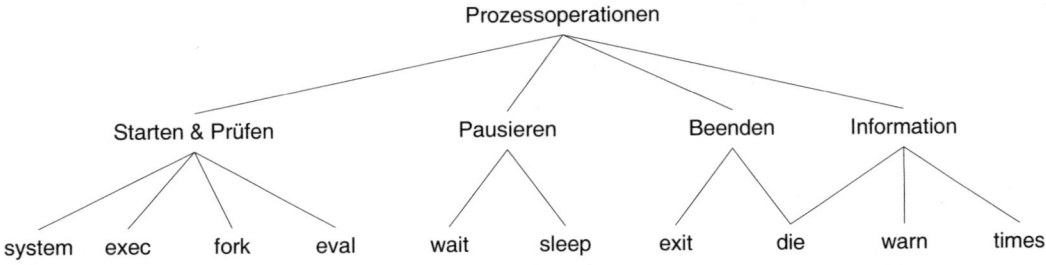

Abbildung 7.3
Prozessverwaltung in
Perl

Sehen wir uns zunächst ein paar Beispiele zum Starten von Prozessen an. Im folgenden Programm sollen die Funktionen funktionA() und funktionB() beide das aktuelle Datum abfragen.

```
&funktionA;
&funktionB;

sub funktionA {
    system("date");
}

sub funktionB {
    exec("date");
}
```

Programme ausführen   Allerdings unterscheiden sich die Bedeutungen von system() und exec() erheblich. system() erzeugt einen Prozess mit der angegebenen Zeichenkette, wartet auf sein Ende und gibt seine Standardausgabe zurück. exec() führt nicht einfach ein Programm aus, sondern gibt die Kontrolle *vollständig* an dieses Programm ab. Das heißt, es wird nicht mehr zum aufrufenden Perl-Programm zurückgekehrt. In der angegebenen Reihenfolge ausgeführt, wird daher zweimal hintereinander das aktuelle Datum ausgegeben. Umgedreht (funktionB() vor funktionA()) wird das Datum nur einmal ausgegeben. system() wird nicht mehr ausgeführt.

exec() wird zumeist zusammen mit fork() verwendet. Im folgenden Programm werden mittels fork() (»gabeln«) aus einem Prozess zwei gemacht.

```
my $pid = fork;
if (!$pid) {
    sleep(1);
    print "Sohn: ", `date`;
} else {
    sleep(5);
    print "Mutter: ", `date`;
}
```

Einen neuen Prozess   Abbildung 7.4 zeigt, was passiert. fork() dupliziert das ausführende
erzeugen   Programm im Betriebssystem und setzt *beide* mit der nächsten Anweisung fort. Der neue Prozess (*Kindprozess*) erhält eine neue Prozessnummer (*Process ID*, PID), die von fork() an den schon vorher vorhandenen Prozess zurückgegeben wird. Der neue Prozess erhält 0 als Rückgabe. (*Warum? Weil sich der Kindprozess jederzeit selbst über seine PID*

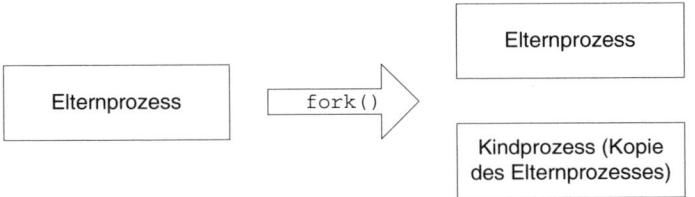

Abbildung 7.4
Duplizieren von
Prozessen

informieren kann: Sie steht in der Variablen $$). Nach dem Duplizieren des Prozesses kann man zum Beispiel exec() benutzen, um im Kindprozess ein neues Programm zu starten.

fork() und exec() verwendet man zum Beispiel, um kritische (unsichere) Teile eines Algorithmus auszulagern oder um einen parallelisierbaren Algorithmus auf mehrere Prozessoren zu verteilen. Daraus entsteht oft (aber nicht immer) ein Performance-Gewinn. In Abschnitt 7.2.3 werden wir fork() und wait() benutzen, um das Durchsuchen von Datenspeichern zu beschleunigen.

Die Funktion sleep() wartet die angegebene Zahl von Sekunden. *Schlafen*
Dabei wird die Recheneinheit des ausführenden Computers freigegeben, so dass alle Systemressourcen zur Ausführung anderer Prozesse zur Verfügung stehen. Möchte man auf das Ende eines Kindprozesses warten, geht man folgendermaßen vor:

```
my $pid = fork;
if (!$pid) {
    sleep(1);
    print "Kind: ", 'date';
    exit();
} else {
    wait;
    print "Mutter: ", 'date';
}
```

Abbildung 7.5 illustriert den zeitlichen Ablauf dieses Beispiels. wait() wartet auf das Ende des erzeugten Kindprozesses und setzt dann die Ausführung fort. Auf diese Art kann etwa in einem parallelisierten Programm das Ende der einzelnen Teilprogramme abgewartet werden. Im nächsten Abschnitt werden wir fork() und wait() benutzen, um parallelisiert (man sagt auch, in mehreren *Threads* (»Programmfäden«)) zu suchen.

Beim Ausführen kritischer Anweisungsfolgen ist es oft nützlich fest- *Programmteile vor der*
zustellen, ob sie überhaupt ausführbar sind (oder zu Laufzeitfehlern *Ausführung überprüfen*
führen). Dazu kann eval() verwendet werden:

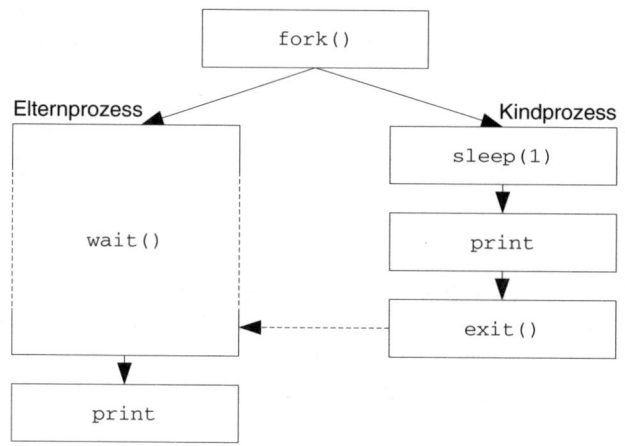

Abbildung 7.5
Ablauf des Beispiels

```
my $x;
my $erg = eval {$x=-1; $x**=0.5; };   # $erg=="nan"
$erg = eval {$x=1; $x**=0.5; };     # $erg=="0"
```

eval() führt die Anweisungsfolge im Block aus und gibt nan zurück, wenn sie zu einem Laufzeitfehler führt ($\sqrt{-1}$ im Beispiel ist in Perl nicht berechenbar). Sonst wird der Rückgabewert der letzten Anweisung im Block zurückgegeben. *Achtung!* eval() bezieht sich nur auf Laufzeitfehler. Syntaxfehler führen nach wie vor zum Programmabbruch.

Prozesse beenden   Zum Beenden von Prozessen können die() und exit() benutzt werden. Wir empfehlen die Verwendung von exit(), da die() zwei Funktionen beinhaltet (Fehlermeldung ausgeben und Programm beenden). Solche komplexen Anweisungen stören in der Regel die Struktur eines Programms. Verwenden Sie daher statt die() den folgenden Block:

```
if (<fehlerbedingung>) {
  warn "<fehlermeldung>";
  exit(<fehlercode>);
}
```

Diese Form ist bei weitem übersichtlicher als <fehlerbedingung> || die "<fehlermeldung>". (Allerdings ist die andererseits – aufgrund der einfachen Anwendung – der De-facto-Standard für einfache Skripts.) warn() gibt eine Fehlermeldung auf die Standardfehlerausgabe (STDERR, siehe Abschnitt 2.2.3) aus.

Systemzeit lesen   Als letzte Systemfunktion möchten wir times() vorstellen. Diese Funktion gibt die Prozessorzeit (in Sekunden) zurück, die ein Prozess und seine Kinder bisher verbraucht haben (das ist die Ausführungzeit minus alle `sleep()`-Phasen):

```
($benZeit, $sysZeit, $benKinderZeit, $sysKinderZeit) = times;
```

`$benZeit` und `$benKinderZeit` geben den Benutzeranteil an (alle »eigenen« Teile des Programms); die beiden anderen Werte geben den Systemteil an (alle Systemaufrufe, zum Beispiel `system()`). *Anmerkung zur Verwendbarkeit dieser Systemfunktionen unter Windows: Obwohl sie (wie Perl selbst) für Unix-artige Betriebssysteme entwickelt wurden, sind alle diese Funktionen auch unter Windows-artigen Betriebssystemen verwendbar. Die Perl-Laufzeitumgebung sorgt dafür, dass die einzelnen Funktionen passend umgesetzt werden.*

Zum Abschluss dieses Abschnittes möchten wir ein praktisches Paket aus dem CPAN vorstellen (zu CPAN und Installation von Paketen siehe Abschnitt 5.2.1): `Proc::Spawn`. Dieses Paket stellt die Funktion `spawn()` zur Verfügung, mit der es möglich ist, wie mit `system()` beliebige Programme auszuführen. Ein Beispiel erklärt die Verwendung:

```perl
#!/usr/bin/perl -w

use strict;
use Proc::Spawn;

my ($pid,$in,$out,$err) = spawn("./einProgramm.pl");

print $pid,"\n",<$out>,"\n";
```

Die wesentlichen Vorteile gegenüber `system()` sind, dass das ausgeführte Programm parallel zum aufrufenden ausgeführt wird (intern wieder mit `fork()` und `exec()` realisiert) und dass Datei-Handles für Standardeingabe, -ausgabe und -fehlerausgabe an den aufrufenden Prozess zurückgegeben werden. Damit kann das Funktionieren eines Prozesses sehr elegant überprüft werden. Leider steht `Proc::Spawn` nur unter Unix/Linux zur Verfügung, da es das Unix-abhängige Paket `IO::Tty` zur Ausführung benötigt. Die implementierte Funktion kann aber mit den oben vorgestellten Funktionen nachgebaut werden. *Probieren Sie es aus!*

7.2.3 Verarbeiten von Dateien

Ein zweiter augenfälliger Aufgabenbereich des Betriebssystems ist die Verwaltung von Dateisystemen (Ordnerhierarchien und Dateien). Jedes Betriebssystem stellt Funktionen zur Verfügung, um Verzeichnisse und Dateien zu erstellen, zu ändern, zu löschen und um den Inhalt

Überblick

von Verzeichnissen anzuzeigen. Als Betriebssystem-nahe Programmiersprache nutzt Perl diese Funktionen. Darüber hinaus eignet sich Perl ausgezeichnet zum Erweitern der Dateisystem-Funktionen. In diesem Abschnitt sehen wir uns zunächst an, wie man in Perl den Status von Dateien und Ordnern überprüfen kann. Danach bauen wir ein Suchprogramm, mit dem es möglich ist, in beliebig großen Verzeichnisbäumen nach Dateien mit einem bestimmten Inhalt zu suchen.

Dateisysteme

Intern unterscheiden die meisten Betriebssysteme nicht zwischen Dateien, Ordnern und Verknüpfungen (Links). Alle diese Typen sind Einträge in einem hierarchischen Dateisystem. In Unix-artigen Betriebssystemen werden nicht einmal Geräte von Dateien unterschieden. Drucker, Tastatur et cetera werden ebenfalls als Dateien interpretiert, von

Dateitests

denen man lesen und auf die man schreiben kann. *Dateitests* sind Ausdrücke, mit denen man in Perl überprüfen kann, ob ein bestimmter Name im Dateisystem eine Datei, ein Ordner oder etwas anderes ist.

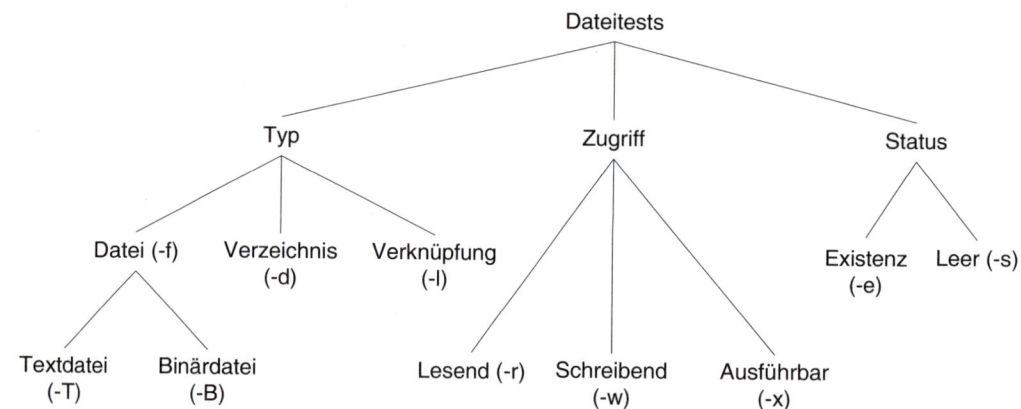

Abbildung 7.6
Arten von Dateitests

Abbildung 7.6 zeigt die wichtigsten Perl-Dateitests. Verwendet werden sie folgendermaßen:

```
if (<test> "<dateiname>") {   # zum Beispiel -d "test.pl"
   <anweisungsfolge>
}
```

Die Tests -T, -B, -d, -l testen auf Textdateien, binäre Dateien, Verzeichnisse und Verknüpfungen. Daneben kann mit -r, -w, -x geprüft werden, ob von einer Datei gelesen werden darf, ob auf sie geschrieben werden darf und ob sie ausführbar ist. Schließlich prüfen -e und -s, ob eine Datei tatsächlich im Dateisystem existiert beziehungsweise ob sie leer ist.

Im folgenden Suchbeispiel nutzen wir diese Dateitests für die Dateiein- und -ausgabe. Unser Suchprogramm soll dazu in der Lage sein, ein als regulären Ausdruck angegebenes Muster in Dateien wiederzufinden. Dazu durchsucht es, beginnend mit einem Startordner, alle Unterverzeichnisse rekursiv (das heißt Unterverzeichnisse von Unterverzeichnissen et cetera). Als weitere Anforderung soll das Suchprogramm auf Unix- und Windows-Betriebssystemen lauffähig sein. Abbildung 7.7 beschreibt den zu modellierenden Ablauf.

Suchen im Dateisystem

Anforderungen

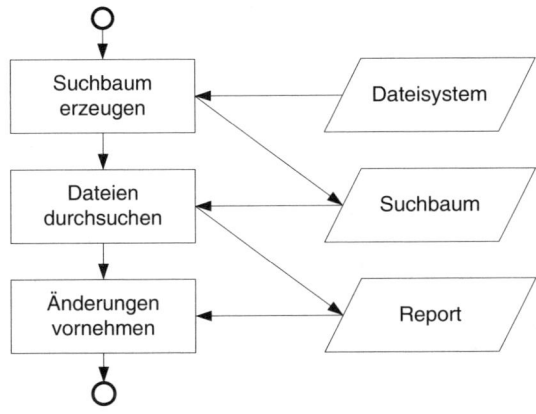

Abbildung 7.7
Ablauf des Suchbeispiels

Im ersten Schritt erzeugen wir einen Suchbaum. Das ist eine Liste aller Verzeichnisse, die durchsucht werden sollen. Danach suchen wir nach dem übergebenen Muster in allen Dateien, die in diesen Ordnern enthalten sind. Da das eine umfangreiche Prozedur ist, verwenden wir `fork()` und `wait()`, um sie zu parallelisieren. Das Ergebnis der Suche ist ein Report mit allen Dateien, die das gesuchte Muster enthalten. In einem dritten Schritt können wir dann noch jedes Vorkommen des Musters durch ein anderes Muster ersetzen.

Ablauf des Suchprogramms

Sehen wir uns den Algorithmus an. Zunächst definieren wir einige globale Variablen:

```perl
#!/usr/bin/perl -w

use strict;
use Fcntl ':flock';

# Globale Variablen
my $suchMuster = "((Perl|Haus))";
my $ersatzMuster = "\U\$1\$E";
my $startVz = "c:/temp";
my $reportDatei = "./report.txt";
my $anzProzesse = 3;
```

Globale Variablen $suchMuster und $ersatzMuster enthalten die beiden Muster. In diesem Beispiel wird einfach jedes Vorkommen von Perl oder Haus in Großbuchstaben umgewandelt. $startVz enthält das Startverzeichnis. $reportDatei gibt die Datei an, in die der Report geschrieben werden soll. $anzProzesse schließlich definiert, wie viele parallele Suchprozesse verwendet werden sollen.

Als Nächstes kommen einige Konfigurationsschritte, um Unabhängigkeit vom Betriebssystem zu erreichen. Zunächst stellen wir fest, unter welchem Betriebssystem unser Programm ausgeführt wird. Dann *Betriebssystem-* definieren wir eine Liste mit Betriebssystem-spezifischen Anweisungen.
spezifische
Anweisungen

```
# 0. Konfigurieren


my $bs = &erkenneBetriebssystem;   # 0==Windows, 1==Linux
# Anweisungen:
#              Verzeichnisse          Dateien
my @aw = (["dir /AD /B",           "dir /A-D /B"],
    ["find VZ -type d -maxdepth 1", "find VZ -type f -maxdepth 1"]);
```

Die Funktion erkenneBetriebssystem() wertet die Perl-Variable $^O aus. Enthält sie die Zeichenkette »Win«, so handelt es sich um ein Windows-Betriebssystem ($bs==0), sonst um ein Unix. Mit $aw[$bs][x] können wir dann Betriebssystem-unabhängig Systembefehle nutzen. (*Anmerkung: Natürlich ist erkenneBetriebssystem() in der Programmdatei nicht mitten im Hauptprogramm definiert, sondern folgt am Ende!*)

```
sub erkenneBetriebssystem {
    my $bs;
    if ($^O =~ /Win/) {
        $bs = 0;
    } else {
        $bs = 1;
    }

    return $bs;
}
```

Suchbaum erstellen Im nächsten Schritt bauen wir den Verzeichnisbaum auf. Dazu erzeugen wir eine Liste von Verzeichnissen (@verzeichnisse). In diese stellen wir zunächst das Startverzeichnis. Danach gehen wir die Liste durch und lesen für jedes enthaltene Verzeichnis alle Unterverzeichnisse (mit der Funktion leseVerzeichnisse()).

Damit wären wir bald fertig, wenn wir nicht einen Trick anwenden würden. Alle gefundenen Verzeichnisse werden mit push() der Verzeichnisliste am Ende hinzugefügt. Damit werden rekursiv alle Verzeichnisse durchgegangen.

```
# 1. Verzeichnisbaum aufbauen

my @verzeichnisse = ($startVz);
my $anzVz = 0;
foreach my $verzeichnis (@verzeichnisse) {
    push(@verzeichnisse, leseVerzeichnisse($verzeichnis));
    $anzVz++;
}
@verzeichnisse = sort(@verzeichnisse);
```

Am Ende sortieren wir die Liste und merken uns die Anzahl der Einträge. leseVerzeichnisse() ist folgendermaßen definiert:

```
sub leseVerzeichnisse {
    my $grundVz = shift;
    my @ergebnis = ();

    my $cmd = $aw[$bs][0];
    $cmd =~ s/VZ/$grundVz\//;

    foreach my $vz (split(/\n+/, '$cmd')) {
        if ($vz ne "$grundVz\/") {
            push(@ergebnis, $vz);
        }
    }

    return @ergebnis;
}
```

Wir bauen ein Kommando, das für das übergebene Verzeichnis alle Unterverzeichnisse liest (unter Windows zum Beispiel dir /AD /B c:/temp/test), führen es aus und erzeugen aus dem Ergebnis (zeilenweise getrennte Verzeichnisse) eine Liste. Diese wird zurückgegeben.

Suche durchführen

Damit sind wir für die Suche vorbereitet. Zunächst erzeugen wir die parallelen Suchprogramme. Dazu berechnen wir in $vzJeThread die Anzahl der Verzeichnisse, die von einem Prozess bearbeitet werden müssen.

```
# 2. Suchen und Report erzeugen
# 2.1 Threads erzeugen
my $vzJeThread = int($anzVz/$anzProzesse);

my $pid=1;
my $i;
for($i=0; $i<$anzProzesse-1 && $pid!=0; $i++) {
   $pid=fork;
}

my $start;
my $ende;
if ($pid==0) {
   $start = ($i-1) * $vzJeThread;
   $ende = $start + $vzJeThread;
} else {
   $start = $i * $vzJeThread;
   $ende = $anzVz;
}
```

Danach erzeugen wir in einer Schleife die Suchprozesse. Dabei ist zu beachten, dass wir einen weniger als in $anzProzesse angegeben erzeugen müssen. So wie fork() definiert ist, wird die Schleife nach dem Erzeugen eines Kindprozesses für diesen abgebrochen und für den Hauptprozess, nachdem genügend Kinder erzeugt sind. Danach wird abhängig von der Nummer des Prozesses (festgelegt im Zähler $i) der Bereich zu durchsuchender Verzeichnisse berechnet ($start bis $ende).

Die Suche selbst läuft sehr einfach ab. Alle Ergebnisse werden in der Liste @gefundene abgelegt. Mit dem in $cmd abgelegten Kommando werden in einem Verzeichnis alle Dateien ausgegeben. Danach werden sie einzeln geöffnet und durchsucht. Sobald ein Vorkommen des Suchmusters gefunden wurde, wird die Suche für diese Datei mit last abgebrochen.

```
# 2.2 Suchen
my @gefundene = ();
for($i=$start; $i<$ende; $i++) {
   my $cmd = $aw[$bs][1];
   my $h=$verzeichnisse[$i];
   $cmd =~ s/VZ/$h/;
```

```
    foreach my $datei (split(/\n+/,'$cmd')) {
        open(IN,$datei) or die "Kann Datei $datei nicht oeffnen!";
        while(<IN>) {
            if (/$suchMuster/) {
                push(@gefundene, $datei);
                last;
            }
        }
        close(IN);
    }
}
```

Nach der Suche wird der Report erzeugt. Jeder Suchprozess gibt seine Ergebnisse (jeder hält eine @gefundene-Liste) in eine gemeinsame Datei aus. Damit es keine Kollisionen gibt, verwendet jeder Suchprozess die Systemfunktion flock aus dem Modul Fcntl, um exklusiven Zugriff auf die Reportdatei zu bekommen. Mit LOCK_EX wird dieser angefordert (der Suchprozess wartet, bis er ihn erhält). Mit LOCK_UN wird er wieder freigegeben. Das Schreiben selbst ist einfach.

Report erzeugen

```
# 2.3 Report ausgeben
open(REPORT, ">>".$reportDatei) or
    die "Kann Reportdatei nicht öffnen!";
flock(REPORT, LOCK_EX);
foreach my $datei (@gefundene) {
    print REPORT "$datei\n";
}
flock(REPORT, LOCK_UN);
close(REPORT);
```

Danach werden die Kindprozesse beendet. Für den Ersetzungsschritt werden sie nicht mehr benötigt. Der Elternprozess wartet auf das Ende aller Kinder, bevor das restliche Programm abgearbeitet wird.

Parallele Suchprozesse beenden

```
# 2.4 Teilprozesse beenden
if ($pid==0) {
    exit;
} else {
    wait;
}
```

Im letzten Schritt wird die Reportdatei eingelesen und in allen Dateien werden die Suchmuster ersetzt. Dazu verwenden wir ein Ablaufmuster aus dem Anhang A.3. Zu jeder veränderten Datei wird ein Backup mit der Endung .bak gespeichert.

```
# 3. Ersetzen
# 3.1 Dateien lesen
@ARGV=();
open(IN,$reportDatei);
while(<IN>) {
    chop;
    push(@ARGV,$_);
}
close(IN);

# 3.2 Muster ersetzen
$^I = ".bak";
while(<>) {
    s/$suchMuster/$ersatzMuster/g;
    print;
}
```

Dieser einfache Algorithmus ist dazu in der Lage, in einer Vielzahl von Betriebssystemen effizient zu suchen.

7.2.4 CPAN-Module für Datei- und Verzeichniszugriff

File::Listing

Anstelle der im obigen Beispiel verwendeten Betriebssystem-Funktionen zur Ausgabe von Verzeichnissen hätten wir auch das CPAN-Modul File::Listing verwenden können. Damit kann die Ausgabe von dir (Windows Dateiausgabe) und ls (Linux, Unix) auf einfache Weise verarbeitet werden:

```
#!/usr/bin/perl -w

use strict;
use File::Listing qw(parse_dir);

foreach my $datei (parse_dir('ls -1')) {
    (my $name, my $type, my $size, my $mtime, my $mode) = @$datei;
    if ($type eq "f") {
        #...
    }
}
```

Neben dem Namen einer Datei können Attribute, wie Dateityp, Größe et cetera, gelesen werden. Wir haben File::Listing nicht verwendet, weil es derzeit nur einen eingeschränkten Funktionsumfang bietet. Zukünftige Versionen werden aber vielleicht umfangreichere Lösungen zur Verfügung stellen.

Zum Lesen von Verzeichnishierarchien (oben zum Erstellen des Suchbaums verwendet) bietet das Perl-Modul `File::Find` bequeme Betriebssystem-unabhängige Funktionen.

Im folgenden Beispiel benutzen wir dieses Modul, um auf einen kompletten Verzeichnisteilbaum zuzugreifen, also auf alle Dateien und Unterverzeichnisse, die unter diesem Verzeichnis liegen. Wir wollen den Inhalt all dieser Dateien auf ein Suchwort überprüfen und bei einem Treffer den Namen der Datei und die Zeilennummer ausgeben.

```perl
#!/usr/bin/perl -w

use strict;
use File::Find;

my $suchwort = $ARGV[0];

find(\&aktionPerDatei, './perl_6/');

sub aktionPerDatei {
    my $dateinameMitPfad = $File::Find::name;
    my $dateinameOhnePfad = $_;

    if (-f $dateinameOhnePfad) {
        open(INFILE,"<$dateinameOhnePfad") or die($!);

        while (my $zeile = <INFILE>) {
            if ($zeile =~ /$suchwort/) {
                print $dateinameMitPfad . ": Zeile $.\n";
            }
        }

        close(INFILE);
    }
}
```

Das Modul `File::Find` bietet eine prozedurale Schnittstelle (siehe Abschnitt 5.2) und exportiert eine Funktion `find()`, die für das Abarbeiten des Verzeichnisteilbaums zuständig ist und zwei Parameter erwartet. Der erste ist eine Referenz (siehe Abschnitt 5.1) auf den Namen einer Funktion, die Sie selbst im Anschluss schreiben werden und deren Namen Sie frei wählen dürfen. Der zweite Parameter ist der Name des obersten Verzeichnisses des Verzeichnisteilbaums. Die von Ihnen geschriebene Funktion (wir haben sie `aktionPerDatei()` genannt) wird für jede Datei und für jedes Unterverzeichnis aufgerufen. Hier legen

File::Find

Sie fest, welche Bearbeitungsschritte für jede Datei des Verzeichnisteil-baums durchgeführt werden sollen.

Innerhalb dieser Funktion stellt Ihnen File::Find den Namen der aktuell bearbeiteten Datei in zweierlei Form zur Verfügung: über $_ und über die Variable File::Find::name. In $_ steht der Dateiname. Da sich File::Find selbstständig darum kümmert, mittels chdir() in das aktu-elle Verzeichnis zu wechseln, können wir diesen Wert verwenden, um auf die Datei zuzugreifen. In File::Find::name steht der komplette Pfad zur Datei, vom Startverzeichnis aus gesehen. Diesen Wert verwenden wir für die Ausgabe eines Treffers, damit die BenutzerInnen des Pro-gramms sehen können, in welchem Unterverzeichnis sich die jeweilige Datei befindet.

Mittels -f testen wir, ob es sich um eine Datei handelt und über-springen damit die Verzeichnisse. Im nächsten Schritt überprüfen wir den Inhalt der Datei zeilenweise auf das Suchwort. Falls es gefunden *Zeilennummern mit $.* wird, geben wir den Dateinamen inklusive Pfadinformation aus. Mit Hilfe der vordefinierten Variablen $. können wir auf die aktuelle Zei-lennummer zugreifen. Diese wird ebenfalls ausgegeben.

Weiterführende Mehr Information zu File::Find finden Sie unter [7] oder mit perl-
Information doc File::Find an der Kommandozeile.

7.2.5 Verschlüsselung von Daten

Eine weitere wichtige Funktion, die heute oft von Betriebssystemen an-geboten wird, zumindest aber systemnah ist, ist die Datenverschlüsse-lung. Verschlüsselung wird für verschiedenste Zwecke benötigt: zum Verwalten von Passwörtern, zum sicheren Übertragen von Nachrich-ten (zum Beispiel E-Mails) et cetera. Perl bietet ein CPAN-Modul für Datenverschlüsselung an, das wir uns im Folgenden ansehen wollen.

Datenverschlüsselung Aufgrund der großen Bedeutung von Datenverschlüsselung wurden in den Jahrzehnten seit dem Zweiten Weltkrieg zahlreiche, immer bes-sere (das heißt, schwerer zu entschlüsselnde) Verfahren entwickelt. Ein *Data Encryption* Klassiker, der in Unix-Betriebssystemen früher eine große Rolle gespielt *Standard* hat, ist der *Data Encryption Standard* (DES). Von IBM als *Lucifer* in den 1960ern entwickelt, wurde der DES 1976 zum US-amerikanischen Standard erhoben. Dabei werden 64-Bit-Blöcke in 16 Iterationen mit Hilfe eines 56-Bit-Schlüssels kodiert. Wesentliche Operation ist dabei die *Permutation*, das heißt das Vertauschen von Bits. DES wurde unter Unix unter anderem zum verschlüsselten Ablegen von Passwörtern ver-wendet. Heute zweifelt man allgemein an der Sicherheit des DES. Man vermutet, dass die US-Behörden mit gutem Grund einen 56-Bit- (an-stelle eines 64-Bit-)Schlüssels definiert haben, um DES-kodierte Daten leichter durch geschickte Schlüsselwahl dekodieren zu können. Anstelle des DES (und seines Nachfolgers AES) werden heute zumeist so genannte *Public Key*-Systeme zur Verschlüsselung eingesetzt. Einen ausführlichen Überblick über Datenverschlüsselung finden Sie in [5].

Perl stellt für Verschlüsselung die Funktion crypt() und das CPAN-Paket Crypt::CBC zur Verfügung. crypt() bietet nur eine einfache (nicht sehr sichere) Verschlüsselung. Crypt::CBC definiert eine allgemeine Schnittstelle (Funktionen und Variablen) für die Verwendung von Verschlüsselungsalgorithmen. Es definiert aber noch keine Kodierungsverfahren. Diese sind in separaten Paketen abgelegt. Derzeit existieren unter anderem Implementierungen für den DES (Crypt::DES) und *Blowfish* (Crypt::Blowfish). Blowfish ist eine freie Alternative zum DES und wie dieser ein symmetrisches, auf einem geheimen Schlüssel basierendes Verfahren. Die Schlüssellänge kann bis zu 448 Bits betragen. Dadurch ergibt sich sehr hohe Sicherheit. Außerdem ist Blowfish wesentlich schneller als der DES. Im folgenden Beispiel verwenden wir Blowfish, um Zeichenketten zu kodieren.

Perl-Module für Verschlüsselung

Blowfish

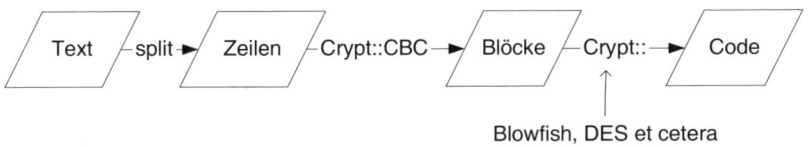

Abbildung 7.8
Ablauf der Datenverschlüsselung mit dem Crypt-Paket

Crypt::CBC und Crypt::Blowfish sind reine Perl-Implementierungen und können daher unter jedem Betriebssystem eingesetzt werden. Abbildung 7.8 zeigt die Schritte der Kodierung. Zunächst wird der zu verschlüsselnde Text in Zeilen zerlegt. Diese zerteilt Crypt::CBC in Blöcke von acht Bytes. Schließlich kodiert Crypt::Blowfish die einzelnen Blöcke. Sehen wir uns das Beispiel an:

```perl
use strict;
use Crypt::CBC;

my $cipher = Crypt::CBC->new({"cipher"        => "Blowfish",
                              "key"           => "geheimer Key",
                              "iv"            => "12345678",
                              "regenerate_key" => 0,
                              "prepend_iv"    => 0,
                              "padding"       => "space"});
```

Zunächst wird mit new() der Verschlüsselungsalgorithmus initialisiert. cipher definiert den Algorithmus. key ist der geheime Schlüssel (variable Länge). iv definiert eine Zeichenkette für die Initialisierung: Bevor der erste Block kodiert wird, wird diese zufällige Zeichenkette verschlüs-

Parameter von Crypt::CBC

selt. regenerate_key ist ein Flag, über das bestimmt wird, ob der Schlüssel wie angegeben verwendet werden soll oder seinerseits vor der Verwendung verschlüsselt werden soll. prepend_iv bestimmt, ob das verschlüsselte iv dem verschlüsselten Text vorangestellt werden soll. padding definiert das Leerzeichen für nicht verwendete Zeichen.

Zur Kodierung wird die Funktion encrypt() verwendet, der die zu verschlüsselnde Nachricht übergeben wird. Entschlüsselt wird mit decrypt():

```
my $codiert = $cipher->encrypt("Das ist eine geheime Nachricht!");
print $codiert,"\n";
my $nachricht = $cipher->decrypt($codiert);
print $nachricht,"\n";
```

Verschlüsseln großer Datenmengen

Will man größere Datenmengen kodieren (zum Beispiel von einer Datei), empfiehlt sich folgende Verwendung von Crypt:CBC. Mit start() wird die Verschlüsselung initialisiert. crypt() ist ein Synonym für encrypt(). finish() entfernt den Verschlüsselungsalgorithmus aus dem Speicher.

```
$cipher->start("encrypting");
open(IN,"eingabe.dat") || die "Kann Eingabedatei nicht oeffnen!";
while(<IN>) {
    print $cipher->crypt($_);
}
$cipher->finish;
```

Die Crypt-Pakete sind mächtige Werkzeuge zum Verschlüsseln von sensitiven Daten. Sie sind darüber hinaus einfach zu verwenden. Üben Sie ihren Gebrauch, indem Sie zum Beispiel den Suchalgorithmus aus Abschnitt 7.2.3 so erweitern, dass er gefundene Muster durch verschlüsselte Muster ersetzt.

7.2.6 Zusammenfassung

In diesem Abschnitt haben wir drei wesentliche Bereiche systemnahen Programmierens kennen gelernt: Verwaltung paralleler Prozesse, Arbeiten mit dem Dateisystem und Verschlüsselung von Daten. Es ist wichtig, dass Sie alle besprochenen Techniken beherrschen. Die herausragenden Möglichkeiten, die Perl in diesen Bereichen bietet, machen es zu einem überaus wertvollen Werkzeug für ProgrammiererInnen. Versuchen Sie daher, die vorgestellten Programme selbst nachzuvollziehen und denken Sie sich weitere Anwendungen aus.

Im nächsten Abschnitt werden wir uns, anstelle des Arbeitens *mit* dem System, damit beschäftigen, wie man Perl *für* die Verwaltung des Betriebssystems einsetzen kann. Denn: ohne Betriebssystem kein Computer und ohne Systemadministration kein effizientes Betriebssystem.

7.3 Systemadministration

7.3.1 Was ist Systemadministration?

Bevor wir uns damit beschäftigen, wie man Perl dazu einsetzen kann, um die Aufgaben der Systemadministration zu vereinfachen und zu automatisieren, müssen wir zunächst klären, was »Systemadministration« eigentlich ist. Dabei kann es sich natürlich um keine auch nur annähernd vollständige Darstellung handeln, sondern vielmehr um eine Skizze der wichtigsten Aspekte (unserer Diktion folgend: ein sehr grobes Modell der Wirklichkeit). Außerdem wollen wir uns auf zwei Gruppen von Betriebssystemen beschränken: Unix-artige und Windows-artige. Das sind zwar die zweifellos wichtigsten; es gibt aber noch eine Reihe anderer. Eine umfassende Einführung in Theorie und Praxis der Systemadministration finden Sie zum Beispiel in [16].

Für uns genügt es zu bestimmen, dass *Systemadministration alle Tätigkeiten umfasst, die zur Verwendung eines Computers mit Hilfe eines Betriebssystems notwendig sind.* So definiert, umfasst die Systemadministration sowohl Hardware- als auch Softwareinstallation und -wartung. Für unseren Fokus ist natürlich primär die Softwareseite relevant. Generell kann man in der Systemadministration – nach der Häufigkeit ihres Auftretens – drei Gruppen von Tätigkeiten unterscheiden:

Aufgaben der Systemadministration

Gruppen von Tätigkeiten

❑ Tägliche Aufgaben
❑ Wöchentlich bis monatlich periodische Tätigkeiten
❑ Unregelmäßig anfallende Arbeiten

Zur letzteren Gruppe gehören Hardwareinstallation und Wartung, aber auch die Installation von Betriebssystem-Software. Da diese Tätigkeiten nur selten auftreten, lohnt sich hier eine Automation durch Hilfsprogramme kaum. Tätigkeiten mit mittlerer Periode (wöchentlich bis monatlich) sind beispielsweise Geschwindigkeits-Tuning und Überprüfung der Sicherheitsanforderungen. Auch hier bieten sich nur wenige Möglichkeiten für automatisierte Unterstützung.

Nicht so bei der täglichen Systemadministration. Dazu zählen (ohne Anspruch auf Vollständigkeit) Verwaltung von Benutzern, Speicher (Platten- und Hauptspeicher), Aufzeichnen und Auswerten von Systemereignissen (in der englischen Fachsprache als *Logging* und *Monito-*

Tägliche Systemadministration

Logging und Monitoring

ring bezeichnet) sowie die tägliche Sicherung wichtiger System- und Benutzerdaten. Benutzerverwaltung umfasst Anlegen, Löschen und Überwachen von Benutzern (Verbrauch von Speicher, Prozessorzeit et cetera). Speicherverwaltung bedeutet im Wesentlichen, mögliche Engpässe (zumeist beim Plattenspeicher) möglichst früh zu erkennen und durch geeignete Maßnahmen (Löschen alter Dateien und Ordner, Hinzufügen zusätzlicher Speichermedien) zu beseitigen.

Datensicherung

Die tägliche Auswertung von Logdateien (als Vorstufe der Benutzerinformation) und die Überwachung der Systemressourcen sind besonders wichtige Vorarbeiten für ein effizientes und sicheres System. Zur Verwaltung von Logdateien gehört neben ihrer Auswertung und der täglichen Sicherung auch die Reinigung. Nur übersichtliche Logdateien können schnell über Fehler und ungewöhnliche Ereignisse informieren! Datensicherung ist eine weitere wesentliche Funktion der Systemadministration. *Daten* stellen heutzutage in vielen Unternehmen aber auch privat die wesentlichen Werte dar. Ihre periodische Sicherung auf räumlich getrennte Medien ist daher eine wesentliche, unter keinen Umständen zu vernachlässigende Aufgabe!

Abbildung 7.9
Tägliche Aufgaben der Systemadministration

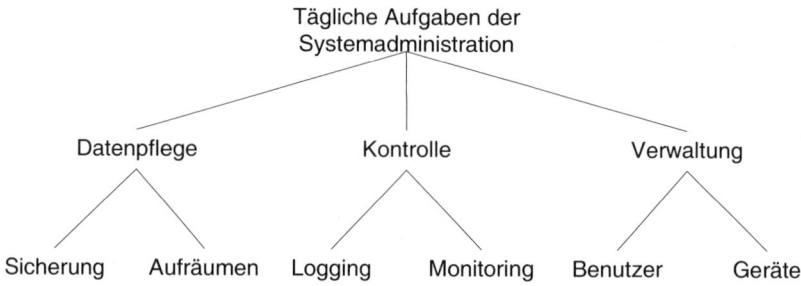

Abbildung 7.9 strukturiert die täglichen Aufgaben der Systemadministration. Alle drei Bereiche, *Datenpflege*, *Kontrolle* und *Verwaltung*,

Überblick über das Folgende

können teilweise automatisiert werden. In den nächsten Abschnitten werden wir uns anhand konkreter Beispiele ansehen, wie man Perl-Programme dazu einsetzen kann. Abschnitt 7.3.2 beschäftigt sich mit der täglichen Datensicherung und Abschnitt 7.3.3 zeigt *automatisierte* Lösungen für Logging und Monitoring auf der Basis von Perl.

Kommandozeilen-Menü für die Systemverwaltung

Zum Abschluss dieses Abschnittes wollen wir jedoch ein interaktives Hilfsmittel für die Systemverwaltung betrachten: Ein Menüsystem, das wesentliche Verwaltungsfunktionen auf bequeme Weise anbietet. Dieses Menü basiert auf dem in Anhang A.3 beschriebenen Menüpattern und erlaubt die Verwaltung von BenutzerInnen sowie die Überprüfung von virtuellem und Plattenspeicher.

```
#!/usr/bin/perl -w

use strict;

my $menueText = "\nAdministrations-Menü:\n\n" .
  "User (h)inzufügen\n".
  "User (l)öschen)\n".
  "(F)estplattenauslastung anzeigen\n".
  "Virtuelle (S)peicherauslastung anzeigen\n\n".
  "(E)nde\n\nEingabe: ";
```

Zunächst definieren wir ein einfaches Menü. Dieses wird mit print angezeigt. Abhängig von der Eingabe wird eine Systemfunktion ausgeführt und zum Menü zurückgekehrt. Mit e wird das Programm beendet.

```
my $selektion;
my $benutzer;

do {
  # Menü ausgeben
  print $menueText;
  $selektion = <STDIN>;

  if ($selektion =~ /^h/i) {
    print "Benutzername: ";
    $benutzer = <STDIN>;
    print 'useradd $benutzer';
  } elsif ($selektion =~ /^l/i) {
    print "Benutzername: ";
    $benutzer = <STDIN>;
    print 'userdel $benutzer';
  } elsif ($selektion =~ /^s/i) {
    print 'vmstat';
    print "\nWeiter mit <RETURN>.\n";
    <STDIN>;
  } elsif ($selektion =~ /^f/i) {
    print 'df';
    print "\nWeiter mit <RETURN>.\n";
    <STDIN>;
  }
} while ($selektion !~ /^e/i);
```

Dieses Programm ist hilfreich zur Beschleunigung von Routinetätigkeiten. In dieser Form funktioniert es nur unter Unix-artigen Betriebssystemen. Mit den Mechanismen, die wir im Suchprogramm in Abschnitt 7.2.3 kennen gelernt haben, ließe es sich aber leicht Betriebssystemunabhängig machen. *Versuchen Sie es!*

7.3.2 Datensicherung

Aufgaben der Datensicherung

Datensicherheit ist eines der großen Schlagworte in der Informatik. Datensicherheit setzt sich zusammen aus *Datenschutz* (Zugriffsschutz, Verschlüsselung et cetera) und *Datensicherung*. Datensicherung umfasst im betrieblichen Umfeld die Sicherung aller wichtigen, wertvollen und für den Betrieb unerlässlichen Daten einer EDV-Infrastruktur (aller Server und Benutzerrechner) auf ein *sicheres Medium*. Sichere Medien sind *immer* entfernte Medien, das heißt von den Daten soweit räumlich getrennt, dass Katastrophen (Brände et cetera) nicht beide Orte zur gleichen Zeit betreffen können. Heute werden im Wesentlichen zwei Arten sicherer Medien eingesetzt: Magnetbänder und redundante Festplattensysteme (so genannte RAID-Systeme). Natürlich sind beide Arten von Medien nach wie vor anfällig für Defekte. Eine gute Datensicherung wird daher die Daten mehrfach (redundant) auf entfernte Geräte verteilen.

Arten der Datensicherung

Zur Datensicherung gehört die Sicherung *aller* Rechner in einem Computernetzwerk. Wir werden uns im Folgenden ansehen, wie man einen einzelnen Rechner sichert. Es ist eine Datensicherungsstrategie, auf jedem Rechner eine unabhängige Sicherung laufen zu lassen. Die alternative Strategie ist, die Datensicherung zentral zu steuern und auf die beteiligten Rechner (zum Beispiel Benutzerrechner in einem Unternehmen) nur lesend zuzugreifen. Wir befassen uns mit der ersten Strategie, weil sie einfacher zu realisieren ist. SystemadministratorInnen bevorzugen aber zumeist die zweite, weil sie einfacher zu administrieren ist. (Es gibt nur einen Punkt, an dem Fehler auftreten können!)

Zu sichernde Daten

Welche Daten müssen nun gesichert werden? Alles was wertvoll und nicht ohne Aufwand ersetzbar ist. Das sind zunächst alle Benutzer- und Anwendungsdaten. Dazu gehören in einem Unternehmen etwa die Daten des Internetportals, Kundendatenbanken et cetera. Typische Benutzerdaten sind Adresslisten sowie die persönliche Korrespondenz. Die dritte wesentliche Art von Daten sind Systemdaten. Zu diesen gehören vor allem die Konfigurationsdateien und die Logdateien des Betriebssystems. Die Konfigurationsdateien bestimmen unter anderem Namen, Ausstattung (Dienste, Geräte) und Sicherheitsrichtlinien eines Computers. Aus den Logdateien lassen sich Gerätefehler, Sicherheitsverletzungen und Performance-Verläufe ablesen. *Bei der Planung einer Datensicherung ist es wesentlich, alle relevanten Datenbereiche vollständig zu erfassen!*

Nach dem Umfang der Datensicherung werden zwei Arten unterschieden:

Vollsicherung und Differenzsicherung

❏ Vollsicherung
❏ Differenzsicherung

Eine Vollsicherung umfasst alle zu sichernden Daten in ihrer aktuellen Version und stellt damit die umfangreichste Lösung dar. Aus dem Umfang ergibt sich aber auch, dass Vollsicherungen lange dauern und viel Speicher zur Aufbewahrung benötigen. Daher behilft man sich mit Differenzsicherungen. Eine Differenzsicherung umfasst nur jene Dateien und Ordner, die seit der letzten Sicherung neu hinzugekommen sind oder verändert wurden. Sie sind schneller erledigt und benötigen weniger Platz. Zum Wiederherstellen des Zustandes vor einer Katastrophe benötigt man daher die letzte Vollsicherung und alle seither durchgeführten Differenzsicherungen. Eine Zwischenlösung ist, die Differenzsicherungen immer auf die letzte Vollsicherung zu beziehen (höherer Speicherverbrauch, einfacheres Wiederherstellen).

Darüber hinaus ist es üblich, stets mehrere *Generationen* von Datensicherungen zu verwalten. Eine übliche Konfiguration wäre zum Beispiel die Verwaltung einer jährlichen und einer monatlichen Sicherung, für den aktuellen Monat einer wöchentlichen und für die aktuelle Woche einer täglichen Sicherung. Damit können BenutzerInnen frühere Versionen von ihnen bearbeiteter Dateien im Bedarfsfall zur Verfügung gestellt werden.

Generationenverwaltung

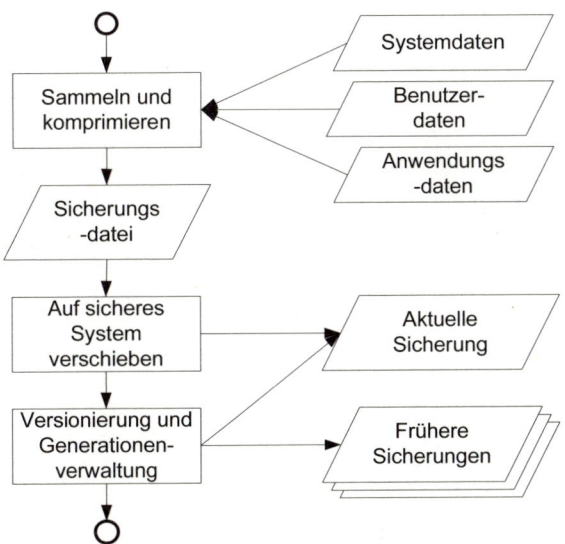

Abbildung 7.10
Prinzipieller Ablauf der Datensicherung

Ablauf der Datensicherung

Abbildung 7.10 zeigt den typischen Ablauf einer Datensicherung. Zunächst werden die zu sichernden Ordner und Dateien gesammelt (meist in einer Archivdatei) und komprimiert (um Speichermedien zu sparen). Im zweiten Schritt wird die Sicherungsdatei auf ein entferntes, sicheres System verschoben und dabei gegebenenfalls verschlüsselt. Im dritten Schritt werden Generationen verwaltet, das heißt, veraltete Archive gelöscht oder überschrieben.

Eigenschaften unseres Sicherungsprogramms

Zeit für ein Beispiel! Das nachfolgende Sicherungsprogramm führt eine Datensicherung für einen beliebigen Computer aus, der entweder unter einem Unix- oder einem Windows-Betriebssystem läuft. An jedem 1. und 15. des Monats führt es eine Vollsicherung durch, an den anderen Tagen eine Differenzsicherung, die sich auf die Sicherung des Vortags bezieht. Sicherungsdateien werden komprimiert und auf ein sicheres System verschoben. Dort werden sie jährlich aktualisiert, das heißt, BenutzerInnen können auf bis zu einem Jahr alte Versionen ihrer Dateien und Ordner zurückgreifen. In diesem Beispiel ist das komprimierte Ablegen der Sicherungsdaten nur durch Kommentare angedeutet. Wie das in Perl funktioniert, wird nach dem Beispiel erklärt. Wir tun das, um die Komplexität des Programms zu verringern (eine typische »Teile und herrsche«-Strategie).

Syntax der Konfigurationsdatei

Unser Sicherungsprogramm sichert ordnerweise. Das heißt, es wird ihm eine Liste von Ordnern (in einer Datei) übergeben, die mit dem gesamten Inhalt (Dateien, Verknüpfungen et cetera) gesichert werden. Die Eingabedatei kann zum Beispiel folgendermaßen aussehen:

```
# Syntax: <ordner>\t<rekursiv sichern?>\n
c:/temp            ja
c:/programme    nein
c:/eigene dateien  ja
```

Damit werden die drei angegebenen Ordner gesichert. Für jeden Ordner, bei dem (durch einen Tabulator getrennt) ja angegeben ist, werden darüber hinaus alle Unterverzeichnisbäume in die Sicherung miteinbezogen.

Zunächst definieren wir (wie immer) einige Variablen:

```
#!/usr/bin/perl

use strict;

# Globale Variablen
my $eingabeDatei = "./eingabe.txt";
my $registerDatei = "./register.txt";
my $archivDatei = "./sicherung.zip";
```

```
my $archivVerzeichnis = "./sicherung";
my @register=();
my @daten=();
```

$registerDatei wird die Liste der archivierten Dateien enthalten und ist daher sehr wichtig für die Differenzsicherungen. $archivVerzeichnis gibt das entfernte Sicherungsmedium an (unter Unix ein einfacher Ordner). Im nächsten Schritt stellen wir das Betriebssystem fest und definieren – wie im Suchbeispiel in Abschnitt 7.2.3 – Betriebssystem-spezifische Anweisungen (Ausgabe von Verzeichnissen, Dateien, Trennzeichen, Tagesdatum und Verschiebebefehl).

Bedeutung der Parameter

```
# 0. Konfigurieren

my $bs = &erkenneBetriebssystem;  # 0==Windows, 1==Unix
# Anweisungen:
my @aw = (["dir /AD /B VZ", "dir /A-D", "move"],
          ["find VZ -type d -maxdepth 1",
           "ls -l --full-time", "mv"]);
```

Im ersten Verarbeitungsschritt bauen wir aus der Eingabedatei (in $eingabeDatei übergeben) den Verzeichnisbaum auf. Dabei gehen wir ähnlich vor wie im Suchalgorithmus. Im Gegensatz zu dort fügen wir der Verzeichnisliste @verzeichnisse aber nur dann auch Unterverzeichnisse hinzu, wenn eine Zeile den Zusatz -r enthält. Nach dem Auswerten der Eingabedatei schließen wir sie und sortieren die Verzeichnisliste alphabetisch.

Verzeichnisbaum aufbauen

```
# 1. Verzeichnisbaum aufbauen

my @verzeichnisse = ();
open(IN,$eingabeDatei) or die "Kann Eingabedatei nicht oeffnen!";
while(<IN>) {
    if ($_ =~ /\s*#/) {    # Kommentare ignorieren!
        next;
    }
    chop;                  # arbeitet mit $_!
    @_ = split(/\t/);
    push(@verzeichnisse,$_[0]);
    if ($_[1] =~ /ja/i) {
        push(@verzeichnisse, leseVerzeichnisse($_[0]));
    }
}
close(IN);
@verzeichnisse = sort(@verzeichnisse);
```

Danach beginnt bereits die Archivierung der Dateien. Zunächst initialisieren wir das Archiv. Wie das funktioniert, werden wir uns – wie bereits erwähnt – erst weiter unten ansehen. Danach stellen wir mit der Funktion volleSicherung() fest, ob heute eine Vollsicherung durchzuführen ist. Falls ja, wird der if-Block ausgeführt.

Zunächst öffnen wir die Registerdatei zum Schreiben. Dann gehen wir alle Verzeichnisse durch und lesen alle enthaltenen Dateien. Mit der Funktion istEintrag() wird festgestellt, ob eine Datei zu archivieren ist. In der derzeitigen Implementierung archivieren wir alle Dateien und Verknüpfungen außer den Pseudodateien . (aktuelles Verzeichnis) und .. (Mutterverzeichnis). Jede archivierte Datei wird mit Datum in die Registerdatei geschrieben (dazu wird zerlegeEintrag() verwendet). Am Ende wird die Registerdatei wieder geschlossen.

```perl
# 2. Archivieren

my $datei;
my $datum;
my $verzeichnis;
my $cmd;

### Zip öffnen
if (&volleSicherung) {    # 2.1 Vollsicherung
    open(REG,">".$registerDatei) or
        die "Kann Registerdatei nicht oeffnen!";
    foreach $verzeichnis (@verzeichnisse) {
        ### Verzeichnis zu Zip hinzufügen
        $cmd = $aw[$bs][1] . " " . $verzeichnis;
        foreach my $eintrag (split(/\n+/,'$cmd')) {
            if (istEintrag($eintrag)) {
                ($datei, $datum) = zerlegeEintrag($eintrag);
                ### Datei zu Zip hinzufügen

                print REG $datei."\t".$datum."\n";
            }
        }
    }
    close(REG);
```

volleSicherung() ist folgendermaßen definiert. Es wird das aktuelle Tagesdatum gelesen und ausgewertet (mittels liesDatum, siehe auch Seite 250). Falls heute der 1. oder der 15. eines Monats ist, wird eine Vollsicherung durchgeführt; sonst eine Differenzsicherung. (Achtung! Wir besprechen die Funktion hier, wo sie zum ersten Mal vorkommt. In der

Programmdatei steht sie natürlich nicht mitten im Hauptprogramm, sondern am Ende.)

```perl
sub volleSicherung {
    my $ergebnis;
    my $datum = &liesDatum;
    $datum =~ s/^(\d\d).*$/$1/;
    if ($datum == 1 || $datum == 15) {
        $ergebnis = 1;
    } else {
        $ergebnis = 0;
    }

    return $ergebnis;
}

sub liesDatum {
    my ($sekunden, $minuten, $stunden, $monatsTag, $monat, $jahr,
        $wochenTag, $jahresTag, $istSommerzeit) = localtime(time);

    return($monatsTag.$monat.$jahr);
}
```

Die Funktion `istEintrag()` stellt – abhängig vom Betriebssystem – fest, ob ein Verzeichniseintrag eine zulässige Datei ist. Unter Windows beginnen zulässige Dateien immer mit einer Ziffer und unter Unix nie mit einem Bindestrich. Das ist eine einfache Lösung, die unter allen Betriebssystemversionen funktioniert.

```perl
sub istEintrag {
    my $eintrag = shift;
    my $ergebnis = 1;

    if ($bs == 0) {
        if ($eintrag !~ /^\d/) {
            $ergebnis=0;
        }
    } else {
        if ($eintrag !~ /^-/) {
            $ergebnis=0;
        }
    }

    return $ergebnis;
}
```

Die Funktion zerlegeEintrag() schließlich filtert aus einem Verzeichniseintrag den Namen und das Datum der letzten Änderung heraus. Diese Informationen stehen – abhängig vom eingesetzten Betriebssystem – wiederum an verschiedenen Stellen. Bei Unix-Betriebssystemen muss zudem die Reihenfolge der Datumselemente (Tag, Monat, Jahr) umgedreht werden. Die gefundenen Werte für Dateiname und Datum werden als Liste zurückgegeben. (Alternativ zur hier gewählten Vorgangsweise kann auch die Systemfunktion stat() ausgewertet werden.)

```perl
sub zerlegeEintrag {
    my $eintrag = shift;
    my $datei;
    my $datum;

    if ($bs==0) {
        $datei = substr($eintrag,36);
        $datum = substr($eintrag,0,10);
    } else {
        $eintrag =~ /\+\d{4}\s(.*)$/;
        $datei = $1;
        $eintrag =~ /(\d\d\d\d)-(\d\d)-(\d\d)/;
        $datum = $3.".".$2.".".$1;
    }
    ($datei,$datum);
}
```

Differenzsicherungen durchführen

Damit sind wir wieder beim Hauptprogramm. Wenn heute keine Vollsicherung ansteht, machen wir eine Differenzsicherung. Dazu lesen wir zunächst die Registerdatei von gestern ein. Diese enthält Einträge der Form <dateiname> <datum>. Die Dateinamen legen wir in der Liste @register ab, die Datumseinträge in @daten. Danach schließen wir die Registerdatei wieder (weil wir sie im nächsten Schritt ja überschreiben müssen).

```perl
} else {    # 2.2 Differenzsicherung
    # 2.2.1 Register einlesen
    open(REG,$registerDatei) or
        die "Kann Registerdatei nicht oeffnen!";
    while(<REG>) {
        chop;
        ($datei,$datum) = split(/\t/);
        push(@register,$datei);
        push(@daten,$datum);
    }
    close(REG);
```

Die Differenzsicherung ist nur wenig komplexer als die Vollsicherung. Wir gehen wiederum alle Verzeichnisse und in den Verzeichnissen alle Dateien durch. Der Unterschied besteht darin, dass wir vor der Archivierung einer Datei die Funktion wurdeGeaendert() aufrufen, die feststellt, ob sie geändert wurde. Falls ja, wird die Datei ins Archiv kopiert und ein Eintrag mit einem Stern (*) am Ende in die Registerdatei geschrieben. Falls nein, wird ein Eintrag ohne Stern in die Registerdatei geschrieben. *Das ist sehr wichtig!* Nur wenn die Registerdatei immer *alle* Dateien enthält, können wir effektiv feststellen, welche Dateien hinzugekommen sind oder geändert wurden.

```
# 2.2.2 Sicherung durchführen
open(REG,">".$registerDatei) or
    die "Kann Registerdatei nicht oeffnen!";
foreach $verzeichnis (@verzeichnisse) {
    ### Verzeichnis zu Zip hinzufügen

    $cmd = $aw[$bs][1] . " " . $verzeichnis;
    foreach my $eintrag (split(/\n+/,'$cmd')) {
        if (istEintrag($eintrag)) {
            ($datei,$datum) = zerlegeEintrag($eintrag);

            if (wurdeGeaendert($datei,$datum)) {
                ### Datei zu Zip hinzufügen

                print REG $datei."\t".$datum." *\n";
            } else {
                print REG $datei."\t".$datum."\n";
            }
        }
    }
}
    close(REG);
}
### Register zu Zip hinzufügen
### Zip schliessen
```

Nachdem alle Verzeichnisse abgearbeitet sind, wird das Archiv abgeschlossen, indem (egal ob Voll- oder Differenzsicherung) die Registerdatei hinzugefügt und die Datei geschlossen wird.

wurdeGeaendert() ist folgendermaßen definiert. Zunächst wird zum übergebenen Dateinamen in @register ein gleicher Name gesucht. Kann keiner gefunden werden, ist die Datei neu und wird in jedem Fall hinzugefügt (wurdeGeaendert() gibt 1 zurück). Wurde eine Datei gefunden, werden die Änderungsdaten verglichen. Das geschieht einfach durch numerischen Vergleich, nachdem die Trennzeichen (.) entfernt wurden.

```perl
sub wurdeGeaendert {
    my $datei = shift;
    my $datum = shift;
    my $ergebnis = 1;
    my $i;
    my $registerDatum;

    for($i=0; $i <= $#register; $i++) {
        if ($register[$i] eq $datei) {
            $registerDatum = $daten[$i];
            $registerDatum=~s/[^\d]*//g;
            $datum=~s/[^\d]*//g;
            if ($registerDatum >= $datum) {
                $ergebnis=0;
                last;
            }
        }
    }
    return $ergebnis;
}
```

Generationenverwaltung Im letzten Schritt wird die Archivdatei verschoben. Dabei verwenden wir zur Generationenverwaltung einen Trick: wir benennen die Archivdatei nach dem heutigen Tag und Monat (ohne das Jahr). Damit wird auf dem entfernten Medium immer das Archiv gleichen Namens überschrieben (die Sicherungsdatei des letzten Jahres). So ersparen wir uns eine aufwendige Generationenverwaltung.

```perl
# 3. Verschieben und Generationen verwalten

$datum = &liesDatum;
$cmd = $aw[$bs][2]." ".$archivDatei." ".
       $archivVerzeichnis."/".$datum.".zip";
'$cmd';
```

Erweiterungs-möglichkeiten Dieses einfache Sicherungsprogramm bietet eine effektive Datensicherung. Zur Benutzerinformation könnte man zusätzlich die Registerdatei per E-Mail an die SystemadministratorInnen verschicken. Des Weiteren könnte man die Archivdatei (wie oben beschrieben) vor dem Verschieben verschlüsseln, die zu archivierenden Dateien durch Angabe regulärer Ausdrücke in istEintrag() beschränken und die Generationenverwaltung verbessern: Derzeit sind, wenn eine Vollsicherung überschrieben wird, die Differenzsicherungen für die darauf folgenden Tage des

Vorjahres weitgehend nutzlos (sie beziehen sich auf nicht mehr vorhandene Daten). Entweder sollte man sie löschen oder die Vollsicherung des Vorjahres noch so lange archivieren, bis die letzte von ihnen gelöscht ist.

Zum Abschluss dieses Abschnittes wollen wir uns noch ansehen, wie man in Perl mit Hilfe des CPAN-Moduls `Archive::Zip` komprimierte Archive erstellen kann. Zur Installation von `Archive::Zip` werden außerdem `Compress::Zlib` und `Zlib` benötigt. Beide Pakete sind unter Unix und Windows verwendbar. Sehen wir uns zunächst ein Beispiel für das Erzeugen eines Archivs an:

Daten komprimieren

```perl
use Archive::Zip;
use strict;

my $archiv = Archive::Zip->new();

my $element = $archiv->addString("Label", "testdatei.txt");
$element = $archiv->addDirectory("test/");
$element = $archiv->addFile("test.pl");
$element->desiredCompressionMethod(COMPRESSION_DEFLATED);

if ($archiv->writeToFileNamed("test.zip") != AZ_OK) {
    print "Fehler beim Schreiben der Zip-Datei!\n";
    exit(-1);
}
```

Mit `new()` wird ein neues Archiv erstellt. `addString()` fügt dem Archiv eine Zeichenkette (`testdatei.txt`) mit einem symbolischen Namen hinzu (*Label*). Wichtiger sind `addDirectory()` und `addFile()`. Mit diesen Methoden werden Verzeichnisse und Dateien hinzugefügt. Die Methode `desiredCompressionMethod()` definiert, ob ein Element komprimiert werden soll. Schließlich wird das Archiv mit `writeToFileNamed()` in eine Datei geschrieben.

Das nächste Beispiel zeigt, wie man aus einem Archiv lesen kann. Zunächst wird wiederum ein neues Archiv erzeugt. Mit `read()` wird der Inhalt einer Archivdatei eingelesen. `contents()` liest den Inhalt eines Elementes als Zeichenkette aus, `extractMember()` liest ein Element (Datei, Verzeichnis et cetera) ins Dateisystem aus und `removeMember()` löscht ein Element aus dem Archiv.

```perl
my $archiv = Archive::Zip->new();
my $ergebnis = $archiv->read("test.zip");
if ($ergebnis==AZ_OK) {
    print $archiv->contents("test.pl");
```

```
    my $element = $archiv->extractMember("test.pl");
    $element = $archiv->removeMember("test.pl");
}
```

Diese Methoden können beispielsweise in unserem Sicherungsprogramm eingesetzt werden. Damit lässt sich eine ausreichende Datensicherung realisieren. *Was ist aber mit dem Wiederherstellen?* Da das
Wiederherstellen von gesicherten Daten nur sehr selten benötigt wird,
lohnt sich hier eine Automatisierung kaum. Wenn man Zlib zum Erstellen von Archiven verwendet und diese nicht verschlüsselt, kann man
ohne weiteres WinZip (Windows) oder Gzip (Unix) zum Wiederherstellen einsetzen. Natürlich können Sie aber auch ein Perl-Skript schreiben,
das die oben angegebenen Funktionen benutzt.

7.3.3   Logging und Monitoring

Was ist Logging?   Als *Logging* bezeichnet man das Führen von Dateien (»Logbüchern«),
in denen wichtige Ereignisse zusammen mit dem Zeitpunkt ihres Auftretens festgehalten werden. Auf Betriebssystemebene umfasst Logging
das Aufzeichnen von Systeminteraktionen (durch Benutzer und Anwendungen), von Ausnahmezuständen, Gerätefehlern und möglichen
Was ist Monitoring?   Sicherheitsverletzungen.   *Monitoring* ist das Prüfen eines Betriebssystems auf der Basis der geführten Logdateien sowie mit Hilfe von Dia-
gnoseprogrammen. Monitoring ist eine wesentliche Funktion der Systemadministration. Nur so kann ein funktionierendes System dauerhaft
gewährleistet werden.

In diesem Abschnitt werden wir uns ein einfaches Werkzeug (natürlich in Perl programmiert) für Logging und Monitoring bauen. Sowohl
Windows- als auch Unix-Betriebssysteme führen eine Reihe von Logdateien und bieten zahlreiche Diagnoseprogramme an. Unter Unix werden
alle Logdateien traditionell zentral im Verzeichnis /var/log gesammelt.
Windows-Logdateien sind meist nicht direkt lesbar, sondern nur über
Werkzeuge zugreifbar (zum Beispiel logman.exe, wmic.exe).
Ablauf von Logging   Abbildung 7.11 skizziert einen Logging- und Monitoring-Prozess.
und Monitoring   Im ersten Schritt werden die vorhandenen Werkzeuge ausgewertet. Der
daraus entstehende Report wird an die SystemadministratorInnen verteilt. Danach werden die Logdateien archiviert (zum Beispiel im Rahmen der Datensicherung) und neu initialisiert. Das ist auch das Muster, nach dem unser Monitoring-Programm arbeitet. Dabei handelt es
sich um einen Prozess, der nach dem Start nie mehr beendet wird, im
Hintergrund seine Arbeit tut und sonst schläft. Ein solches Programm
bezeichnet man auch als *transienten Hintergrundprozess.*

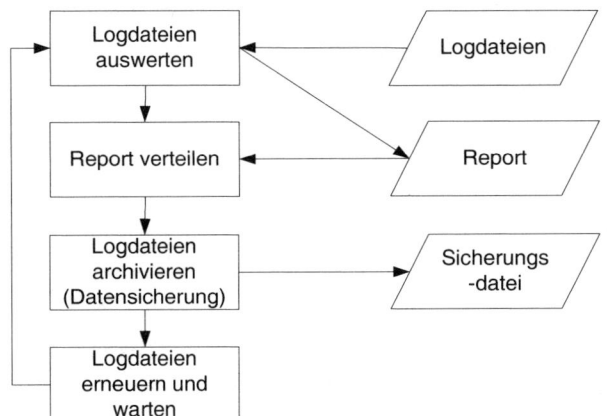

Abbildung 7.11
Prinzipieller Ablauf von
Monitoring und
Logging

Da es in den einzelnen Betriebssystemen eine Vielzahl verschiedener Logdatei-Formate und Diagnoseprogramme gibt, ist unser Monitoring-Programm sehr generisch aufgebaut. Es wird über eine Eingabedatei gesteuert, die folgendermaßen aussehen kann:

Ein generisches Logging- und Monitoring-Skript

```
Webzugriffe      ^[\.\d]+     cat /var/log/apache2/access_log
Versandte Mails  smtp [\.\w]+ cat /var/log/mail
Logins           ^[\w]+       last
```

Die erste Spalte gibt Überschriften für Bereiche des Reports an. Für jeden Bereich wird nach dem in der zweiten Spalte angegebenen Muster gesucht. Jeder Treffer wird in seiner *konkreten* Form abgelegt (zum Beispiel für den ersten Ausdruck: 128.120, 1.2.3, 45 et cetera). Dazu wird eine Zahl gespeichert, *wie oft* dieser konkrete Wert gefunden wurde. Das Suchmuster wird auf die Ausgabe des Betriebssystem-Kommandos in der dritten Spalte angewandt. Dieser Bereich ist als einziger Betriebssystem-spezifisch.

Format der Konfigurationsdatei

Sehen wir uns das Monitoring-Programm an. Zunächst lesen wir die Eingabedatei ein und speichern Überschriften, Muster und Kommandos in Listen. In $anzahl merken wir uns die Anzahl der Bereiche.

```
#!/usr/bin/perl

use strict;

# 1. Muster lesen
my @abschnitte = ();
my @muster = ();
my @kommandos = ();
```

```
my $i = 0;
open(IN, "./eingabe.txt");
while(<IN>) {
    chop;
    ($abschnitte[$i],$muster[$i],$kommandos[$i]) = split(/\t/);
    $i++;
}
close(IN);
my $anzahl = $i;
```

Danach startet der transiente Prozess. while(1) leitet eine Endlosschleife
ein. Zunächst initialisieren wir die Zeichenkette für die Ausgabe. Danach werden die einzelnen Bereiche in einer Schleife durchgegangen,
die Kommandos ausgeführt und die Ausgabe der Kommandos nach den
Mustern durchsucht. Treffer werden in %statDaten abgelegt. Ist die Ausgabe des Kommandos vollständig durchsucht, werden die Ergebnisse in
den Report ausgegeben.

```
# 2. Transienter Monitoring-Prozess
while(1) {
    my $statistik = "Logfile-Statistik\n\n";
    for($i=0; $i<$anzahl; $i++) {
        my %statDaten = ();        # Daten sammeln
        my $logDaten = '$kommandos[$i]';
        foreach my $eintrag (split(/\n/,$logDaten)) {
            if ($eintrag =~ /($muster[$i])/) {
                $statDaten{$1}++;
            }
        }

        # Statistik ausgeben
        $statistik .= $abschnitte[$i].":\n";
        foreach my $element (sort keys(%statDaten)) {
            $statistik .= $element."\t".$statDaten{$element}."\n";
        }
        $statistik .= "\n";
    }

    open(OUT,">./statistik.txt");
    print OUT $statistik;
    close(OUT);

    sleep(3600);
}
```

Wenn alle Bereiche abgearbeitet sind, wird der Report in eine Datei ausgegeben und das Monitoring-Skript wartet eine Stunde bis zum nächsten Report. Dieses einfache Skript erzeugt – abhängig von der Eingabedatei – bereits eine sehr umfangreiche, aussagekräftige Statistik. Die Qualität der Ausgabe hängt wesentlich von der Qualität der Eingabemuster ab. Derzeit führt das Programm nur Monitoring durch. Es ließe sich leicht auf Logdateien-Verwaltung erweitern, indem man nach der Analyse die Logdateien in ein Archiv verschieben würde. Außerdem könnte man den Report automatisch per E-Mail versenden. *Versuchen Sie selbst, das Monitoring-Programm zu erweitern und zu verbessern!*

Ablauf des Monitorings

7.4 Integration externer Anwendungen in Perl

Als letzte systemnahe Aufgabe sehen wir uns in diesem Abschnitt die Kommunikation von Perl-Programmen mit externen Anwendungen an. Wir haben bereits (in Abschnitt 7.2.2) die Erzeugung und Verwendung externer Prozesse behandelt. In diesem Abschnitt geht es um die Kommunikation mit Anwendungen über Ein- und Ausgabedateien.

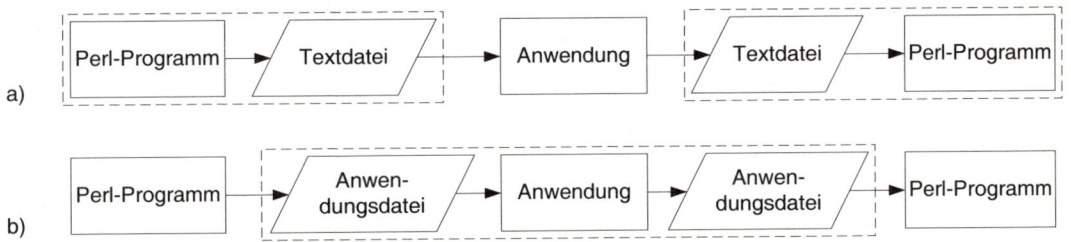

Abbildung 7.12
Grundsätzliche Formen des Datenaustausches zwischen Perl-Programmen und externen Anwendungen

Abbildung 7.12 zeigt die beiden grundsätzlichen Möglichkeiten, um externe Anwendungen mit Perl zu steuern. Vorgangsweise *a)* findet Anwendung bei Programmen, die mit Klartextdateien arbeiten können (Betriebssystem-Kommandos, Microsoft Word et cetera), Vorgangsweise *b)* bei allen übrigen Anwendungen (zum Beispiel Microsoft Excel).

Als abschließendes Beispiel dieses Kapitels versuchen wir, Excel-Dateien mit Perl zu lesen und zu schreiben. Dazu verwenden wir die CPAN-Module `Spreadsheet::ParseExcel` und `Spreadsheet::WriteExcel`. Excel ist eine typische Tabellenkalkulation (*Spreadsheet*), wie sie von fast allen Office-Paketen angeboten wird. Mit Excel ist es möglich, Abrechnungen und Kalkulationen auf einfache und flexible Weise zu erstellen. Eine Einführung in Excel finden Sie in [32]. (Anmerkung: Ex-

Erstellen von Excel-Dateien

cel kann viel mehr, als man gemeinhin glaubt. Es lohnt sich sehr, sich
mit diesem Programm zu beschäftigen!)

Beide Excel-Module sind plattformunabhängig. Spreadsheet::WriteExcel benötigt außerdem das Paket Parse::RecDescent.
Das folgende Programmsegment zeigt, wie man in Perl eine Excel-
Tabelle erzeugen kann:

```perl
#/usr/bin/perl -w

use strict;
use Spreadsheet::WriteExcel;

my $buch = Spreadsheet::WriteExcel->new("test.xls");
my $tabelle = $buch->add_worksheet();

$tabelle->write(0, 0, "Das ist ein Text");
$tabelle->write("A3", 1.2345);
$tabelle->write("A4", "=SIN(PI()/4)");

my $format = $buch->add_format();
$format->set_bold();
$format->set_color("green");
$format->set_align("center");
$tabelle->write(1, 0, "Apfelbaum", $format);

my @daten = (["Gunnar", "Anna", "Friderike"],
             [29,       31,      27],
             ["Malmö",  "Oslo", "Stockholm"]);
$tabelle->write_col("A5", \@daten);

$buch->close();
```

$buch ist eine Excel-Arbeitsdatei, die mit new() erzeugt und erstmals ge-
speichert wird. Mit add_worksheet() wird der Arbeitsdatei eine Tabelle
hinzugefügt. Die Methode write() schreibt an die angegebene Position
in der Tabelle (Zeile, Spalte; numerisch oder in Excel-Syntax) den angegebenen Wert (Excel unterstützt auch Formeln). In der Variable $format
erzeugen wir eine Formatierung für einen Eintrag. Dieses Format können wir bei write() als zusätzlichen Parameter angeben. Schließlich ist
es auch möglich, mit write_col() zweidimensionale Perl-Listen in der
Tabelle abzulegen. Im Beispiel werden Namen, Altersangaben und Orte
untereinander angeordnet. Abbildung 7.13 zeigt, wie die fertige Tabelle
aussieht, wenn man sie mit Excel öffnet.

Spreadsheet::ParseExcel benötigt zusätzlich das Paket
OLE::StorageLite. Leider sind die Datenstrukturen der Module

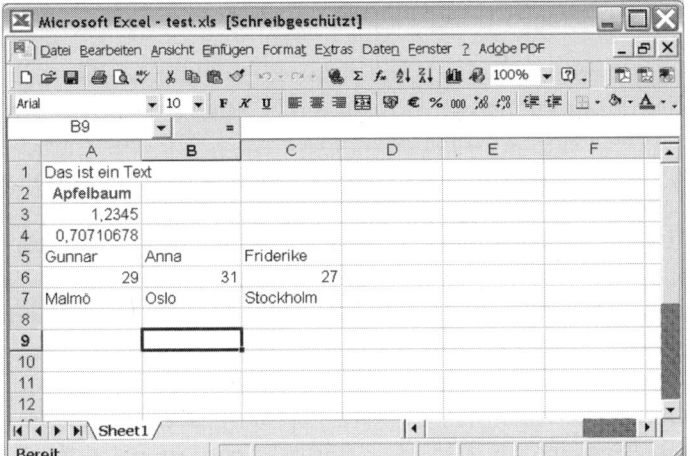

Abbildung 7.13
*Das im Beispiel
erzeugte
Excel-Arbeitsblatt*

für Lesen und Schreiben derzeit noch inkompatibel. Daher kann man gelesene Daten nicht mit WriteExcel weitergeben. Lesen funktioniert folgendermaßen:

```perl
#/usr/bin/perl -w

use strict;
use Spreadsheet::ParseExcel;
my $buch = Workbook->Parse("test.xls");

foreach my $tabelle ($buch->{Worksheet}) {
    print $tabelle->{Name},"\n";
    for(my $zeile=$tabelle->{MinRow};
        $zeile<=$tabelle->{MaxRow}; $zeile++) {
        for(my $spalte=$tabelle->{MinCol};
            $spalte<=$tabelle->{MaxCol}; $spalte++) {
            my $zelle = $tabelle->{Cells}[$zeile][$spalte];
            print "$zeile, $spalte: ",$zelle->Value,"\n";
        }
    }
}
```

Zunächst wird die Datei geöffnet. Diese kann dann durch Zugriff auf interne Variablen tabellen-, zeilen- und spaltenweise gelesen werden. MinCol und MaxCol geben für jede Tabelle die Nummern der ersten und letzten belegten Spalte an. Value gibt den Wert einer Spalte (nicht die Formel) aus.

7.5   Zusammenfassung

In diesem Kapitel haben wir einzelne, sehr wichtige Bereiche der systemnahen Programmierung herausgegriffen und gezeigt, wie man sie in Perl verwenden beziehungsweise lösen kann. Wir haben gelernt, wie man mit mehreren parallelen Prozessen arbeiten kann, wie man das Dateisystem eines Computers durchsucht, wie man Daten verschlüsselt, solide Datensicherungen durchführt und die Beobachtung von Systemereignissen automatisieren kann. Natürlich konnten wir in diesem Kapitel nur einen kurzen Ausschnitt aus der Palette der Möglichkeiten bringen. Dennoch handelt es sich dabei nach unserer Ansicht um die wichtigsten Themen aus diesem Bereich. *Probieren Sie die vorgestellten Programme aus, versuchen Sie sie zu verbessern und beschäftigen Sie sich eingehend mit den Übungsaufgaben, bevor Sie mit dem nächsten Kapitel weitermachen!*

7.6   Übungsaufgaben

1. Passen Sie das in diesem Kapitel vorgestellte Suchprogramm an: Ersetzen Sie alle vorkommenden Varianten des Suchstrings durch eine mit Blowfish verschlüsselte Zeichenkette.
2. Verwenden Sie `File::Find`, um einen übersichtlichen Report über alle Dateien eines Verzeichnisteilbaums zu erstellen.
3. Implementieren Sie eine Datensicherung für Ihren Rechner, wobei die zu sichernden Verzeichnisse als Liste regulärer Ausdrücke in einer Textdatei übergeben, die gesicherten Dateien verschlüsselt und die Sicherungsdateien gezippt abgelegt werden.
4. Implementieren Sie ein einfaches Logging für Ihren Rechner. Die einzelnen Logging-Schritte (archivieren, löschen, Reports erzeugen et cetera) sollen von einem Textmenü aufgerufen werden. Verwenden Sie dazu die im Anhang beschriebenen Entwurfsmuster.
5. Schreiben Sie ein Programm, das Logging-Daten (Benutzerstatistik et cetera) in eine Excel-Arbeitsmappe exportiert. Ein Hintergrundprozess soll stündlich Excel (oder eine kompatible Tabellenkalkulation) mit der aktualisierten Statistik ausführen.

8 Unvermutetes

8.1 Motivation

Nachdem wir uns die Kernanwendungsgebiete für Perl angesehen haben, befassen wir uns in diesem Kapitel mit einigen Anwendungsgebieten, die man nicht unmittelbar mit Perl assoziiert. Das heißt aber nicht, dass diese Anwendungen weniger wichtig oder Perl zur Lösung weniger geeignet wäre als andere Programmiersprachen. Vielmehr werden wir sehen, dass die besonderen Eigenschaften von Perl elegante Lösungen für viele auftretende Detailprobleme erlauben.

Trotz aller Ernsthaftigkeit hat dieses Kapitel aber dennoch einen spielerischen Aspekt. Diesen möchten wir generell betonen: Programmieren ist – wie jedes Nachahmen der Wirklichkeit – ein Spiel. Es sollte Spaß machen. Natürlich klingt das nach zehn Stunden Fehlersuche einigermaßen zahnlos. Diese Erfahrung werden Sie unweigerlich machen. Der Spaß sollte aber immer zurückkehren – besser: Man sollte ihn sich immer wieder gönnen!

Programmieren soll Spaß machen

Daher werden wir in den folgenden Abschnitten eine Reihe von CPAN-Modulen ausprobieren und mit ihnen unter anderem WWW-Suchprogramme, virtuelle Welten und grafische Benutzerschnittstellen bauen. Damit decken wir aber nur einen geringen Teil des CPAN ab. Es gibt noch viele weitere Module, die darauf warten, von Ihnen entdeckt und genutzt zu werden.

Überblick

Die in diesem Kapitel vorgestellten Methoden bieten – zusammen mit dem Wissen aus den bisherigen Kapiteln – unglaublichen Mehrwert! Sie können damit Ihre Programme wesentlich aufpolieren und erweitern. Sehen Sie sich also alle Beispiele gut an und versuchen Sie, die Übungsaufgaben am Ende des Kapitels zu implementieren.

8.2 Zugriff auf das Wissen des World Wide Web

Unser erstes Beispiel ist ein sehr nützliches Programm, das wir auch selbst häufig einsetzen. Hier zeigen wir eine vereinfachte Version, die Sie aber selbst leicht erweitern können. Das Programm ist ein *Crawler* (auch *Web-Wurm* genannt): ein Programm, das das Internet nach Webseiten mit bestimmtem Inhalt (Text) oder nach Verweisen auf bestimmte Medientypen (Videos, Bilder et cetera) durchsucht.

Abbildung 8.1
Ablauf des
Suchprogramms

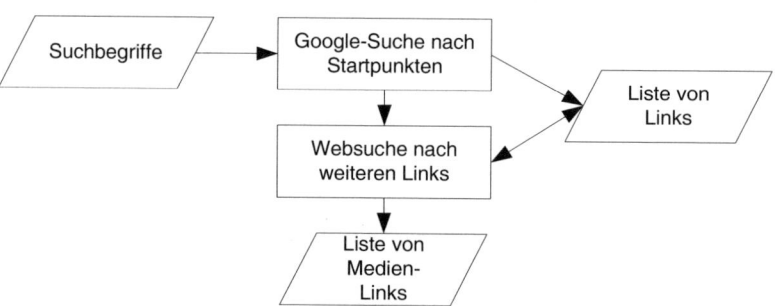

Unser Web-Wurm   Abbildung 8.1 beschreibt das Modell, nach dem unser Crawler funktioniert. Ausgehend von einer Liste von Suchbegriffen führt er zunächst eine Abfrage in Google durch. Damit erhalten wir eine Liste von Startpunkten für die weitere Suche. Diese Liste wird vom Crawler linkweise abgearbeitet. Die Seiten werden nacheinander gelesen und ausgewertet. Wird innerhalb der Seite ein Link auf eine noch nicht besuchte Webseite gefunden, so wird dieser Verweis am Ende der Liste zu besuchender Links hinzugefügt. Wird ein Verweis auf ein interessantes Medium gefunden, so wird er in einer Ergebnisliste gespeichert. Dabei ist »interessant« folgendermaßen definiert:

❑ Der Link verweist auf eine Datei mit einer bestimmten Endung. Daraus lässt sich meist der Medientyp ablesen (zum Beispiel: (jpeg|gif|tiff)).

❑ Im Text, von dem der Verweis umgeben ist, stehen Wörter, die einem regulären Ausdruck entsprechen (zum Beispiel: (Haus|Auto)). Dabei bleibt es der Benutzerin überlassen, wie groß sie den Suchbereich um den Link definiert.

Startpunkt: Unser Crawler verwendet zur Google-Suche die CPAN-Module
Google-Suche   WWW::Search und WWW::Search::Google. Diese benötigen eine Reihe weiterer Module, sind aber sowohl unter Unix als auch unter Windows verwendbar. Zum Lesen von Webseiten verwenden wir einerseits

HTTP::Request und HTTP::Response zur Formulierung von Anfragen sowie LWP::UserAgent zum Ausführen von Anfragen. Diese Module können ebenfalls sowohl unter Unix als auch unter Windows verwendet werden.

Das sollte an Vorwissen reichen. Sehen wir uns den Algorithmus an. Zunächst werden die benötigten Module importiert. Danach definieren wir die Eingabevariablen an den Algorithmus. $suchWorte enthält die Zeichenkette, nach der in Google gesucht wird. Die Variablen $suchMuster und $medienTypen definieren (als reguläre Ausdrücke), was wir »interessant« finden. Mit der angegebenen Konfiguration suchen wir nach Videodateien zu Landschaften, Menschen und Städten (ausgehend von vermutlich skandinavischen Webseiten). $suchRadius definiert den Bereich (in Zeichen) vor und nach einer URL, in dem nach dem Suchmuster gesucht werden soll. Der Suchbereich ist in unserem Beispiel also 200 Zeichen lang. Schließlich definiert $nichtMuster, welche Ausdrücke im Suchbereich nicht vorkommen dürfen.

Beginn: Variablen deklarieren

```perl
#!/usr/bin/perl -w

use strict;
use WWW::Search;
use LWP::UserAgent;
use HTTP::Request;

# 0. Eingaben und Variablen

my $suchWorte = "schweden norwegen dänemark";
my $medienTypen = "\.(avi|mov|mpg)";
my $suchMuster = "(landschaft|menschen|städte)";
my $suchRadius = 100;
my $nichtMuster = "(spanien|griechenland)";
```

Die nachfolgenden Variablen definieren Zustände im Algorithmus. $erinnerteLinks gibt an, an wie viele Webseiten sich der Crawler erinnern soll. Der Wert 100 bedeutet, dass er frühestens nach hundert Webseiten auf eine schon früher verarbeitete Webseite zugreifen wird. @linkListe enthält die Liste noch abzuarbeitender Webseiten. @gefundeneMedien ist der Speicher für Verweise auf interessante Medien. $gefundeneLinks schließlich ist eine Hilfsvariable, um schnell überprüfen zu können, ob eine Webseite schon einmal gelesen wurde. Sehen wir uns an, wie die Variablen verwendet werden.

```
my $erinnerteLinks = 100;
my @linkListe = ();
my @gefundeneMedien = ();
my $gefundeneLinks = "";
```

Webabfragen durchführen

Zunächst die Google-Abfrage. Als Erstes benötigen Sie einen Zugangs-schlüssel. Diesen können Sie kostenlos von der Google-Website bezie-hen [22]. Danach wird eine neue Abfrage definiert, mit native_query() ausgeführt und elementweise abgearbeitet. Für jeden Treffer merken wir uns die URL auf die Webseite.

```
# 1. Google durchsuchen
my $googleKey="xxx";
my $suche = WWW::Search->new('Google', key => $googleKey);
$suche->native_query($suchWorte);
while((my $link = $suche->next_result())) {
    push(@linkListe, $link->url);
}
```

Mit der initialisierten Linkliste beginnen wir die seitenweise Suche. Zu-nächst erzeugen wir einen virtuellen Webbrowser (genannt $ua für *User Agent*). Die nachfolgenden Schritte werden für jeden Link ausgeführt. Zunächst wird der erste Link aus der Liste gelesen und danach der In-halt der referenzierten Website über den virtuellen Webbrowser gelesen und in $seite gespeichert.

Webseiten lesen

```
# 2. Iterativ in Webseiten suchen
my $ua = new LWP::UserAgent;
my $anzahlGefundenerLinks = 0;
my $link;
my $seite;
while(@linkListe != ()) {
    # 2.1 Ersten Link lesen
    $link = shift(@linkListe);

    my $request = new HTTP::Request("GET" => $link);
    my $response = $ua->request($request);
    $seite = $response->content;
```

Seiten auswerten

Die Auswertung besteht aus folgenden Schritten. Zunächst merken wir uns das bisherige Aussehen der Webseite in $alteSeite und suchen nach dem ersten HTML-Verweis in der Webseite. Diese beginnen immer mit a href= (a steht für Anchor, Verweis). Für die weitere Verarbeitung fil-tern wir aus dem Ausdruck die Webseite heraus, auf die verwiesen wird, und speichern sie in $linkKandidat. (Sehen Sie sich den Quelltext von Webseiten an, um den verwendeten regulären Ausdruck zu verstehen!) Als Nächstes schneiden wir den Suchbereich aus der Webseite heraus. Bevor wir mit der Prüfung des Suchbereichs fortsetzen, entfernen wir noch den gefundenen Link aus der Webseite. Wir werden gleich sehen, warum das wichtig ist!

```
# 2.2 Ergebnisseite auswerten
my $alteSeite;
do {
    $alteSeite = $seite;
    if ($seite =~ /\<\s*a\s+href\s*=\s*["']*(http:[^"'\s]+)/i) {
        my $linkKandidat = $1;
        my $pos = index($seite, $linkKandidat);
        my $start = $pos - $suchRadius;
        if ($start < 0) {
            $start=0;
        }
        my $suchBereich = substr($seite,$start,$suchRadius*2);
        $seite =~ s/$linkKandidat//g;
```

Als Nächstes wird der Suchbereich auf die oben definierten Muster überprüft. Geht diese Prüfung erfolgreich aus, wir geprüft, ob auch der Dateityp stimmt. Falls ja, wird das Medium der Liste interessanter Medien hinzugefügt. Falls nein, wird überprüft, ob es sich bei diesem Link um eine Webseite handelt und ob diese Webseite noch nicht bekannt ist. Falls beides zutrifft, wird die Webseite der Link-Liste hinzugefügt.

An dieser Stelle wird auch das Gedächtnis bereits besuchter Links gepflegt. Wurde die in $erinnerteLinks angegebene Zahl noch nicht erreicht, wird nur ein Zähler erhöht. Falls aber ja, wird der erste Link des Gedächtnisses entfernt. Anschließend wird in beiden Fällen der neue Link hinzugefügt.

```
if ($suchBereich =~ $suchMuster &&
    $suchBereich !~ $nichtMuster) {
    if ($linkKandidat =~ $medienTypen) {
        push(@gefundeneMedien,$linkKandidat);
    }
    if ($linkKandidat =~ /\.html*$/ &&
    $gefundeneLinks !~ /$linkKandidat\t/) {
        push(@linkListe,$linkKandidat);
```

```
            # 2.2.1 Liste gefundener Seiten updaten
            if ($anzahlGefundenerLinks < $erinnerteLinks) {
                $anzahlGefundenerLinks++;
            } else {
                $gefundeneLinks =~ s/^[^\t]+\t//;
            }
            $gefundeneLinks .= $linkKandidat."\t";
          }
        }
      }
    } while($seite ne $alteSeite);
}
```

Abschließend wird überprüft, ob die verarbeitete Seite immer noch der in $alteSeite gespeicherten entspricht. Falls ja, gibt es dafür nur einen Grund: Es wurde kein Link mehr gefunden. Dann wird die Schleife abgebrochen und die Verarbeitung mit dem nächsten Link fortgesetzt. Das ist ein beliebtes Muster, um Text mit Hilfe regulärer Ausdrücke zu verarbeiten!

Wenn alle Links verwertet und keine neuen mehr gefunden wurden, kann man daran gehen, die Liste gefundener Medien zu verarbeiten. Man kann sie entweder ausgeben, in eine Datei speichern oder die Medien mit Hilfe des virtuellen Webbrowsers herunterladen.

```
# 3. Ergebnisse speichern (zum Beispiel in Datei):
#    @gefundeneMedien
```

Eine interessante Frage zu diesem Crawler ist, warum wir für das Gedächtnis keine Liste, sondern eine Zeichenkette verwenden. Der Grund ist einfach: Diese Lösung ist schneller. Ein regulärer Ausdruck reicht, um diese Bedingung zu prüfen. Würden wir eine Liste verwenden, wäre eine foreach-Schleife zur Prüfung nötig.

Verbesserungs-möglichkeiten

Unser Algorithmus hat aber folgende Schwächen: Er arbeitet unter Umständen endlos, bevor er eine Ausgabe erzeugt. Sicherer wäre es, die Ergebnisse nicht in einer Liste zwischenzuspeichern, sondern gleich zu verarbeiten oder auszugeben. Außerdem beginnen nicht alle verwertbaren URLs mit der Kennung http und unser Algorithmus verfolgt nur absolute Verweise. Verweise, die relativ zur angegebenen Webseite sind, werden nicht verfolgt. Schließlich können Medien, wenn sie mehrfach verlinkt sind, auch mehrfach gefunden werden. Um das zu verhindern, benötigen wir ein Gedächtnis, wie für die verarbeiteten Links.

Mögliche Erweiterungen des Algorithmus wären, alle im Suchbereich gefundenen Zeichenketten (Wörter für die angegebenen regulären

Ausdrücke) aufzuheben, um Anhaltspunkte für weitere Suchen zu liefern. Schließlich könnte man die Medien im Algorithmus bereits in eine Datenbank einlesen und mit Metadaten versehen (wo gefunden? Name? et cetera). Versuchen Sie selbst, die angegebenen Schwächen zu beseitigen und diese Erweiterungen zu implementieren.

Alternativ zur Implementierung eines eigenen Crawlers bietet das CPAN einen vordefinierten an. Das Modul `WWW::Robot` kann folgendermaßen verwendet werden:

Der CPAN Robot

```perl
use strict;
use WWW::Robot;

my $wurm = new WWW::Robot("NAME"    => "MeinWurm",
                          "VERSION" => "1.000",
                          "EMAIL"   => "soeren@gustavson.se");
# Konfiguration...
$wurm->run("http://www.soederberg.se/");
```

Der Verweis in `run()` gibt den Startpunkt an. Dieser Crawler kann zwar einfacher verwendet werden, ist dafür trotz aller Konfigurationsmöglichkeiten aber weniger flexibel als ein selbst geschriebener. Als schnelle Lösung ist er jedoch zu empfehlen.

8.3 Bilderzeugung und -verarbeitung

Nachfolgend sehen wir uns an, was Perl zur Bildverarbeitung zu bieten hat. Zunächst erzeugen wir aus Daten Diagramme. Dann sehen wir uns das Zeichnen und die Verarbeitung bestehender Bilder an. Als abschließenden Höhepunkt bauen wir dann noch eine virtuelle, dreidimensionale Welt.

8.3.1 Diagramme erzeugen

Diagramme sind eine Visualisierungstechnik für Datenmengen. Diese Datenmengen kommen oft aus der Statistik, ein notwendiger Zusammenhang besteht aber nicht: Es kann sich um beliebige Daten handeln. Der große Vorteil von Diagrammen gegenüber Datentabellen ist, dass Visualisiertes für jeden Menschen *intuitiv* verständlich ist, das heißt, die Datenzusammenhänge (vor allem relative Werte, Verhältnisse) können ohne weiteres Vorwissen erkannt werden. Natürlich spielt dabei dennoch die Prägung eine gewisse Rolle; dieses Vorwissen ist aber bei fast jedem Menschen der westlichen Welt vorhanden.

Diagramme und Anwendungen

Anwendungen für Diagramme gibt es in der Perl-Welt genügend: Man könnte zum Beispiel Datenbestände visualisieren und über eine Webseite publizieren oder das Systemmonitoring durch Diagramme unterstützen. Solche Verfahren nennt man auch *OLAP – Online Analytical Processing*. Wichtig ist, dass der verwendete Diagrammtyp den zu visualisierenden Daten entspricht. So eignen sich Kreisdiagramme etwa sehr gut, um Anteile von Faktoren an einer einheitlichen Gesamtgröße (zum Beispiel hundert Prozent) darzustellen, aber nicht, um zeitabhängige Größen zu visualisieren. Zur Einführung in die Verwendung von Diagrammen sei auf [39] verwiesen.

Wir haben in Kapitel 7 bereits das Lesen und Schreiben von Excel-Tabellen kennen gelernt. Excel ist eine Anwendung, mit der Datenbestände visualisiert werden können. Leider ist es über die vorgestellten Schnittstellen aber nicht möglich, Excel-Diagramme direkt aus Perl-Programmen heraus zu erstellen. Dafür gibt es im CPAN aber das Modul Chart::Base. Zur Installation benötigt es das Paket *GD* sowie die freie Grafikbibliothek *libgd*. Diese gibt es für Windows- und Unix-Betriebssysteme zum Herunterladen [3]. Sehen wir uns ein Beispiel an:

```
use strict;
use Chart::Pie;
my $diagramm = Chart::Pie->new(640,480);

$diagramm->set("title" => "Skandinavische Statistik");
$diagramm->add_dataset(("Dänemark", "Schweden", "Norwegen",
   "Finnland"));
$diagramm->add_dataset((570, 356, 1124, 78));


$diagramm->png("scandinavien.png");
```

Dieses Programm erzeugt ein Kreisdiagramm mit vier Elementen. Das erste hinzugefügte Dataset gibt die Überschriften für die Anteile an, das zweite die Datenwerte. Die Funktion png() speichert das erzeugte Diagramm als PNG-Grafik. Es stehen zwar auch andere Formate zur Verfügung (GIF, JPEG et cetera), für Diagramme ist unseres Erachtens dieses Format aber am besten geeignet. Das linke obere Element von Abbildung 8.2 zeigt das erzeugte Diagramm.

Mit demselben Programm, aber anderen verwendeten Diagramm-Modulen lassen sich andere Diagramme erzeugen. Abbildung 8.2 zeigt einige Beispiele. Das sind nur die Basismöglichkeiten für Perl-Diagramme. Chart bietet daneben viele andere Funktionen für weitere Diagrammtypen, zum Setzen von Farben, zum Formatieren der Legende et cetera. Mehr Informationen dazu finden Sie in den Hilfe-Dokumenten der Module. Die Grundstruktur ist jedoch immer, wie in

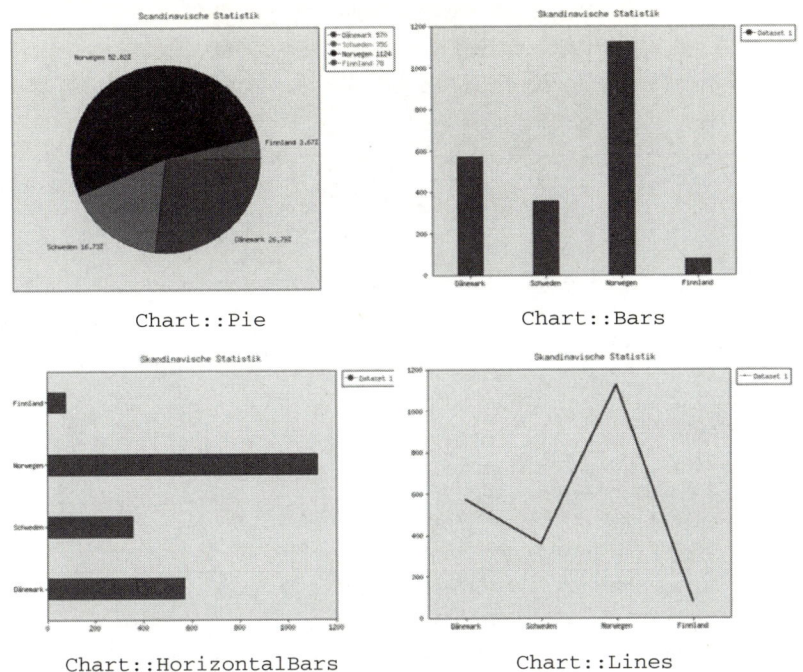

Abbildung 8.2
Beispiele für
Diagramme

Chart::Pie   Chart::Bars

Chart::HorizontalBars   Chart::Lines

diesem Beispiel angegeben! Im nächsten Abschnitt sehen wir uns die Erzeugung und Verarbeitung beliebiger Bilder an.

8.3.2 Bilder einlesen, verarbeiten und speichern

Mit dem Siegeszug der für jedermann leistbaren Digitalfotografie wurde digitale Bildverarbeitung zu einer Standardaufgabe für Personalcomputer. Vielen AnwenderInnen sind Adobe Photoshop und andere Bildverarbeitungsprogramme heute ebenso geläufig wie Textverarbeitungsprogramme und Tabellenkalkulationen. Was mit einem interaktiven Programm gemacht werden kann, lässt sich natürlich auch mit Hilfe eines Perl-Programms lösen.

Das CPAN bietet eine ganze Reihe von Paketen für Bildverarbeitung an: Image::Magick und Imager sind die beiden ausgereiftesten. Mit ihnen können Aufgaben erledigt werden wie Komprimieren, Umwandlung des Datenformates, Filtern, Zuschneiden, Verkleinern, Vergrößern et cetera. Wir haben uns für die folgenden Beispiele für das Paket Imager entschieden, weil es keine externen Bibliotheken benötigt, einfach zu installieren ist und sowohl unter Windows als auch Unix funktioniert. Für die nachfolgenden Programme verwenden wir das in Abbildung 8.3 dargestellte Ausgangsbild.

Pakete für
Bildverarbeitung

Bilddaten lesen

Zur Einführung ein einfaches Beispiel zum Lesen von Metadaten.

```perl
use strict;
use Imager;
my $bild = Imager->new;
$bild->open(file => "test-1.jpg") ||
    die "Kann Bilddatei nicht oeffnen!";
print "Höhe, Breite: ", $bild->getheight, "x",
   $bild->getwidth, " Pixel\n";
print "Farbkanäle: ", $bild->getchannels, "\n";
print "Bits je Farbkanal: ", $bild->bits, "\n";
```

Zunächst öffnen wir eine Bilddatei. Danach können wir die Parameter des Bildes mittels print ausgeben. Für unser Beispielbild erhalten wir folgende Ausgabe:

```
Höhe, Breite: 599x799 Pixel
Farbkanäle: 3
Bits je Farbkanal: 8
```

Bilder verarbeiten

Bild-Metadaten können zum Beispiel dazu benutzt werden, um Bilder nach Größe, Farbverwendung et cetera zu organisieren. Im nächsten Beispiel lesen wir das Ausgangsbild, erzeugen Kopien, verändern diese Kopien und geben die veränderten Bilder in Dateien aus. Diesmal verwenden wir Imager.

```perl
use strict;
use Imager;
my $bild = Imager->new;
$bild->open(file => "test-1.jpg") ||
   die "Kann Bilddatei nicht oeffnen!";
$bild = $bild->scale(scalefactor => 0.5);
```

```
my $logo = Imager->new;
$logo->open(file => "logo-1.jpg");
$logo->crop(left=>20, top=>10);
$logo = $logo->scale(scalefactor => 0.4);
```

Zunächst erzeugen wir ein leeres Bild. In dieses laden wir das Ausgangsbild. Danach skalieren wir es auf die halbe Seitenlänge. Zusätzlich lesen wir ein zweites Bild, das wir in der Folge als Logo verwenden. Mit
crop() schneiden wir oben links einige Zeilen und Spalten von Bildpunkten weg. Danach skalieren wir das Logo auf 40% seiner ursprünglichen Größe.

```
my $neuesBild1 = $bild->copy;
$neuesBild1->flip(dir => "vh");


my $neuesBild2 = $bild->rotate(degrees => 45);


my $neuesBild3 = $bild->convert(preset => "grey");
$neuesBild3->paste(left=>10, top=>10, img => $logo);


$neuesBild1->write(file => "neu1.png", type => "png");
$neuesBild2->write(file => "neu2.tif", type => "tiff");
$neuesBild3->write(file => "neu3.bmp", type => "bmp");
```

Das erste Ausgabebild erzeugen wir mit copy(). Danach spiegeln wir
es horizontal (h) und vertikal (v). Das zweite Ausgabebild erzeugen wir
durch Rotation im Uhrzeigersinn um 45 Grad. Dabei wird automatisch eine Kopie erstellt. Das dritte Ausgabebild erzeugen wir, indem
wir das Ausgangsbild in ein Grauwertbild umwandeln. Neben grey gibt
es noch einige andere Farbpaletten in Imager. Hierzu sei auf die Online-
Dokumentation im CPAN verwiesen. Nach der Umwandlung fügen wir
das Logo links oben ein. Abbildung 8.4 zeigt die drei Ausgabebilder
(gespeichert in drei verschiedenen Datenformaten).

 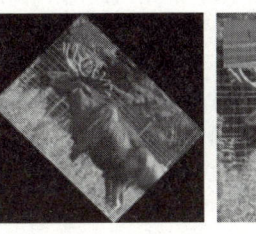 

Abbildung 8.4
Transformierte Bilder

$neuesBild1 $neuesBild2 $neuesBild3

Bilder filtern   Im nächsten Beispiel wenden wir Bildfilter auf das Ausgangsbild an. Zunächst öffnen wir wieder das Ausgangsbild. Danach erzeugen wir drei Kopien. Auf diese wenden wir mit der Funktion `filter()` Bildfilter an. Im ersten Bild erhöhen wir den Kontrast auf 300%, im zweiten wenden wir einen Weichzeichner an, im dritten vergröbern wir die Bildstruktur. Abbildung 8.5 zeigt die Ergebnisse.

```
use strict;
use Imager;
my $bild = Imager->new;
$bild->open(file => "test-1.jpg") ||
    die "Kann Bilddatei nicht oeffnen!";
$bild = $bild->scale(scalefactor => 0.5);

my $neuesBild1 = $bild->copy;
my $neuesBild2 = $bild->copy;
my $neuesBild3 = $bild->copy;
$neuesBild1->filter(type => "contrast", intensity => 3);
$neuesBild2->filter(type => "gaussian", stddev => 3);
$neuesBild3->filter(type => "mosaic", size => 8);
$neuesBild1->write(file => "neu1.png", type => "png");
$neuesBild2->write(file => "neu2.png", type => "png");
$neuesBild3->write(file => "neu3.png", type => "png");
```

Abbildung 8.5
Gefilterte Bilder

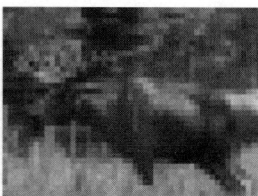

$neuesBild1 $neuesBild2 $neuesBild3

Für mehr Informationen zu Transformationen und Filtern sei auf [6] verwiesen. Imager bietet neben dem Verarbeiten vorhandener Bilder aber auch die Möglichkeit, neue zu zeichnen. Sehen wir uns ein Beispiel an. Das folgende Programm zeichnet einen Benutzer, so wie man

Bilder selbst zeichnen   ihn sich in den grafischen Methoden der Softwaremodellierung üblicherweise vorstellt (als Strichmännchen). Zunächst importieren wir die benötigten Pakete und erzeugen ein neues Bild.

```
use strict;
use Imager;
use Imager::Fill;
my $bild = Imager->new(xsize => 640, ysize => 480);

my $stiftFarbe = Imager::Color->new(0, 0, 0);
my $hintergrundFarbe = Imager::Color->new(255, 255, 255);
$bild->box(color=>$hintergrundFarbe, xmin=> 5, ymin=>5,
    xmax=>635, ymax=>475, filled=>0);
$bild->polygon(x=>[60,580,620,20], y=>[20,20,460,460],
    color => $hintergrundFarbe);

$bild->line(color=>$stiftFarbe, x1=>320, x2=>320, y1=>100,
            y2=>300);
$bild->line(color=>$stiftFarbe,x1=>200, x2=>440, y1=>200, y2=>200);
$bild->polyline(points=>[[220,450], [320,300], [420,450]]);
$bild->circle(color=>$stiftFarbe, r=>50, x=>320, y=>100);
$bild->circle(color=>$hintergrundFarbe, r=>49, x=>320, y=>100);
$bild->arc(color=>$stiftFarbe, r=>80, x=>320, y=>51, d1=>65,
            d2=>115);
$bild->arc(color=>$hintergrundFarbe, r=>79, x=>320,
    y=>51, d1=>60, d2=>120);
$bild->circle(color=>$stiftFarbe, r=>5, x=>300, y=>90);
$bild->circle(color=>$stiftFarbe, r=>5, x=>340, y=>90);

$bild->write(file => "benutzer.png", type => "png");
```

Danach malen wir mit box() den Hintergrund schwarz aus, dann erzeugen wir mit polygon() ein trapezförmiges weißes Feld im Hintergrund. In diesem bauen wir aus Linien (line(), polyline()), Kreisen (circle()) und Kreissegmenten (arc()) ein Strichmännchen. polyline() ist eine Linie mit mehreren Knicken. circle() und arc() verwenden wir in der angegebenen Weise, weil Imager Kreise grundsätzlich immer ausmalt. Um also nur eine schwarze Kontur zu erzeugen, müssen wir einen schwarzen Kreis mit einem etwas kleineren weißen Kreis überlagern. Abbildung 8.6 zeigt das Ergebnis.

Abbildung 8.6
Selbst gezeichneter Benutzer

Das sind nur einige Möglichkeiten, die Imager zum Zeichnen und zur Bildverarbeitung zur Verfügung stellt. Tauchen Sie selbst in die CPAN-Dokumentation ein und versuchen Sie, dieses Paket weiter aus-

Audio- und Videoverarbeitung mit Perl?

zureizen! Was es derzeit in Perl leider noch nicht gibt, sind Module zur Video- und Audioverarbeitung. Dazu ist man nach wie vor auf andere Programmiersprachen, wie Java und C, angewiesen. Eine Einführung in die Audio- und Videoverarbeitung finden Sie in [9].

8.3.3   Erzeugung dreidimensionaler Welten

Virtuelle Welten stellen am Bildschirm einen dreidimensionalen Raum dar. Natürlich hat der Bildschirm keine Tiefendimension. Diese wird durch die Verwendung perspektivischer Verzerrung der dargestellten Objekte simuliert. 3D-Computergrafik ist ein weites Feld, das sich mit dem Erstellen und Animieren virtueller Welten beschäftigt. Eine Einführung finden Sie in [48].

VRML

In Perl ist es möglich, mit Hilfe des Moduls VRML virtuelle Welten zu erzeugen. Diese werden allerdings nicht grafisch dargestellt, sondern als so genannte VRML-Dateien abgelegt. VRML ist eine Beschreibungssprache für virtuelle Welten [38]. Da VRML genormt ist, wird es von vielen Darstellungsprogrammen verstanden. So können mit Perl erzeugte virtuelle Welten grafisch ausgegeben werden. Sehen wir uns ein Beispiel an:

```
#!/usr/bin/perl -w

use strict;
use VRML;

my $vrml = new VRML;
$vrml->browser("Cosmo Player 2.0");

$vrml->transform_begin("t=0 0 0");
$vrml->sphere(10,"red");
$vrml->transform_end;

$vrml->at("25 0 0");
$vrml->cone("10 20","yellow");
$vrml->back;

$vrml->at("-25 0 0");
$vrml->box("20 20 20","blue");
$vrml->back;

$vrml->save("meineWelt.wrl");
```

Dieses Programm erzeugt eine einfache virtuelle Welt mit drei Objekten: einer Kugel (sphere()), einem Kegel (cone()) und einem Quader (box()). Für jedes Objekt muss seine Position in der virtuellen Welt angegeben werden (horizontal, vertikal, Tiefe). Das kann entweder mit transform_begin() oder at() erledigt werden. Nachdem die Welt erstellt wurde, wird sie mit save() in eine VRML-Datei ausgegeben.

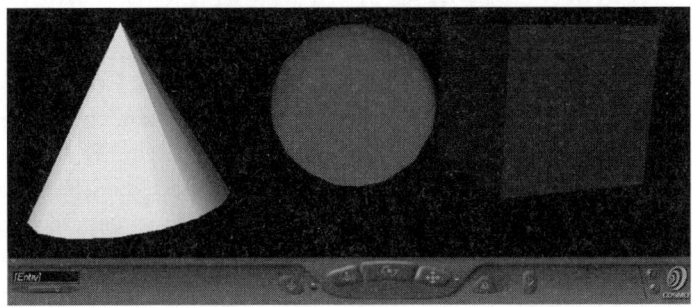

Abbildung 8.7
Einfache 3D-Welt im
Cosmo-Player

Abbildung 8.7 zeigt einen Blickwinkel im Cosmo-Player [2]. Das ist ein klassischer VRML-Player. Heute wird allerdings häufiger der Cortona-Player verwendet [14]. Das tolle an virtuellen Welten ist, dass man mit ihnen interagieren kann. So kann man zum Beispiel den Blickwinkel frei wählen. Abbildung 8.8 zeigt eine andere Sichtweise (»Kameraposition«).

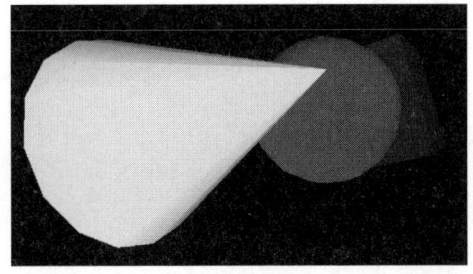

Abbildung 8.8
Dieselbe Welt aus
einem anderen
Blickwinkel

8.4 Benutzerschnittstellen

Als drittem Schwerpunkt dieses Kapitels wollen wir uns nun den Benutzerschnittstellen zuwenden. In Kapitel 2 haben wir bereits die wesentlichen Konzepte und Begriffe kennen gelernt. Unsere bisherigen Beispiele wurden über die Kommandozeile gestartet. Parameter wurden entweder beim Programmaufruf angegeben oder als globale Variablen definiert. Das genügt für ExpertInnen, die ein Programm häufig benutzen. Für gelegentliche BenutzerInnen ist es jedoch wichtig, bei der

Warum aufwendige
Benutzerschnittstellen?

Programmverwendung Hilfestellung zu erhalten. Dazu werden im Wesentlichen Benutzerschnittstellen verwendet. Im ersten Abschnitt sehen wir uns textuelle Benutzerschnittstellen an (die man fast überall einsetzen kann), im zweiten dann grafische Benutzerschnittstellen, die nur in grafischen Betriebssystemen eingesetzt werden können.

8.4.1 Textuelle Benutzerschnittstellen

Textuelle Benutzerschnittstellen imitieren Fenster, Eingabeelemente und Dialoge (*Widgets*) für textuelle Konsolen (zum Beispiel alte Großrechnerterminals, Telnet- und SecureShell-Clients). Sie sind meist einfach zu programmieren und schnell zu verwenden, da sie kaum Ressourcen benötigen. Sehen wir uns als einführendes Beispiel einen Fortschrittsbalken an. Fortschrittsbalken sind mittlerweile Stand der Technik für längere Systemaufgaben (Installationsroutinen et cetera). Sie geben den

Fortschrittsbalken BenutzerInnen das Gefühl, »dass etwas passiert« und dass ihr Computer immer noch arbeitet. Das CPAN bietet zur Implementierung einfacher Fortschrittsbalken das Modul `Term::ProgressBar` an:

```
use strict;
use Term::ProgressBar;
my $progress = Term::ProgressBar->new(100);

for(my $i=0;$i<100;$i++) {
    # Aktion
    $progress->update($i);
}
```

Hier wird ein Fortschrittsbalken erzeugt, der von 0 bis 100 läuft. Die ausgeführte Aktion kann ein beliebiger Block sein. Die Ausgabe sieht folgendermaßen aus:

```
26% [===========                                          ]
```

Die unter `Term::` zusammengefassten Module bieten neben Fortschrittsbalken noch eine Reihe weiterer Funktion, leider aber keine vollständige Sammlung von Werkzeugen für Benutzerschnittstellen. Daher sehen wir uns im Folgenden das Modul `Curses::UI` und seine Hilfsmodule an. Diese erlauben die Verwendung der Curses-Bibliothek für textuelle Schnittstellen aus Perl heraus. *Curses* stammt ursprünglich aus der Unix-Welt. Mittlerweile gibt es aber auch für Windows-Betriebssysteme Implementierungen. `Curses::UI` ist also auch unter Windows einsetzbar.

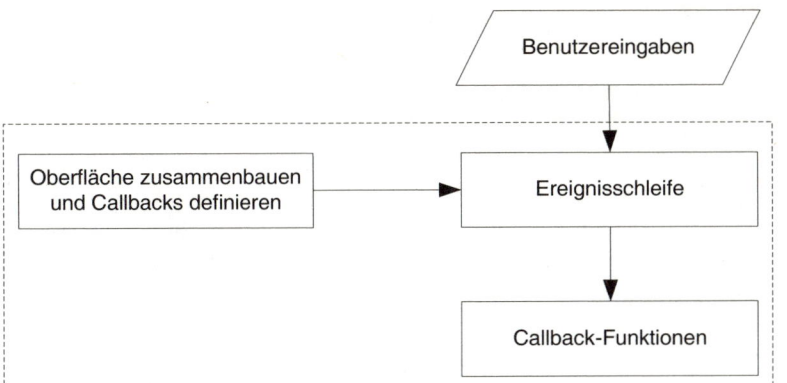

Abbildung 8.9
Modellierung von
Benutzerschnittstellen

Bevor wir uns ein Beispiel ansehen, wollen wir kurz den grundlegenden Aufbau von Programmen mit Benutzerschnittstellen erklären. Während die bisher gezeigten Algorithmen aus einem Fluss von Anweisungen bestanden, haben Programme mit Benutzerschnittstellen einen *zweistufigen*, immer gleichen Aufbau. Abbildung 8.9 zeigt diesen Aufbau. Im ersten Programmteil wird die Benutzeroberfläche erstellt. Darüber hinaus werden Funktionen definiert, die aufgerufen werden, wenn die Benutzerin die Elemente der Benutzerschnittstelle manipuliert (mittels Tastatur, Maus et cetera). Diese Funktionen nennt man auch *Callbacks*. Ist die Benutzerschnittstelle fertig, wird sie dargestellt und eine endlose Ereignisschleife gestartet (*Eventloop*). In dieser Schleife wartet das Programm auf Benutzereingaben (*Events*) und ruft die mit ihnen verknüpften Callbacks auf. Um das Programm beenden zu können, muss ebenfalls ein Callback definiert werden (zum Beispiel als Schaltfläche).

Aufbau von
Programmen mit
Benutzerschnittstellen

Callbacks

Sehen wir uns dazu ein Beispiel an. Das nachfolgende Programm ist eine einfache Bildschirmmaske zum Erfassen von Benutzerdaten. Zunächst erzeugen wir eine neue Benutzerschnittstelle und geben ein Nachrichtenfenster mit einer Begrüßung aus.

```perl
#!/usr/bin/perl -w

use strict;
use Curses::UI;

my $cui = new Curses::UI;
$cui->dialog("Guten Tag!");
```

Danach erzeugen wir die Benutzerschnittstelle. Zunächst benötigen wir ein Fenster. In diesem fügen wir Textelemente (*Label*) sowie Eingabe-

Widgets

felder (*Textentry*), Listen (*Listbox*) und eine Einfachauswahl (*Check-box*) hinzu. Der erste Parameter von add() ist jeweils ein Name und der zweite der Typ des zu erzeugenden Widgets. Über x und y können Zeile und Spalte im Fenster angegeben werden. Die Liste enthält zwei Elemente; ausgegeben werden symbolische Namen, intern werden Zahlen verwendet. Über selected wird bestimmt, welches Element zu Beginn ausgewählt ist. Schließlich definieren wir zwei Schaltflächen: eine zum Speichern und eine zum Abbrechen. Beide verweisen auf Callbacks, die als Perl-Funktionen implementiert sind (onpress).

```perl
my $win = $cui->add("f1", "Window");
my $label = $win->add("l1", "Label",
    -text => "Benutzererfassung", -x => 2, -y => 1);
$label = $win->add("l2", "Label",
    -text => "Name:", -x => 5, -y => 3);
$label = $win->add("l3", "Label",
    -text => "Geschlecht:", -x => 5, -y => 5);
$label = $win->add("l4", "Label",
    -text => "Verheiratet:", -x => 5, -y => 8);
my $textentry = $win->add("e1", "TextEntry",
        -x => 20, -y => 3);
my $listbox = $win->add("e2", "Listbox", -values => [1, 2],
    -labels => { 1 => "weiblich", 2 => "maennlich" },
    -selected => 1, -x => 20, -y => 5);
my $checkbox = $win->add("e3", "Checkbox", -checked => 0,
    -x => 20, -y => 8);
my $buttons = $win->add("b1", "Buttonbox",
    -buttons => [{ -label => "<Abbrechen>",
                    -onpress => \&abbrechen },
                 { -label => "<Speichern>",
                    -onpress => \&speichern}],
    -x => 2, -y => 10);
```

Ereignisschleife   Ist die Benutzerschnittstelle fertig, so wird die Ereignisschleife gestartet. Damit wird gleichzeitig die Benutzerschnittstelle dargestellt. Die beiden Callbacks sind sehr einfach implementiert. Die in den Widgets gespeicherten Werte (zum Beispiel textuelle Eingabe, Listenwert) können über Funktionen mit dem Namen get() gelesen werden.

```perl
$cui->mainloop;

sub abbrechen {
   exit(-1);
}
```

```
sub speichern {
    # Daten mit $widget->get lesen
    # und in Datei ablegen
    exit(0);
}
```

Abbildung 8.10
Beispielausgabe

Abbildung 8.10 zeigt ein Beispiel für die so erzeugte Benutzerschnittstelle. Sie enthält alle wesentlichen Konzepte, die es bei der Erzeugung und Verwendung von Benutzerschnittstellen gibt. Mehr zu Modellierung, gutem Design und anderen Aspekten von Benutzerschnittstellen finden Sie in [41]. Im nächsten Abschnitt sehen wir uns an, wie man grafische Benutzerschnittstellen erzeugt. Wir werden sehen, dass es keine großen Unterschiede zu textuellen gibt.

Gutes Design?

8.4.2 Grafische Benutzerschnittstellen

Was sind nun die wesentlichen Vorteile grafischer gegenüber textuellen Benutzerschnittstellen? Sie bieten mehr Platz und damit neue Möglichkeiten der Gestaltung (Gruppierung, Verwendung von Bildern et cetera). Vor allem aber wurden sie mit der Einführung grafischer Betriebssysteme Stand der Technik: Textuelle Schnittstellen sind zwar oft trotzdem noch effizienter, wirken aber verstaubt und es entsteht bei den Benutzern oft das subjektive Gefühl, dass sie schwieriger zu bedienen sind.

Vorteile grafischer Benutzerschnittstellen

Die Bedeutung grafischer Benutzerschnittstellen zeigt sich auch daran, dass das CPAN eine Reihe entsprechender Module anbietet: Sx ist ein auf dem Unix-Windows-System (X) basierender Toolkit, Tcl::Tk basiert auf der Programmiersprache Tcl (ähnlich zu Perl [33] – aber natürlich nicht so gut!) und Prima implementiert einen eigenen Satz von Widgets. Wir haben uns für eine vierte Sammlung entschieden: perl/Tk implementiert ebenfalls die Benutzerschnittstellen von Tcl, allerdings

CPAN-Module

in einer Form, die sehr einfach und schnell verwendbar ist. Für den Einsatz benötigt man nur eine installierte Tcl/Tk-Laufzeitumgebung. Diese ist unter Unix fast immer verfügbar und für Windows ebenfalls vorhanden. Tollerweise ist sie sogar fester Bestandteil der ActiveState-Laufzeitumgebung und kann daher ohne weitere Installationsschritte verwendet werden.

Sehen wir uns an, wie unsere textuelle Benutzerschnittstelle grafisch aussieht. Zunächst benötigen wir einige Module und globale Variablen. Danach erzeugen wir die erforderlichen Widgets.

```perl
#!/usr/bin/perl -w

use strict;
use Tk;
use Tk::LabFrame;
use Tk::ProgressBar;


# 0. Variablen setzen
my $geschlecht=1;
my $zaehler=50;
```

Widgets erzeugen   Am Anfang steht wieder ein Fenster. Danach werden wieder Widgets erzeugt, wobei dies vom Fenster aus erfolgt. Label erzeugt zum Beispiel eine nicht veränderbare Zeichenkette. Im Unterschied zur textuellen Schnittstelle implementieren wir die Frage nach dem Geschlecht hier als eine Einfachauswahl (*Radiobutton*). Über eine Liste lassen wir den Wohnort eingeben. Der Parameter variable der Einfachauswahl definiert eine Variable, die abhängig von der Benutzereingabe gesetzt wird. Ein Zugriff über eine Get-Funktion ist also nicht notwendig. Die Schaltflächen bekommen ihre Funktion wiederum über Callbacks zugewiesen.

```perl
# 1. Benutzerschnittstelle erzeugen
my $fenster = Tk::MainWindow->new(-title => "Test-GUI");
my $label1 = $fenster->Label(-text => "Benutzererfassung");
my $label2 = $fenster->Label(-text => "Name:");
my $label3 = $fenster->Label(-text => "Geschlecht:");
my $label4 = $fenster->Label(-text => "Verheiratet:");
my $label5 = $fenster->Label(-text => "Wohnort:");
my $edit1 = $fenster->Entry;
my $radio1 = $fenster->Radiobutton(-text => "weiblich",
    -value => 1, -variable => \$geschlecht);
my $radio2 = $fenster->Radiobutton(-text => "männlich",
    -value => 2, -variable => \$geschlecht);
my $liste1 = $fenster->Listbox(-height => 3);
```

```
$liste1->insert(0, "Malmö", "Oslo", "Stockholm");
my $checkbox1 = $fenster->Checkbutton;
my $button1 = $fenster->Button(-text => "Speichern",
    -command => \&speichern);
my $button2 = $fenster->Button(-text => "Abbrechen",
    -command => \&abbrechen);
```

Nach der eigentlichen Benutzerschnittstelle fügen wir noch eine kleine Spielerei hinzu: einen Rahmen, der einen Fortschrittsbalken enthält,
und einen Schieberegler (*Scale*), über den der Fortschrittsbalken verändert werden kann. Dazu wird in beiden Widgets dieselbe Variable
zum Halten des Wertes verwendet ($zaehler). Der Parameter colors
gibt einen Farbverlauf für den Fortschrittsbalken an. Wir werden in
der Ausgabe sehen, wie diese Spielerei aussieht.

```
my $rahmen1 = $fenster->LabFrame(-label => "Eine Spielerei...",
    -labelside => "acrosstop");
my $progress1 = $rahmen1->ProgressBar(-from => 0, -to => 100,
    -colors => [0, "green", 50, "yellow" , 80, "red"],
    -variable => \$zaehler);
my $scale1 = $rahmen1->Scale(-from => 0, -to => 100,
    -orient => "horizontal", -variable => \$zaehler);
```

Das Anordnen von Widgets ist in grafischen Benutzerschnittstellen stets   *Widgets anordnen*
etwas komplizierter als in textuellen. Das hat einen einfachen Grund:
Grafische Fenster kann man meistens vergrößern und verkleinern. Bei
der Programmierung muss definiert werden, wie das Programm darauf
reagiert. Für unser Beispiel definieren wir die Anordnung relativ. Damit
bleiben bei Größenänderungen alle relativen Positionen und Größen erhalten. Dazu verwenden wir die Methode form(). Über die Parameter
top, bottom, left und right wird die relative Position eines Widgets im
Fenster angegeben (der erste Buchstabe ist jeweils eine Abkürzung). Die
Angabe kann durch einen Wert, eingeleitet mit %, oder durch Angabe eines anderen Widgets erfolgen. bp gibt (in Bildpunkten) einen vertikalen
Abstand an.

Die Funktion pack() gibt ein Widget einfach an der nächstbesten
Stelle aus. Das ist in diesem Beispiel in Ordnung, weil sich die Anordnung auf den Rahmen bezieht und dieser ja bereits in die Benutzerschnittstelle eingefügt wurde. Anordnen von Eingabeelementen ist ein
komplexes Thema. Mehr zu den Möglichkeiten in perl/Tk finden Sie in
der CPAN-Dokumentation des Moduls. Mit den vorgestellten Methoden können Sie allerdings beliebige Anordnungen erzeugen.

```
# 2. Elemente anordnen
$label1->form(-top =>"%0", -left =>"%0", -right =>"%100",
            -bp =>20);
$label2->form(-t => $label1, -l => "%0", -bp => 5);
$label3->form(-t => $label2, -l => "%0", -bp => 5);
$label4->form(-t => $label3, -l => "%0", -bp => 5);
$label5->form(-t => $label4, -l => "%0", -bp => 5);
$edit1->form(-t => $label1, -l => "%30", -r => "%100");
$radio1->form(-t => $label2, -l => "%30");
$radio2->form(-t => $label2, -l => "%65", -r => "%100");
$checkbox1->form(-t => $label3, -l => "%30", -r => "%35");
$liste1->form(-t => $checkbox1, -l => "%30", -r => "%100",
            -bp => 20);
$button1->form(-t => $liste1, -l => "%35", -r => "%60");
$button2->form(-t => $liste1, -l => "%70", -r => "%95", -bp => 40);
$rahmen1->form(-t => $button2, -b => "%100", -l => "%30");
$progress1->pack;
$scale1->pack;
```

Bevor wir nun das Fenster ausgeben, erzeugen wir wieder einen Begrü-
ßungsdialog. Danach wird die Ereignisschleife gestartet. Die Callbacks
sind identisch zur textuellen Variante definiert. Abbildung 8.11 zeigt
die erzeugte Benutzerschnittstelle.

```
# 3. Programm ausführen
$fenster->messageBox(-title => "Eine Nachricht...",
   -message => "Guten Tag!");
$fenster->MainLoop;

sub speichern {
   # Daten auslesen und speichern
   # Zugriff auf Werte mit $widget->value!
   exit(0);
}

sub abbrechen {
   exit(-1);
}
```

Dieser Abschnitt konnte natürlich nur eine sehr kurze Einführung
in den weiten Bereich der Benutzerschnittstellen liefern. Es wurden
allerdings Beispiele gezeigt, die man zu beliebig komplexen Anwendungen ausbauen kann. Probieren Sie die Beispiele aus und versuchen

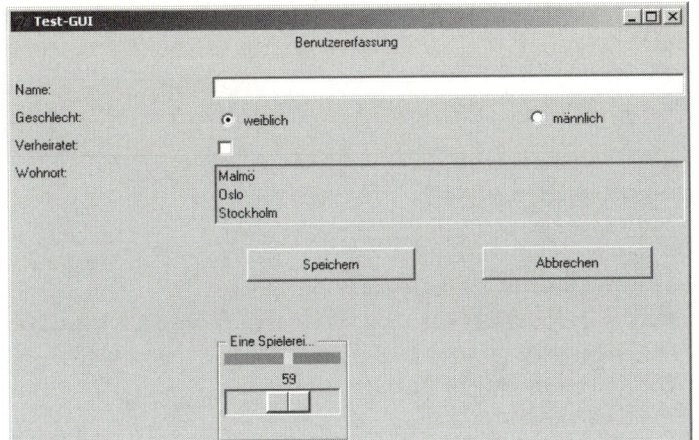

Abbildung 8.11
Beispiel für eine grafische Benutzerschnittstelle

Sie sie selbst um weitere Funktionen zu erweitern. Mehr zu Benutzerschnittstellen finden Sie in [41].

8.5 Ausgewählte Funnies

Zum Abschluss noch ein paar »bunte« Beispiele aus dem CPAN. Alle diese Module sind sehr nützlich und können ein Programm stark aufwerten. Zunächst kann man Perl dazu verwenden, um SMS-Nachrichten zu versenden (Modul GSM::SMS). Dazu reicht ein einfaches Programm:

SMS verschicken

```
use strict;
use GSM::SMS::NBS;

my $nbs = GSM::SMS::NBS->new;
$nbs->sendSMSTextMessage( "+431...", "God dag, sverige!" );
```

Bis vor kurzem reichte das aus. Zum Versenden wurde ein Online-Gateway verwendet. Leider wurde diese mittlerweile geschlossen, so dass man sich nun selbst um einen Zugang zum weltweiten GSM-Netz kümmern muss.

Mit dem Modul Text::Graphics (benötigt Text::Wrapper) kann man Zeichenketten erzeugen, die wie Fenster aussehen. Eine solche Funktion kann unter anderem für die Erzeugung von Dokumentation sehr nützlich sein. Ein Beispiel aus der CPAN-Dokumentation des Moduls:

Textfenster erzeugen

```
use strict;
use Text::Graphics;
my $page = Text::Graphics::Page->new(20, 10);

my $panel1 = Text::Graphics::BorderedPanel->new(20, 10);
$panel1->setBackground("#");
$page->add($panel1);

my $text = "A text graphics rendering toolkit.\n";
my $panel2 = Text::Graphics::FilledBorderedTextPanel->new($text x
    3, 25, 12);
$panel2->setBackground(" ");
$page->add($panel2, 5, 2);

$page->render();
```

Damit werden zwei übereinander liegende Rechtecke (*Panels*) erzeugt und dargestellt. Im zweiten Fenster wird ein Text abgebildet, wobei die Breite des Textfensters jene des Darstellungsfensters überschreitet. Die Ausgabe sieht folgendermaßen aus:

```
+------------------+
|##################|
|####+-------------+
|####|A text graphic|
|####|rendering tool|
|####|text graphics |
|####|toolkit. A tex|
|####|graphics rende|
|####|toolkit.      |
|####|              |
+----+-------------+
```

Steigern mit Perl   Schließlich kann man mit Perl – genau wie Google – eBay (ein Auktionssystem) durchsuchen (derzeit leider nur die amerikanische Version). Dazu wird das Modul WWW::Search::Ebay eingesetzt:

```
use strict;
use WWW::Search;

my $suche = new WWW::Search('Ebay');
my $abfrage = WWW::Search::escape_query("red bicycle");
$suche->native_query($abfrage);
```

```
while(my $ergebnis = $suche->next_result()) {
   print $suche->title, "\n";
   print $suche->url, "\n";
   print $suche->description, "\n\n";
}
```

Diese Abfrage sucht nach roten Fahrrädern und gibt die Ergebnisse mit Titel, URL und Beschreibung aus. Eine solche Abfrage erzeugte unter anderem folgende Ausgabe:

```
TREK 1100 SERIES MENS RACING BIKE BICYCLE BERRY RED WOW
http://cgi.ebay.com/ws/eBayISAPI.dll?...
Item #3697527351; 2 bids; current bid $19.99

Super Bright 5-LED Red Bicycle Safety Light *NR*
http://cgi.ebay.com/ws/eBayISAPI.dll?...
Item #3697274035; 1 bid; current bid AU $4.95


...
```

Neben diesen Modulen gibt es noch viele andere. Suchen Sie selbst im CPAN! Eine Einführung finden Sie im Abschnitt 5.2.1. Beschäftigen Sie sich aber auch mit den Übungsaufgaben, um das erworbene Wissen zu festigen und auszubauen.

Lust auf mehr?

8.6 Übungsaufgaben

1. Verbessern Sie den vorgestellten Webcrawler: Erzeugen Sie eine grafische Benutzerschnittstelle und visualisieren Sie die Ergebnisse in einer virtuellen Welt (als Baum mit Linien zwischen den URLs, um den Weg des Crawlers zu zeigen).
2. Bauen Sie geeignete grafische und textuelle Benutzerschnittstellen für die Programme vorangegangener Kapitel.
3. Suchen Sie mit dem Crawler nach Bildern im Web und wenden Sie Methoden der Bildverarbeitung auf diese Bilder an. Verkleinern Sie die Bilder, erzeugen Sie Überblicksblätter, die sechzehn Bilder zeigen et cetera.
4. Bauen Sie einen einfachen Bildbetrachter mit grafischer Benutzerschnittstelle. Es soll möglich sein, Bilder zu laden und in beliebigen Formaten zu speichern. Außerdem sollen alle Bilder eines Verzeichnisses als Diashow präsentiert werden können.

5. Implementieren Sie ein einfaches Bildverarbeitungsprogramm mit grafischer Benutzerschnittstelle. Bilder sollen transformiert, überlagert und gefiltert werden können. Darüber hinaus sollen neue Bilder gezeichnet werden können, wobei die Werkzeuge (Linien, Kreise et cetera) in einem eigenen Fenster dargestellt werden sollen.

Zusammenfassung

Geschafft! Sie wissen jetzt alles – es gibt nichts mehr zu lernen. Das ist natürlich Unsinn. Es gibt noch viel zu lernen, auszuprobieren, zu erforschen und zu verstehen. Unser Ziel war es, Ihren Mehrwert im Rahmen der Seitenbeschränkung des Buches (wir wollten keinen Wälzer mit tausend Seiten produzieren!) zu maximieren. Wir haben versucht, Ihnen auf drei Ebenen der Detaillierung die sinnvollsten Programmierstrategien in Perl zu vermitteln. Diese drei Ebenen sind:

Detaillierungsgrade in der Programmierung

- ❏ *Syntax*: Die Ebene der Wörter, Ausdrücke und Sätze. Kurz gesagt, wie man richtig formuliert.
- ❏ *Muster*: Die Absätze/Elemente eines Programms. Die Ebene, auf der kleine Probleme gelöst werden.
- ❏ *Modelle*: Umfassende Problemlösungen, bestehend aus Mustern. Die ganze Geschichte sozusagen.

Bei unserer Einführung haben wir versucht, möglichst intuitive, das heißt ohne weitere Erklärungen verstehbare Konzepte zu verwenden. Oft haben wir Zusammenhänge nicht bis ins Letzte beschrieben, weil so detaillierte Erklärungen eher zu mehr Missverstehen führen und wir es für sinnvoller halten, Ihnen das letzte Verstehen selbst zu überlassen. Intuition ist oft zielführender als Erklären. Das gilt auch für das Modellieren. Programmieren ist nicht vollständig rational: Kreatives Gestalten ist Teil der Arbeit.

Verstehen ist Erkennen

Wir haben zunächst eine allgemeine Einführung in Programmieren und Modellieren geboten. Danach haben wir uns angesehen, über welche spezifischen »Superkräfte« Perl verfügt. Ausgestattet mit diesem Wissen haben wir uns wichtige Anwendungsfelder für Perl-Programme vorgenommen: Textverarbeitung, Systemadministration und Webprogrammierung. Zum Schluss haben wir dann noch einige lustige, nicht so häufig bedachte Anwendungsgebiete betrachtet und festgestellt, dass man mit Perl virtuelle Welten bauen und per Google das World Wide Web durchsuchen kann.

Nach unserer Ansicht ist das der wesentliche Punkt, in dem sich Programmieren mit Perl von Programmieren mit C, C++, C#, Java, Python, PHP, Ruby oder einer anderen höheren Programmiersprache unterscheidet: Perl ist außerordentlich generisch, mächtig und und erlaubt die schnelle Entwicklung von Programmen. Perl basiert sozusagen auf dem Lustprinzip. In der Fachsprache nennt man das *Best Effort Interpretation*: Jeder noch so unsinnig erscheinende Code wird bestmöglich interpretiert.

Perl und das Lustprinzip

Zum Abschluss noch ein kleines Quiz. Sehen Sie sich das folgende Beispiel an: Wissen Sie, was es tut? (Falls Sie nicht darauf kommen, können Sie es einfach abtippen und ausführen.)

```perl
#!/usr/bin/perl -w

my $prg = "";
my @prg = ();

@ARGV = ($0);
while(<>) {
    push(@prg, $_);
}
do {
    $prg .= pop(@prg);
} while($prg !~ /#ENDE#/);
eval($prg);
exit;

#ENDE#

print $ergebnis;
$ergebnis =~ s/<name>/$name/;
$ergebnis="Hallo, <name>\n";
my $ergebnis = $response->content;
my $response = $ua->request($request);
my $request = new HTTP::Request("GET" => $link.$isbn);
$link =~ tr/[M-ZA-L_#\*\+]/[a-z\/\.:~]/;
my $link = "TFFB*__III#PBGZWF#PQ_NGOT_d-ijige-dca-e#TFYX";

$isbn =~ s/[^x\d]//gi;
my $isbn = <STDIN>;
print "Geben Sie bitte die ISBN dieses Buches ein: ";
chop($name);
my $name = <STDIN>;
print "Geben Sie bitte Ihren Namen ein: ";

my $ua = new LWP::UserAgent;
require HTTP::Request;
require LWP::UserAgent;
```

Damit sind wir nun wirklich am Ende angelangt. Wir hoffen, dass unsere Einführung für Sie nützlich war und dass Sie an Perl ebenso viel Gefallen gefunden haben wie wir. Wir würden uns freuen, wenn Sie uns an *perlbuch@ims.tuwien.ac.at* Ihre Meinung, gefundene Fehler und Verbesserungsvorschläge schicken würden. *Vergessen Sie aber nicht: Programmieren ist ein Handwerk! Also: üben, üben, üben.*

Feedback an perlbuch@ims.tuwien.ac.at

Anhang

A.1 Installation und Verwendung

Dieser Abschnitt beschreibt die Installation einer Perl-Laufzeitumgebung sowie die Verwendung der Laufzeitumgebung zur Ausführung von Perl-Programmen.

Um festzustellen, ob Perl bereits auf Ihrem System installiert ist, geben Sie perl -v an der Kommandozeile ein. Die Kommandozeile wird manchmal auch »Eingabeaufforderung« oder »DOS-Box« genannt. Die Option -v steht für »version« und gibt aus, ob und in welcher Version Perl auf Ihrem System installiert ist:

Feststellen, ob Perl installiert ist

```
[em@jason tex]$ perl -v

This is perl, v5.8.0 built for i386-linux-thread-multi
(with 1 registered patch, see perl -V for more detail)

Copyright 1987-2002, Larry Wall
Perl may be copied only under the terms of either the Artistic
License or the GNU General Public License, which may be found in
the Perl 5 source kit.
Complete documentation for Perl, including FAQ lists, should be
found on this system using 'man perl' or 'perldoc perl'.  If you
have access to the Internet, point your browser at
http://www.perl.com/, the Perl Home Page.
```

Da sich die zur Installation und zur Ausführung von Programmen notwendigen Schritte je nach Betriebssystem unterscheiden, werden wir sie in den folgenden Abschnitten getrennt voneinander behandeln. Zunächst beschreiben wir die Vorgangsweise für Windows und anschließend für Unix/Linux-Betriebssysteme.

A.1.1   Windows-Betriebssysteme

Installation

Es gibt nicht nur ein einziges Perl, sondern viele leicht unterschiedliche. Bei etwas großzügiger Zählung finden sich im CPAN mehr als fünfzehn verschiedene Perl-Laufzeitumgebungen für Windows-Betriebssysteme. *Distributionen* Diese werden auch als *Distributionen* bezeichnet. Wir empfehlen Ihnen die Distribution *ActivePerl for Windows*, da diese den De-facto-Standard für Windows-Systeme darstellt. *ActivePerl for Windows* wird von der Firma ActiveState [20] hergestellt. Sie können es unentgeltlich unter folgender Adresse herunterladen:

```
http://www.activestate.com/Products/ActivePerl/
```

Die Installation dieses Softwarepakets ist selbsterklärend. Sie wird durch einen Installationsassistenten unterstützt, der durch die wenigen benötigten Schritte führt. Der Interpreter `perl.exe` wird standardmäßig im Verzeichnis `c:\Perl\bin` installiert. Die Bibliotheken und Module liegen im Verzeichnis `c:\Perl\lib`. Um das Hinzufügen der Laufzeitumgebung zur Systemkonfiguration (Windows-Registrierung, Pfade und dergleichen) kümmert sich das Installationsprogramm selbstständig. Um zu testen, ob Ihre Installation erfolgreich war, geben Sie wieder `perl -v` an der Kommandozeile ein. Sie werden eine ähnliche Ausgabe wie diese erhalten:

```
Microsoft Windows XP [Version 5.1.2600]
(C) Copyright 1985-2001 Microsoft Corp.

C:\Dokumente und Einstellungen\Elke>perl -v

This is perl, v5.8.4 built for MSWin32-x86-multi-thread
(with 3 registered patches, see perl -V for more detail)

Copyright 1987-2004, Larry Wall
Binary build 810 provided by ActiveState Corp.
http://www.ActiveState.com
ActiveState is a division of Sophos.
Built Jun  1 2004 11:52:21
Perl may be copied only under the terms of either the Artistic
License or the GNU General Public License, which may be found in
the Perl 5 source kit.
Complete documentation for Perl, including FAQ lists, should be
found on this system using 'man perl' or 'perldoc perl'.  If you
have access to the Internet, point your browser at
http://www.perl.com/, the Perl Home Page.
```

Wie bereits auf Seite 75 erwähnt, können Sie unter Windows Zugriff auf eine Linux-ähnliche Umgebung erhalten, indem Sie *Cygwin* [23] installieren.

Ausführung

Nun wollen wir ein Perl-Programm an der Kommandozeile starten (ausführen). Perl-Programme sind Textdateien. Mit dem Befehl `perl` starten Sie den Interpreter und übergeben ihm den Namen der Textdatei, in der das auszuführende Perl-Programm gespeichert ist:

```
perl <name_der_quelldatei>
```

Hier sehen Sie die Ausführung eines Beispielprogramms. Es ist in der Textdatei `helloworld.pl` gespeichert und besteht aus einer einzigen Zeile: `print "Hello World!\n"`. Diese Datei befindet sich im Verzeichnis `C:\programs`. Um das Programm auszuführen, wechseln wir zuerst mit dem Befehl `cd` ins Verzeichnis `programs` und starten dann das Programm:

```
C:\>cd programs

C:\programs>perl helloworld.pl
Hello World!
```

Zusätzlich können Sie beim Aufruf des Interpreters eine Reihe von Optionen (auch Schalter genannt) angeben. Die gewünschte Option wird vor dem Namen der Textdatei angeführt:

Optionen

```
perl <option> <name_der_quelldatei>
```

Die Perl-Laufzeitumgebung bietet eine Vielzahl von Optionen. Die beiden nützlichsten sind `-w` und `-c`. Mit der Option `-c` wird das Programm nicht ausgeführt, sondern nur seine Syntax überprüft. Wenn das Programm fehlerfrei ist, wird eine entsprechende Meldung ausgegeben. Mit der Option `-w` (Warnings) wird bei der Ausführung des Programms eine zusätzliche Prüfung auf fehlerträchtige Konstrukte im Quellcode durchgeführt und es werden entsprechende Warnungen ausgegeben. Hier sehen Sie Beispiele unter Verwendung dieser Optionen:

```
C:\programs>perl -w helloworld.pl
Hello World!

C:\programs>perl -c helloworld.pl
helloworld.pl syntax OK
```

Empfohlene Entwicklungsumgebungen

Als *Entwicklungsumgebung* werden jene Softwarewerkzeuge bezeichnet, die Sie zur Erstellung Ihrer Programme verwenden. Im einfachsten Fall ist das ein simpler Texteditor wie zum Beispiel das in jeder Windows-Version vorhandene Programm »Notepad« (zu finden unter Start - Programme - Zubehör - Editor). Vor allem für AnfängerInnen nützlich sind erweiterte Texteditoren, die *Syntax-Highlighting* anbieten: Die Konstrukte und reservierten Wörter der Programmiersprache werden in verschiedenen Farben gekennzeichnet. So können Sie anhand der Farben schneller erkennen, ob Sie Tippfehler gemacht haben. Zusätzlich bieten die meisten erweiterten Texteditoren Unterstützung beim Einrücken der Codeblöcke (siehe Seite 12) und Mechanismen zur Überprüfung dazu, ob die Anzahl der geöffneten und geschlossenen Klammern übereinstimmt. Beispiele für frei erhältliche erweiterte Texteditoren für Windows sind *Emacs für Windows* [12] und *Proton* [28].

Abbildung A.1
Open-Perl-
Entwicklungsumgebung

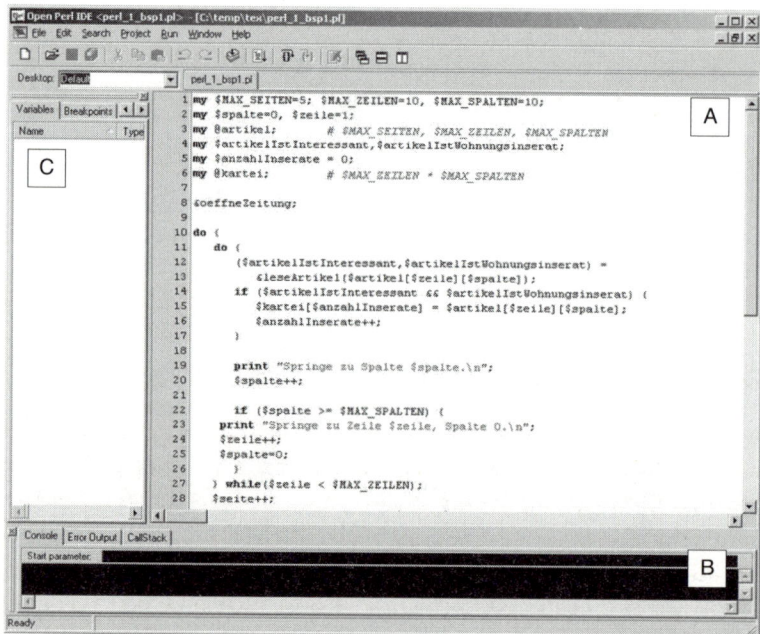

Integrierte Entwicklungsumgebungen

Noch einen Schritt weiter gehen integrierte Entwicklungsumgebungen (Integrated Development Environments, IDE) wie beispielsweise die frei erhältliche *Open Perl IDE* [15], die Sie in Abbildung A.1 sehen, oder das kostenpflichtige *Komodo* [21]. Integrierte Entwicklungsumgebungen bieten neben einem Editor (Element *A*) auch die direkte Integration des Interpreters. Das bedeutet, dass Sie den Interpreter per Knopf- oder Tastendruck in der IDE aufrufen statt von der Kommandozeile.

Die Ausgabe des ausgeführten Programms wird ebenfalls innerhalb der IDE angezeigt (Element *B*). Zumeist sind auch hilfreiche Programme zur Fehlersuche (so genannte *Debugger*, Element C) integriert.

A.1.2 Unix-Betriebssysteme

Installation

Bei der Installation eines Unix/Linux-Betriebssystems wird immer eine Reihe von vom System zwingend benötigten Softwarepaketen mit installiert. In (fast) allen Fällen ist hier auch ein Perl-Interpreter dabei, da dieser für grundlegende Systemadministrationsaufgaben gebraucht wird. Wenn nicht (was sehr unwahrscheinlich ist!) oder wenn Sie eine neuere Version installieren möchten, gibt es zwei mögliche Vorgangsweisen:

❏ Installation der *Source Distribution* vom CPAN oder
❏ Installation einer *Binary Distribution*.

Im ersteren Fall müssen alle Quelldateien selbst übersetzt werden. Da Perl größtenteils in der Programmiersprache C geschrieben ist und C-Compiler für jedes Unix-Betriebssystem verfügbar sind, ist das Installieren der Source Distribution kein nennenswertes Problem. Wenn Sie auf eine bereits vorbereitete (»binäre«) Distribution zurückgreifen möchten, dann haben Sie die Qual der Wahl: Diese gibt es – abhängig von der Unix-Variante – meist von mehreren Anbietern. Die einzelnen Installationsschritte unterscheiden sich von Distribution zu Distribution. Hilfe zum Installationsvorgang finden Sie in der mit der Distribution mitgelieferten Dokumentation.

Der Perl-Interpreter ist (fast) immer im Verzeichnis /usr/bin/ zu *Pfade* finden. Die Bibliotheken liegen üblicherweise im Verzeichnis /usr/lib/-perl5/. Die Pfade zu allen Laufzeitbibliotheken sowie Perl-Modulen werden in der vordefinierten Variablen @INC gespeichert. Es empfiehlt sich daher, eigene Module im Bibliothekenverzeichnis abzulegen oder das verwendete Verzeichnis zu @INC hinzuzufügen.

Ausführung

Um Perl-Programme unter Linux/Unix auszuführen, verwenden Sie entweder die auf Seite 239 beschriebene Methode oder Sie teilen dem Betriebssystem mit, welches Programm für die Ausführung zuständig ist. Dadurch können Sie Ihr Programm direkt durch Angabe des Dateinamens starten, statt den Perl-Interpreter aufzurufen und ihm den Dateinamen des Programms anzugeben.

She-Bang   Die erste Zeile einer Quelldatei, die auch *She-Bang* genannt wird, gibt das interpretierende Programm an. In unserem Fall ist das der Perl-Interpreter. Liegt der Perl-Interpreter in /usr/bin/, sieht das folgendermaßen aus:

```
#!/usr/bin/perl <option>
```

Die Optionen (siehe Seite 239) für den Interpreter werden ebenfalls hier angegeben. Zusätzlich muss dem Betriebssystem mitgeteilt werden, dass die Quelldatei ein Programm und damit »ausführbar« ist. Dazu verwenden Sie den Unix-Befehl chmod:

```
chmod u+x <quelldatei>
```

Der Befehl chmod setzt Dateirechte. Die Option u+x gibt an, dass der Eigentümer (*User*) das Recht zum Ausführen (*execute*) erhalten soll. Mehr Informationen zu chmod finden Sie in [26]. Nun können Sie Ihr Programm unter Angabe des Dateinamens starten:

```
./<quelldatei>
```

Die Angabe von ./ vor dem Namen der Quelldatei ist wichtig, um auszudrücken, dass die Quelldatei im aktuellen Verzeichnis liegt.

Empfohlene Entwicklungsumgebung

Als Unix/Linux-AnwenderIn sind Sie das Arbeiten mit Texteditoren gewohnt und haben sicher schon Ihre persönliche Vorliebe gefunden. Für Unix/Linux-Betriebssysteme stehen eine Reihe von Editoren zur Verfügung. Die zwei bekanntesten und mächtigsten sind *vi* und *Emacs*. Beide bieten Syntax-Highlighting und Hilfe beim Einrücken der Codeblöcke (siehe Seite 240).

Eine Einführung in Emacs finden Sie in [10]. Um Syntax-Highlighting in Emacs zu aktivieren, verwenden Sie die Tastenkombination M-x global-font-lock-mode. (Also <Alt>-Taste und x gleichzeitig drücken und dann global-font-lock-mode eingeben.) Eine Einführung in den *vi* finden Sie in [34]. Um effizient mit *vi* arbeiten zu können, empfiehlt es sich, immer mit zwei Kommandozeilen zu arbeiten: eine für den Texteditor und eine zum Ausführen des Programms.

A.2 Referenz der wesentlichen Sprachbestandteile

Der folgende Überblick über die Sprachbestandteile von Perl erhebt keinen Anspruch auf Vollständigkeit. Wir haben vor allem jene Konzepte aufgenommen, die auch im Buch erklärt werden. Es fehlen zum Beispiel Details zu Objektorientierung und Reportformaten. Bei den einzelnen Elementen finden sich Verweise auf die behandelnden Kapitel. Die Beschreibungen sind bewusst kurz gehalten. Für ausführliche Erklärungen sei auf die entsprechenden Texte im Buch verwiesen.

A.2.1 Ablaufstrukturen

Ablaufstrukturen werden in Kapitel 1 besprochen. Besonderheiten, wie die vorzeitige Beendigung von Schleifen, werden in Kapitel 4 besprochen. Zur Einführung in die Verwendung von Funktionen sei außerdem auf Kapitel 2 verwiesen.

Anweisungen und Zuweisungen

Nachfolgend eine Liste der grundlegenden Möglichkeiten für Anweisungen. Die erste Zeile ist eine beliebige Anweisung (beendet durch einen Strichpunkt). Kommentare beginnen mit #. Zuweisungen von Variablen werden mit = durchgeführt. Anweisungsfolgen werden als Blöcke formuliert (in geschwungenen Klammern).

```
<anweisung>;
# Kommentar
my <variable> = <wert>;
# my $x = 0;
{ <anweisungsfolge> }
```

Verzweigungen

Verzweigungen werden in Kapitel 1 besprochen. Perl-Verzweigungen können beliebig viele elsif-Zweige aufweisen. Bedingungen können neben logischen und mathematischen Operatoren auch reguläre Ausdrücke enthalten.

```
if (<bedingung>) {
    <anweisungsfolge>
} elsif (<bedingung>) {      # optional
    <anweisungsfolge>
} else {                     # optional
    <anweisungsfolge>
}
```

Schleifen

while-Schleifen

Perl unterstützt alle gängigen Schleifentypen. while-Schleifen können die Bedingung am Beginn oder am Ende haben. Details von Schleifen werden in Kapitel 1 besprochen.

```
do {
    <anweisungsfolge>
} while(<bedingung>);

while (<bedingung>) {
    <anweisungsfolge>
}
```

for-Schleifen

Perl unterstützt zwei Arten von for-Schleifen: die klassische gebundene Schleife, die (üblicherweise) eine Variable bindet, und die foreach-Schleife, die die Anweisungsfolge für jedes Element einer Liste ausführt.

```
for (<init>; <abbruchbedingung>; <je iteration>) {
    <anweisungsfolge>
}
# for ($index=0; $index<10; $index++) {}

foreach <element> (<liste>) {
    <anweisungsfolge>
}
# foreach $datei (@dateiListe) {}
```

last und next

Das nachfolgende Beispiel zeigt, wie in Schleifen die Schlüsselwörter last und next eingesetzt werden können. next überspringt die zweite Anweisungsfolge und beginnt mit dem nächsten Schleifendurchlauf. last springt zur ersten Anweisung nach der Schleife. Obwohl von der Verwendung dieser Elemente grundsätzlich abzuraten ist, helfen sie in Ausnahmefällen, die Komplexität von Programmen wesentlich zu reduzieren.

```
do {
    <anweisungsfolge>
    if (<bedingung>) {
        next;              # oder: last;
    }
    <anweisungsfolge2>
} while(<bedingung>);
```

Modularisierung

Modularisierung wird in den Kapiteln 1 und 2 besprochen. Funktionen werden durch den Namen aufgerufen (optional mit Präfix &) und können Parameter und Rückgabewerte haben. my definiert eine Variable, die nur innerhalb eines Blocks existiert, shift() liest die Parameter von der Liste @_ und return beendet den Funktionsaufruf.

```
<variable> = <funktion>(<parameter>);
# $ergebnis = grossGeschrieben($text);

sub <funktion> {
    my <variable> = shift;
    <anweisungsfolge>;
    return(<variable>);
}
# sub grossGeschrieben {
#     my $text = shift;
#     my $ergebnis = 0;
#     if ($text =~ /^[A-Z]/) {
#         $ergebnis = 1;
#     }
#     return($ergebnis);
# }
```

A.2.2   Daten

Bedeutung und Modellierung von Daten werden in den Kapiteln 1, 2 und 3 besprochen. Im Folgenden werden nur die wichtigsten Typen und Operationen vorgestellt.

Skalare Daten

Perl unterscheidet nicht zwischen Zahlen und Zeichenketten. Daher wird der Typ einer Variablen mit der ersten Zuweisung (»Initialisierung«) bestimmt. Nachfolgend werden eine Zahl und eine Zeichenkette definiert. Sonderzeichen müssen mit einem Backslash maskiert werden. Die Verwendung einfacher und doppelter Anführungszeichen ist alternativ. Perl kennt des Weiteren keine Konstanten. Es empfiehlt sich daher, diese zur besseren Unterscheidung groß zu schreiben, mit einem Präfix zu versehen oder das Pragma use `constant` zu verwenden.

```perl
my $zahl = 10;
my $zeichenkette = "ein Text";
my $sonderzeichen = "\@";
my $KONSTANTE = 1;
```

Listen

Einfache Listen werden in Kapitel 1 behandelt; Hashlisten in Kapitel 3. Im nachfolgenden Block wird zunächst eine leere Liste erzeugt. Die zweite Anweisung erstellt eine eindimensionale Liste. Die dritte Anweisung liest das erste Element. Listen in Perl beginnen immer mit Index 0! shift liest das erste Element einer Liste und entfernt es aus der Liste. push() fügt der Liste ein Element am Ende hinzu. sort() sortiert eine Liste. (Zu selbstdefinierten Sortierfunktionen sei auf Kapitel 1 verwiesen.) Die letzten beiden Anweisungen zeigen die Erzeugung einer zweidimensionalen Liste sowie den Zugriff auf ein einzelnes Element.

```perl
my @liste = ();
@liste = (1, 2, 3);
my $zahl = $liste[0];
$zahl = shift(@liste);
push(@liste, $zahl);
my @sortierteListe = sort(@liste);

my @zweidimensionaleListe = ([1, 2], [3, 4]);
$zahl = $zweidimensionaleListe[1][0];
```

Hashtabellen Hashtabellen werden mittels => definiert. Das erste Element gibt den Schlüssel, das zweite den Wert an. Die Schlüssel einer Hashtabelle können mit keys ausgelesen werden.

```perl
my %hashListe = {"Frode" => "Bergen",
                 "Einar" => "Narvik"};
my $ort = $hashListe{"Frode"};
my @namensListe = keys(%hashListe);
```

Vordefinierte Variablen

Schließlich seien noch einige wesentliche vordefinierte Variablen erwähnt. $_ enthält beim Lesen von Dateien die aktuelle Zeile. @_ wird, wenn keine Variable angegeben wurde, bei split als Ergebnisliste verwendet sowie zur Übergabe von Parametern an Funktionen benutzt. @ARGV enthält die dem Programm übergebenen Parameter, $ARGV den Namen der durch <> bearbeiteten Datei und $#ARGV die Anzahl der Elemente in @ARGV minus eins.

A.2.3   Elemente von Ausdrücken

Logische und mathematische Ausdrücke werden in Kapitel 1 behandelt. Reguläre Ausdrücke widmet sich Kapitel 3. Hier wird nur auf die grundsätzlichen Elemente eingegangen. Zur Vorgangsweise beim Formulieren von Bedingungen sei auf die angegebenen Kapitel verwiesen.

Logik

Logische Ausdrücke sind mathematische Vergleiche (im einfachsten Fall eine Zahl oder eine Variable), deren Auswertung entweder »falsch« (0) oder »wahr« (jede andere Zahl) ergibt. Zur Verknüpfung gibt es die Operatoren && (auch and, logisches »Und«), || (auch or, logisches »Oder«) und ! (logisches Nicht). Da das logische »Und« stärker bindet als »Oder«, können einzelne Teile von Ausdrücken durch Klammern fest (eindeutig) miteinander verbunden werden. *Logische Operatoren*

Zum Vergleich von Zeichenketten finden die Operatoren eq (gleich) und ne (nicht gleich) Anwendung. Zahlen können durch == (gleich), != (ungleich), < (kleiner), <= (kleiner oder gleich) et cetera verglichen werden. *Vergleichsoperatoren*

Mathematik

Perl bietet die üblichen mathematischen Operatoren. Nachfolgend eine Liste von Beispielen. % gibt den Divisionsrest zurück. ** berechnet exponentielle Werte. ++ und - sind die Inkrement- und Dekrement-Operatoren. *Mathematische Operatoren*

```
my $x = 1 + (2 - 3) * 4 / 5;
$x += 5 % 2;
$x *= 3 ** 1;
$x++;
$x--;
```

Reguläre Ausdrücke

Reguläre Ausdrücke stellen ein besonders effizientes Werkzeug der Textverarbeitung dar. Nachfolgend sind einige Beispiele angegeben. Der erste Ausdruck sucht nach dem Vorkommen eines Musters, der zweite nach dem Nicht-Vorkommen. Die dritte Anweisung ersetzt ein Muster durch ein anderes, wobei Groß- und Kleinschreibung ignoriert wird (i) und alle Vorkommen (nicht nur das erste) ersetzt werden (g). Die nächste Anweisung ersetzt ein Muster durch die großgeschriebene Form.

```
$text =~ /<muster>/
$text !~ /<muster>/
$text =~ s/<suchMuster>/<ersatzText>/ig;
$text =~ s/<suchMuster>/\U<ersatzText>\E/;
```

Muster können unter anderem folgende Elemente enthalten: Listen von Alternativen, Zeichenklassen (Kleinbuchstaben, Nicht-Ziffern, beliebiges Zeichen, alphanumerische Zeichen, Ziffern, Leerzeichen), Angaben zur Wiederholung des letzten Elementes (mindestens einfach, nie oder mehrfach, eine bestimmte Anzahl von Wiederholungen) sowie Referenzpunkte (Beginn, Ende). Zur Verwendung sei auf Kapitel 3 verwiesen. Eine Referenz finden Sie in Anhang A.7.

```
(<muster1>|<muster2>)
[a-z] [^0-9] . \w \d \s
+ * {<anzahl>}
^ $
```

A.2.4   Ein- und Ausgabe

Ein- und Ausgabe wird in den Kapiteln 2 und 7 behandelt. Im Folgenden die drei wesentlichen »Partner«: Benutzer, Dateien und Betriebssystem.

Benutzer

Zur Ausgabe auf den Bildschirm wird print verwendet. Tastatureingaben werden zeilenweise über die Pseudodatei STDIN gelesen.

```
print <text>,"\t","\n";
my $eingabe = <STDIN>;
```

Dateien

Dateiein- und -ausgabe erfolgt über so genannte *Handles*. Mit open() wird eine Datei geöffnet und ein Handle erzeugt (drei Möglichkeiten: lesen, überschreiben, am Ende hinzufügen). Handles werden zum zeilenweisen Einlesen mit spitzen Klammern verwendet. Die Ausgabe auf eine Datei kann mit print HANDLE durchgeführt werden. close() schließt eine Datei.

```
open(<handle>,<datei>);    # > >> <>
close(<handle>);
# open(IN,"eingabe.dat");
# open(OUT,">ausgabe.dat");
# while(<IN>) {
#     print OUT $_;
# }
# close(IN);
# close(OUT);
```

Betriebssystem

Die Möglichkeiten zur Erzeugung und Steuerung von Prozessen werden hier nicht ausgeführt; sie werden in Kapitel 7 eingehend besprochen. Ebenso Dateitests (Datei existiert, ist binär et cetera). Externe Programme können auf die beiden folgenden Arten gestartet werden:

```
my $ausgabe = '<programm>';
my $ergebnis = system(<programm>);
```

Die erste Variante gibt die Programmausgabe zurück. Die zweite Variante gibt den Exit-Status zurück. Eine Liste von Dateien kann mit folgender Anweisung gelesen werden (so genanntes *Globbing*):

```
my @dateien = <*.dat>;
```

A.2.5 Vordefinierte Funktionen

Der letzte Abschnitt dieser Kurzreferenz beschäftigt sich mit vordefinierten Funktionen. Perl definiert eine Vielzahl von Funktionen. Die wichtigsten von ihnen werden – verteilt auf alle Kapitel – in diesem Buch besprochen. Nachfolgend stellen wir wiederum nur eine fundamentale Auswahl kurz vor.

Verarbeitung von Zeichenketten

Der nachfolgende Block zeigt einige Möglichkeiten zum Verarbeiten von Zeichenketten. Die erste Anweisung baut aus mehreren Teilen eine Zeichenkette zusammen. Die zweite wandelt einen ASCII-Wert in ein Zeichen um. chop() entfernt das letzte Zeichen einer Zeichenkette und gibt es zurück. length() gibt die Länge einer Zeichenkette zurück. substr() liest einen Teilstring aus einer Zeichenkette heraus.

```
my $zeichenkette = "ein" . " " . "Text";
my $zeichen = chr(65);
my $text = "text\n";
my $letztesZeichen = chop($text);     # $text == "text"
my $laenge = length($text);
<zeichenkette> = substr(<zeichenkette>,<offset>,<laenge>);
# $teilZeichenkette = substr($text,1,2);
```

split und join Die beiden nachfolgenden Anweisungen verarbeiten Zeichenketten durch reguläre Ausdrücke. split() zerlegt eine Zeichenkette in eine Liste und join() fügt eine Liste wieder zu einer Zeichenkette zusammen.

```
<liste> = split(/<ausdruck>/, $text);
# @zeilen = split(/\n/,$text);
$text = join(<verbindungstext>,<liste>);
# $text = join("\n",@zeilen);
```

Mathematik

Nachfolgend einige selbsterklärende Beispiele für mathematische Funktionen. Viele dieser Funktionen können auch durch Operatoren und reguläre Ausdrücke ersetzt werden.

```
my $x = abs(-1);     # oder: $x =~ s/^\-//;
$x = int(1.25);      # oder: $x =~ s/\.\d+$//;
$x = sqrt(4);        # Quadratwurzel; oder: $x **= 1/2;
$x = sin(180);       # ebenso: cos, tan
$x = log(1);
```

Sonstige

srand() initialisiert den Zufallszahlengenerator von Perl. Die Verwendung von time() ist zweckmäßig, weil diese Funktion die momentane Zeit in Sekunden seit 1. Januar 1970 ausgibt (ein praktisch zufälliger

Wert). rand() erzeugt eine Zufallszahl (mit Nachkommastellen) zwischen 0 und dem angegebenen Wert.

```
srand(time);
$x = rand(100);
($sekunden, $minuten, $stunden, $monatsTag, $monat,
 $jahr, $wochenTag, $jahresTag, $istSommerzeit) = localtime(time);
```

localtime() wandelt die Ausgabe von time() in besser verwertbare Einheiten um. $monatsTag gibt den Tag des Monats beginnend mit 0 an, $monat enthält einen Wert zwischen 0 (Januar) und 11 (Dezember), $jahr enthält die Jahreszahl ab 1900, $wochenTag reicht von 0 (Sonntag) bis 6 (Samstag) und $istSommerzeit gibt an, ob zu diesem Zeitpunkt Sommerzeit herrscht.

A.3 Referenz der Ablaufmuster

In diesem und den nächsten beiden Abschnitten besprechen wir einige wichtige Muster, die in vielen Programmen benötigt werden. Ein *Muster* im Programmieren ist eine Grundstruktur (Algorithmus, Datenstruktur, Ausdruck), die sich als nützlich erwiesen hat und die deshalb zur Verwendung empfohlen wird (oft in abstrahierter Form). Berühmt wurde vor allem das Buch »Design Patterns« über Ablaufmuster [13]. Im Folgenden besprechen wir zunächst Ablaufmuster (die Ablaufstrukturen sind wesentlich), im nächsten Abschnitt sehen wir uns Ausdruckmuster an (die Bedingungen sind wesentlich) und in Abschnitt A.5 Muster für reguläre Ausdrücke.

Was sind Muster?

Fundierte Kenntnisse von Mustern sind sehr nützlich, weil sie den Modellierungsprozess wesentlich erleichtern. Es genügt dann, ein Problem so weit zu strukturieren, bis nur noch bekannte Muster zu lösen sind. In diese können die Standardlösungen eingesetzt werden. *Muster verkleinern also den Abstand zwischen der Welt der Probleme und der Welt der Lösungen (Modelle).*

Die im Folgenden vorgestellten Modelle sind das Ergebnis unserer vieljährigen Programmiertätigkeit. Wir haben die Mehrzahl unserer Perl-Programme analysiert, wesentliche Teile entnommen und diese abstrahiert. Im Folgenden werden die Muster motiviert sowie ihre Verwendung besprochen. Versuchen Sie, den Sinn der Muster zu verstehen und sie in Ihre bereits erstellten Programme einzubauen.

Herkunft der vorgestellten Muster

A.3.1 Daten laden und für die Verarbeitung vorbereiten

Die erste Gruppe von Ablaufmustern, die wir betrachten, befassen sich mit dem Einlesen von Dateien. Diese Muster sind wichtig zum Lesen von Parametern, von Eingabedateien et cetera. Zumindest eines dieser Muster werden Sie in fast jedem Perl-Programm benötigen.

Dateien in @ARGV in Array laden

Das erste Muster liest alle in @ARGV angegebenen Dateien und kopiert sie in die Liste @data. Dabei nehmen wir an, dass die Elemente der Eingabedateien durch Tabulatoren getrennt sind. Schließlich speichern wir in $anzahl die Größe der Liste. Bevor wir die Eingabedatei zerlegen, kann optional noch eine Datenumwandlung durchgeführt werden. Dieses Muster benötigen Sie häufig beim Lesen von Konfigurationsdateien und beim Analysieren von strukturierten Daten.

```
my @data=();
my $anzahl=0;
while(<>) {
    s/xxx/yyy/g;

    my $i=0;
    @data = split(/\t/);
    $anzahl = 1+$#data;
}
```

Dateien in @ARGV konvertieren (mit Sicherung)

Dieses Muster wendet eine zeilenweise Ersetzungsoperation auf alle in @ARGV angegebenen Dateien an. Die vordefinierte Variable $^I bewirkt, dass für jede veränderte Datei vor der Änderung eine Sicherungskopie angelegt wird. Der Name der Sicherungskopie ist der ursprüngliche Dateiname, ergänzt um eine Endung (hier .bak). Dieses Muster ist sehr nützlich für einfache Datenverarbeitung wie zum Beispiel Formatumwandlungen.

```
$^I = ".bak";
while(<>) {
    s/xxx/yyy/g;
    print;
}
```

Datei verarbeitend kopieren

Der nächste Block kopiert die Eingabedatei in $datei2, wobei beliebige Verarbeitungsschritte ausgeführt werden können. Dieses Muster eignet sich für komplexe Verarbeitung von Daten (Analysieren oder Anreichern von Daten, Aggregation von Zeilen et cetera).

```
open(IN,$datei1);
open(OUT,">" . $datei2);
while(<IN>) {
    # Verarbeitung
    print OUT;
}
close(OUT);
close(IN);
```

Datei ohne erste Zeile verarbeiten

Dieses Muster verarbeitet eine Eingabedatei, wobei die erste Zeile ignoriert wird. Dieser Ablauf wird oft benötigt, wenn Dateien verarbeitet werden sollen, die eine Kopfzeile haben. Diese kann entweder ignoriert oder im if-Zweig separat verarbeitet werden.

```
my $ersteZeile=1;
while(<>) {
    if ($ersteZeile) {
        $ersteZeile=0;
    } else {
        # Aktion
    }
}
```

Datei filtern

Dieser Algorithmus verarbeitet alle in @ARGV angegebenen Dateien, wobei zeilenweise nach dem Vorhandensein bestimmter Muster gesucht wird. Bei jedem Auftreten wird eine bestimmte Aktion durchgeführt (zum Beispiel Abspeichern in eine andere Datei).

```
while(<>) {
    if (/<muster>/) {
        # Aktion
    }
}
```

Datei schrittweise parsen

Diesem Ablauf folgend, werden die Eingabedateien schrittweise verarbeitet. Auf die erste Zeile werden andere Aktionen angewendet als auf die zweite und so weiter. Dieses Muster ist praktisch, wenn Konfigurationsdateien eingelesen werden, deren Format bekannt und unveränderlich ist (zum Beispiel, weil sie von einem anderen Programm erstellt wurden).

```
my $stufe=0;
while(<>) {
    if ($stufe==0 && /<muster>/) {
        # Aktion
        $stufe=1;
    } elsif ($stufe==1 && /<muster>/) {
        ...
    }
}
```

A.3.2   Daten iterativ verarbeiten

Diese Gruppe von Mustern beschäftigt sich mit dem Verarbeiten von Daten. Es werden grundlegende Abläufe vorgestellt, die in vielen Perl-Programmen Anwendung finden.

Gruppenwechsel

Einen Gruppenwechsel benötigt man überall dort, wo innerhalb der verarbeiteten Daten Gruppen unterschieden werden (zum Beispiel Zwischensummen). Zunächst wird eine Folge von Aktionen auf jedes Datum angewandt. Dann wird festgestellt, ob ein Gruppenwechsel ansteht (Gruppenende, periodischer Wechsel). Falls ja, wird die Gruppenaktion ausgeführt (Summe bilden, Ausgabe et cetera). Außerdem muss die Gruppenaktion noch nach dem letzten Datensatz durchgeführt werden.

```
while(<bedingung>) {
    # Aktion

    if (<gruppenwechsel>) {
        # Gruppenaktion
    }
}
# Gruppenaktion
```

Bei komplexen Daten kann es notwendig sein, dieses Muster verschachtelt anzuwenden (Gruppen von Gruppen). Die zweite Gruppenwechsel-Bedingung ist dann innerhalb des Gruppenwechsel-Blocks und zusätzlich am Ende des Ablaufs hinzuzufügen. *Gruppen von Gruppen*

In Daten Maximum/Minimum und dessen Position finden

Das nachfolgende Muster wird dazu verwendet, innerhalb eines Datenbestands jenen Datensatz zu finden, der den kleinsten/größten Wert enthält. Neben dem gefundenen Wert wird in $max_pos die Position des Extremwerts in der Liste festgehalten.

```perl
my $extrem=0;
my $extrem_pos=-1;

my $pos=0;
foreach my $element (@daten) {
    if ($element > $extrem) {  # Minimum: "<"
        $extrem=$element;
        $extrem_pos = $pos;
    }
    $pos++;
}
```

Gekennzeichnete ASCII-Codes durch Zeichen ersetzen

Dieses – sehr spezifische Muster – dient dazu, in einer Zeichenkette jedes Vorkommen eines numerischen Zeichencodes (nach dem ASCII-Standard) durch das jeweilige Zeichen zu ersetzen. Dabei werden Zeichencodes durch ein Präfix erkannt. Die Verarbeitung wird erst beendet, wenn alle Vorkommen ersetzt sind. Dieses Muster ist beispielsweise sehr praktisch beim Formatieren von an Webskripts übergebene Daten. Mehr zum ASCII-Zeichenstandard finden Sie in [1].

```perl
my $prefix = "\\";
do {
    my $alterText = $text;

    $text =~ /$prefix(\d+)/;
    my $code = $1;
    my $zeichen = chr($code);

    $text =~ s/$prefix$code/$zeichen/g;
} while ($text ne $alterText);
```

Text in Token zerlegen und verarbeiten

Das folgende Muster zerlegt einen Text in Worte (*Token*) und führt
für jedes Token einzeln eine Verarbeitung durch. Dieses Muster ist in
vielen unserer Beispielprogramme vorgekommen. Es wird für die ver-
schiedensten Zwecke – nicht nur zur Textverarbeitung – benötigt.

```perl
foreach my $token (split(/<trennzeichen>/,$text)) {
    # verarbeiten
}
```

Daten numerisch sortieren

Das letzte Muster dieses Abschnittes zeigt, wie man mittels selbst geschriebener sort()-Funktionen Daten numerisch sortieren kann. Natürlich kann man auf diese Weise auch beliebige andere Sortierroutinen
erstellen. $a und $b enthalten bei jedem Aufruf zwei beliebige Werte aus
@daten. Perl sorgt dafür, dass genügend Vergleichsoperationen für eine
korrekte Sortierung durchgeführt werden.

```perl
my @daten = sort numerisch @daten;

sub numerisch {
  my $return=0;

  if ($a < $b) {
    $return=-1;
  } elsif ($a > $b) {
    $return=1;
  }

  $return;
}
```

A.3.3   Andere Muster

Dieser Abschnitt sammelt Muster, die sich weder auf Dateien noch auf
bestimmte Verarbeitungsabläufe beziehen. Dazu gehören Menüs zur Er-
leichterung der Programmsteuerung, Fehlermeldungen zur Programmverwendung et cetera.

Verarbeitungszeit messen

Dieses einfache Muster misst die Dauer der Ausführung eines Blocks (in Millisekunden) und speichert diesen Wert in der Variablen $dauer. Es empfiehlt sich, dieses Muster unter anderem in der Entwurfsphase zur Überprüfung der Leistungsfähigkeit kritischer Programmteile einzusetzen (Sortierprozesse et cetera).

```perl
my $beginn = time;
# Aktion
my $ende = time;
my $dauer = $ende-$beginn;
```

Verschiedene ganzzahlige Zufallszahlen erzeugen

Dieses Muster erzeugt eine Reihe von Zufallszahlen, die sich voneinander unterscheiden, und speichert sie in @liste. Die maximale Größe der Zufallszahlen wird in rand() eingesetzt, die Anzahl in die Bedingung der while-Schleife.

```perl
my @liste=();
my %verwendet=();
my $anzahl=0;
srand(time);

while($anzahl < <benötigte anzahl>) {
    do {
        my $x = rand(<groesse>);
        $x =~ s/\..*$//;          # alternativ $x=int($x);
    } while($verwendet{$x}!=1);

    $verwendet{$x}=1;
    $anzahl++;
    push(@liste,$x);
}
```

Textmenü

Dieses Muster erzeugt ein Benutzermenü und führt Anweisungen abhängig von der Eingabe aus. Solche Menüs sind unter anderem nützlich zur Systemadministration unter Unix, wo oft keine grafische Benutzeroberfläche zur Verfügung steht, sowie für Testzwecke.

```
do {
    # Menü ausgeben
    my $selektion = <STDIN>;

    if ($selektion =~ /^a/) {
        # aktion
    } elsif ($selektion =~ /^b/) {
        # Aktion
    }
} while ($selektion !~ /^x/);
```

Dispatcher-Funktion

Was ist ein Dispatcher?   Ein *Dispatcher* verteilt Arbeit abhängig von einer Steuerungseingabe. Unser Dispatcher bekommt seine Anweisungen in $aktion übergeben (einer Zeichenkette) und startet Funktionen, die den Namen der Aktion und das Postfix _sub tragen. Dispatcher werden zum Beispiel eingesetzt, wenn eine Reihe ähnlicher, aber nicht gleicher Aufgaben mit einer einheitlichen Schnittstelle modelliert werden soll.

```
sub dispatch {
    my $aktion = shift;
    my $return;

    if ($aktion =~ /aktion1/) {
        $return = aktion1_sub;
    } elsif ($aktion =~ /aktion2/) {
        # ...
    }

    $return;
}
```

Programmverwendung prüfen und ausgeben

Unser letztes Ablaufmuster benötigen Sie in jedem Perl-Programm, das Parameter übergeben bekommt. Es überprüft die Parameter und gibt im Fehlerfall aus, wie der Aufruf richtig aussehen müsste.

```
my $parameter1 = shift(@ARGV); $parameter2 = shift @ARGV;

if ($parameter1!~/<muster>/ || $parameter2!~/<muster>/) {
   print "Usage: ...";
   exit(-1);
}
```

A.4   Referenz der Ausdruckmuster

In diesem Abschnitt haben wir eine Reihe von Ausdrücken zusammengestellt, wie sie in den meisten Programmen vorkommen. Sehen Sie sich diese Muster an und stellen Sie fest, ob Sie alle verstehen: Ausdrücke sind wesentlich, um effizient modellieren zu können.

A.4.1   Existenz

Die beiden ersten Ausdrücke arbeiten auf *Flags*. Das sind Variablen, die anzeigen, ob ein bestimmter Zustand besteht oder nicht. Es liegt in der Natur des Programmierens, dass Flags aufgrund der übrigen vom Programm bestimmten Daten gesetzt werden.

```
$gefunden      # $gefunden!=0
!$gefunden     # $gefunden==0
```

A.4.2   Vergleich

Vergleiche werden benötigt, um den Datenbestand (die »Wirklichkeit« im Programm) zu überprüfen. Davon abhängig werden Blöcke ausgeführt oder Flags gesetzt. Hier sehen Sie ein paar Beispiele der wichtigsten Möglichkeiten:

```
$anzahl == 0
$anzahl != 0
$anzahl > 10
$anzahl <= 0.08
$ist > $soll
```

A.4.3 Mathematik

Mathematik verändert numerische Daten. Sie ist also – wie die Algorithmen – ein Teil des Programmablaufs. Dennoch wird Mathematik zu den Ausdrücken gerechnet, weil sie nur innerhalb von Ausdrücken und Zuweisungen vorkommt.

```
$a*$b*$c*$d == 0          # wenn eine Variable "0" ist
$index < $offset + $max   # siehe unten
```

Das zweite Muster wird häufig benötigt, wenn innerhalb eines Datenbestands ab einer bestimmten Position gesucht wird ($offset). Dann ist $index eine Laufvariable, die durch das Offset und $max begrenzt ist.

A.4.4 Text

Textvergleiche werden in Perl entweder durch reguläre Ausdrücke oder durch die textuellen Vergleichsoperatoren erledigt. Es empfiehlt sich, nur einfache Existenzprüfungen mittels Operatoren durchzuführen. Das angegebene Beispiel für einen regulären Ausdruck überprüft, ob die Variable nicht leer ist.

```
$satz eq "text"
$satz ne ""
$satz =~ /./
```

A.4.5 Sonstige (Datei, Array et cetera)

Nachfolgend noch einige »bunte« Beispiele. Der erste Ausdruck überprüft, ob die angegebene Datei existiert. Der zweite prüft, ob die Liste @_ nicht leer ist. Der dritte führt den folgenden Block abhängig von einem zufälligen Ergebnis aus. Dabei kann die Wahrscheinlichkeit über die Variable $x gesteuert werden.

```
-e $datei
@_ != ()
rand(1) < $x    # $x >=0 && $x <=1 !
```

Regeln für das Erstellen von Ausdrücken

Außerdem sollten Sie beim Arbeiten mit Ausdrücken immer die folgenden einfachen Regeln beherzigen:

❑ Verwenden Sie nie das logische »Oder« in Ausdrücken. Solche Ausdrücke können Sie immer mit elsif implementieren.

❏ Mischen Sie nie die hier angegebenen Grundtypen von Ausdrücken. Bauen Sie stattdessen Verschachtelungen von Verzweigungen.

❏ Definieren Sie Flags stets positiv ($dateiExistiert et cetera).

Diese Regeln haben den Sinn, den Aufbau von Bedingungen zu vereinfachen. Nach unserer Erfahrung sind die meisten logischen Programmfehler in schlecht formulierten Bedingungen enthalten.

A.5　Referenz der Muster regulärer Ausdrücke

Wir haben die überragende Bedeutung regulärer Ausdrücke für die Effizienz von Perl bereits mehrfach hervorgehoben. In keiner anderen Programmiersprache sind sie so flüssig eingebunden. In den beiden nachfolgenden Abschnitten sehen wir uns Muster für das Suchen mittels regulärer Ausdrücke und das Ersetzen durch reguläre Ausdrücke an.

A.5.1　Suchen

Suchen mittels regulärer Ausdrücke wird in Bedingungen eingesetzt. Dazu wird der Operator =~ verwendet (siehe Kapitel 3). Nachfolgend einige Beispiele für die grundlegenden Möglichkeiten.

Zeichengruppen

Die erste der beiden nachfolgenden Zeichengruppen umfasst alle Buchstaben in Groß- und Kleinschreibung. Die zweite nur die beiden angegebenen Zeichen.

```
/[a-zA-Z]/
/[äÄ]/
```

Bestimmter Beginn

Nachfolgend einige Beispiele, um zu prüfen, ob eine Zeichenkette auf eine bestimmte Weise beginnt. Der erste Ausdruck sucht nach text. Der zweite liest das erste Zeichen in die Variable $1. Der dritte tut dasselbe, aber nur wenn das Zeichen zur angegebenen Zeichenklasse gehört.

```
/^text/
/^(.)/
/^(\w)/
```

Bestimmter Inhalt

Diese Muster prüfen, ob eine Zeichenkette *genau* den angegebenen Inhalt (von Anfang bis Ende) hat: im ersten Fall eine Zeichenkette, im zweiten Fall nur Leerzeichen.

```
/^text$/
/^\s+$/
```

Markup-Inhalt

Die letzte Gruppe von Suchmustern schließlich extrahiert Text aus Markup-Text (zum Beispiel HTML, XML). Das erste Beispiel sucht nach dem Inhalt eines bestimmten Elements. Das zweite nach dem Wert eines bestimmten Attributs.

```
/<tag>([^<]+)</i
/$attrib\s*=\s*([^\s>]+)[\s>]/i
```

A.5.2 Ersetzen

Ersetzungen mittels regulärer Ausdrücke werden mit der Anweisung s (für *substitute*) durchgeführt. Nachfolgend sehen wir uns an, wie man Text löschen und verändern kann. Außerdem manipulieren wir Zahlen.

Löschen

Der erste Ausdruck löscht einen bestimmten Text, der zweite löscht zwei Varianten einer Zeichenkette, der dritte eine bestimmte Zeichenklasse, der vierte alle Leerzeichen. Mit dem letzten Ausdruck werden HTML-Kommentare entfernt.

```
s/$text//
s/(text1|text2)$//
s/[A-Z]+//g
s/\s//g
s/<!-[^>]*>//
```

Text verändern

Der erste Ausdruck ersetzt einen Text durch einen anderen, der zweite alle Arten von Leerzeichen (Tabulator, Zeilenwechsel et cetera) durch einfache Leerzeichen, der dritte bestimmte ASCII-Codes durch Zeichen und der letzte Ausdruck ersetzt Varianten eines Elementes in einem Markup-Text durch das Grundelement (das heißt, alle Attribute werden entfernt).

```
s/Ä/AE/g
s/\s+/ /g
s/\\304/Ä/g
s/<$tag[^>]*>/<$tag>/i
```

Zahlen verändern

Schließlich kann man reguläre Ausdrücke auch zum Verändern von Zahlen einsetzen. Der erste Ausdruck entfernt alle Nachkommastellen einer Zahl. Der zweite lässt die ersten beiden und verwendet ein Komma als Trennzeichen. Der dritte Ausdruck ersetzt nur den Punkt als Trennzeichen.

```
s/\..*$//
s/\.(\d{2}).*$/,$1/
s/\./,/g
```

A.6   Ausblick: Neuerungen in Perl 6

Mit Version 6 von Perl wird alles neu! Perl ist ein Kind von *Larry Wall*. Nach der ersten urkundlichen Erwähnung im Jahr 1987 hat er die erste Laufzeitumgebung 1993 freigegeben. 1996 waren wir – weiterentwickelt als freie Software von einer *Community* aus dem weltweiten Internet – bereits bei Version 5, die seither Stand der Technik ist. An Perl 6 wird seit Jahren gearbeitet. Die erste *Release* (Freigabe) soll es noch 2005 geben. Dabei ist die Vorgangsweise folgende: Mitglieder der Perl-Community machen Vorschläge (RFCs, Requests for Comment; »Bitte um Beurteilung«), die von Larry (von vielen Perl-AnwenderInnen auch »Gott« genannt) auf ihre Sinnhaftigkeit untersucht werden. Angenommene RFCs fließen in die Entwicklung (Modellierung und Implementierung) von Perl 6 ein. Im Folgenden stellen wir einige der wesentlichen Merkmale von Perl 6 vor. Viele fehlen (aus Platzgründen; oder weil wir

Vorgangsweise bei der Entwicklung

sie für »nicht so wichtig« halten), manche wurden noch gar nicht als RFC formuliert – die Entwicklung ist noch im Fluss.

LaufzeitumgebungParrot   Erstes wesentliches Merkmal von Perl 6 wird eine vollkommen neue Laufzeitumgebung (genannt *Parrot*) sein. Damit in dieser Umgebung auch Perl-5-Programme noch ausführbar sind, wird derzeit ein in Parrot eingebetteter Perl-5-Interpreter entwickelt. Im Sprachumfang von Perl wird es wesentliche Erweiterungen, Vereinfachungen, aber auch Einschränkungen geben. Ein wesentlicher Kritikpunkt an Perl 5 ist nämlich, dass jedes Problem auf mehrere gleichwertige Arten gelöst werden kann. Diese Vielfalt – die von vielen ProgrammiererInnen geliebt wird – soll in Perl 6 reduziert werden.

Veränderungen   Die Kontrollstrukturen werden um eine Vielfachauswahl erweitert. Was bisher mittels if elsif else implementiert wurde, kann dann so geschrieben werden:

```
given <ausdruck> {
    when <ausdruck1> {
        <anweisungsfolge>
    }
    when <ausdruck2> {
        <anweisungsfolge>
    }
    # ...
```

Ist der Ausdruck in given gleich dem ersten Ausdruck, wird der erste Block ausgeführt; gleicht er dem zweiten, der zweite Ausdruck, und so weiter. Diese Anweisung gibt es in ähnlicher Form in allen modernen Programmiersprachen. Eine zweite Erweiterung ist das gesicherte Ausführen von unsicheren Anweisungen. Dazu haben wir in Abschnitt 7.2.2 die Funktion eval() kennen gelernt. Perl 6 wird einen viel umfangreicheren Mechanismus anbieten:

```
try {
    <unsichere anweisungsfolge>
    CATCH {
        <fehlerbehandlung>
    }
    POST {
        <anweisungen nach dem fehler>
    }
}
```

Tritt in der unsicheren Anweisungsfolge ein Fehler auf, so wird der CATCH-Block ausgeführt. Danach wird jedenfalls (egal, ob Fehler oder nicht) der POST-Block ausgeführt. Auch diese Kontrollstruktur gibt es in jeder höheren Programmiersprache.

Bei den Daten wird es unter anderem folgende Änderungen geben. *neue Datentypen* Es werden eine ganze Reihe typensicherer Datentypen hinzugefügt: NUMBER (ganze Zahlen), STRING (Zeichenketten), REGEX (reguläre Ausdrücke) et cetera. Diese Datentypen werden innerhalb von Perl vom Grunddatentyp opaque object abgeleitet. Ihr Vorteil ist, dass sie nur eingeschränkt verwendet werden dürfen. Wird zum Beispiel eine mathematische Operation auf einen STRING angewendet, so meldet die Laufzeitumgebung einen Fehler. So können viele lästige Fehler von vornherein vermieden werden. Die »alten« Datentypen können natürlich weiterhin verwendet werden. Zwei weitere Änderungen sind, dass das Zeichen _ in Zahlen vorkommen darf (und ignoriert wird) und dass @ in Zeichenketten nicht mehr als Beginn einer Listenvariable interpretiert wird (das heißt, man muss dieses Zeichen nicht mehr mit einem Backslash maskieren).

Erweiterungen wird es auch bei den Operatoren geben. Hier nur *neue Operatoren* eine kleine Auswahl:

```
if (0 < $zahl < 10) {
    #...
} $zeichenkette = $teil1 _ $teil2; @liste = ([1, 2, 3; 4, 5, 6]);
@liste ^++;
```

Die erste Erweiterung erlaubt, zwei Vergleiche auf eine Variable durchzuführen. Damit wird lästige Schreibarbeit vermieden. Statt . wird in Perl 6 _ zur Verbindung von Zeichenketten verwendet (der Punkt bekommt eine neue Aufgabe). Mehrdimensionale Listen können mit Hilfe des ; definiert werden (bisher musste man die eckigen Klammern verschachteln). Im Beispiel wird eine Liste mit 2x3 Elementen erzeugt. Die letzte Erweiterung ist sehr praktisch zur Manipulation von Zahlenlisten. Stellt man diese Zeichen einem mathematischen Operator voran, so wird er auf *alle* Elemente der Liste angewandt.

Diese kurze Auflistung von Beispielen zeigt bereits, wie umfangreich die Änderungen und Erweiterungen in Perl 6 sein werden. Angesichts der Fülle neuer Möglichkeiten bezweifeln wir, dass es in Perl 6 weniger Mehrgleisigkeiten geben wird.

Für alle, die Angst haben, den Umstieg auf Perl 6 nicht zu schaffen, hat Larry Wall ein ermunterndes Wort:

It is my fond hope that those who are fond of Perl 5 will be fonder still of Perl 6. That being said, it's also my hope that Perl will continue trying to be all things to all people, because that's part of Perl too.

Und zur langfristigen Weiterentwicklung von Perl hat »Gott« Folgendes zu sagen (bezugnehmend auf einen RFC zu diesem Thema):

> *In apocalyptic literature, 7 is the number representing perfection, while 6 is the number representing imperfection. In fact, we probably wouldn't end up converging on a version number of 2*PI as the RFC suggests, but rather on 6.6.6, which would be rather unfortunate.*
>
> *So Perl 7 will be the last major revision. In fact, Perl7 will be so perfect, it will need no revision at all. Perl 6 is merely a prototype for Perl 7. :-)*

(Beide Zitate stammen aus [45].)

A.7 Reguläre Ausdrücke: Tabellarische Übersicht

Tabelle A.1 dient zur Übersicht über alle in regulären Ausdrücken verwendeten Metazeichen und ihre Bedeutung.

Tabelle A.1

Metazeichen in regulären Ausdrücken

Zeichen	Bedeutung
/	Kennzeichnung von Beginn und Ende eines Ausdrucks
\d	eine beliebige Ziffer von null bis neun
\D	Gegenteil von \d: alles, nur keine Ziffer
\w	ein Wortzeichen (A-Z a-z 0-9)
\W	Gegenteil von \w: alles, nur kein Wortzeichen
\s	ein Leerzeichen (\n\t\r\f)
\S	Gegenteil von \s: alles, nur kein Leerzeichen
\n	ein Returnzeichen
\t	ein Tabulatorzeichen
.	ein beliebiges Zeichen
\	Maskieren
[abc]	selbst definierte Zeichenklasse (a, b oder c)
[^abc]	selbst definierte Zeichenklasse (alles außer a, b oder c)
^	zu Beginn der Zeichenkette
$	am Ende der Zeichenkette
*	beliebig viele (0, 1, 2, ...)
+	mindestens eines, beliebig viele (1, 2, ...)
?	0 oder 1
{z}	genau z Zeichen
{x,y}	x ist Minimum, y ist Maximum
()	Zwischenspeicher
(ab|bc)	oder

Literaturverzeichnis

[1] Anonym. *ASCII-Zeichen-Tabellen.*
`http://www.lookuptables.com/`, zuletzt überprüft am 30. April 2005.

[2] Computer Associates. *Cosmo Player Website.* `http://ca.com/`, zuletzt überprüft am 30. April 2005.

[3] Boutell.com. *GD-Grafikbibliothek.*
`http://www.boutell.com/gd/`, zuletzt überprüft am 30. April 2005.

[4] Tim Bray, Jean Paoli, C. M. Sperberg-McQueen, Eve Maler, and François Yergeau. *Extensible Markup Language (XML) 1.0 (Third Edition).* `http://www.w3.org/TR/REC-xml/`, zuletzt überprüft am 30. April 2005.

[5] Johannes Buchmann. *Einführung in die Kryptographie.* Springer-Verlag, 2003.

[6] Wilhelm Burger and Mark James Burge. *Digitale Bildverarbeitung.* Springer-Verlag, 2005.

[7] Nicolas Clark. *Perl-Modul File::Find.* `http://search.cpan.org/~nwclark/perl-5.8.5/lib/File/Find.pm`, zuletzt überprüft am 30. April 2005.

[8] Rainer Eckstein and Silke Eckstein. *XML und Datenmodellierung.* dpunkt.verlag, 2003.

[9] Horst Eidenberger and Roman Divotkey. *Medienverarbeitung in Java.* dpunkt.verlag, 2003.

[10] Frank Eurich. *Emacs Kurz-Dokumentation.*
`http://phyma.phyma.uni-konstanz.de/tutorials/emacs.html`, zuletzt überprüft am 30. April 2005.

[11] Christiane Floyd. *Autooperationale Form und situiertes Handeln.* In: Cognitio Humana – XVII. Deutscher Kongreß für Philosophie, Akademie Verlag, S. 237-252, 1997.

[12] Free Software Foundation. *GNU Emacs FAQ For Windows 95/98/ME/NT/XP and 2000.*
`http://www.gnu.org/software/emacs/windows/ntemacs.html`, zuletzt überprüft am 30. April 2005.

[13] Erich Gamma, Richard Helm, Ralph Johnson, and John Vlissides. *Design Patterns*. Addison-Wesley, 1997.

[14] Parallel Graphics. *Cortona VRML Player Website*. http://www.parallelgraphics.com/products/cortona, zuletzt überprüft am 25.2.2005.

[15] Jürgen Güntherodt. *Open Perl IDE*. http://open-perl-ide.sourceforge.net/, zuletzt überprüft am 30. April 2005.

[16] Jochen Hein. *Linux-Systemadministration*. Addison-Wesley, 2002.

[17] Jarkko Hietaniemi. *The Comprehensive Perl Archive Network (CPAN)*. http://cpan.perl.org/, zuletzt überprüft am 30. April 2005.

[18] Martin Hitz and Gerti Kappel. *UML @ Work*. dpunkt.verlag, 2003.

[19] Christian Kirsch (Hrsg.). *Perl für Profis*. dpunkt.verlag, 2001.

[20] ActiveState Inc. *ActivePerl Website*. http://www.activestate.com/, zuletzt überprüft am 30. April 2005.

[21] ActiveState Inc. *Komodo IDE*. http://www.activestate.com/Products/Komodo/, zuletzt überprüft am 30. April 2005.

[22] Google Inc. *Google Web APIs*. http://www.google.com/apis/, zuletzt überprüft am 30. April 2005.

[23] Red Hat Inc. *Cygwin Website*. http://www.cygwin.com/, zuletzt überprüft am 30. April 2005.

[24] John Kelly. *Logik im Klartext*. Pearson Studium, 2003.

[25] Donald E. Knuth. *Algorithmen*. Springer-Verlag, 2005.

[26] Rainer Krienke. *UNIX für Einsteiger*. Hanser, 2003.

[27] Philippe Kruchten. *Der Rational Unified Process*. Addison-Wesley, 1999.

[28] Autonomous Software Laboratory. *Proton Editor*. http://www.meybohm.de/, zuletzt überprüft am 30. April 2005.

[29] Martin Lippert, Stefan Roock, and Henning Wolf. *Software entwickeln mit eXtreme Programming*. dpunkt.verlag, 2002.

[30] Grant McLean. *Perl-XML Frequently Asked Questions*. http://perl-xml.sourceforge.net/faq/, zuletzt überprüft am 30. April 2005.

[31] ActiveState Programmer Network. *Perl Package Manager (PPM) FAQ*. http://aspn.activestate.com/ASPN/docs/ActivePerl/faq/ActivePerl-faq2.ht%ml, zuletzt überprüft am 30. April 2005.

[32] Thomas Pelkmann. *Microsoft Excel 2003 Einführung*. Ikon, 2004.

[33] Paul Raines. *Tcl/Tk kurz & gut*. O'Reilly, 1998.

[34] Arnold Robbins. *vi-Editor kurz & gut*. O'Reilly, 1999.

[35] Gunter Saake and Kai-Uwe Sattler. *Algorithmen und Datenstrukturen*. dpunkt.verlag, 2004.

[36] Herbert Schildt. *C-Befehlsbibliothek*. McGraw-Hill, 1988.

[37] Michael Schilli. Cpan: Alle mann an die pumpen! *Linux-Magazin*, 1997. http://www.linux-magazin.de/ Artikel/ausgabe/1997/10/CPAN/cpan.html.

[38] Oliver Schlüter. *VRML*. O'Reilly, 1998.

[39] Heidrun Schumann and Wolfgang Müller. *Visualisierung. Grundlagen und allgemeine Methoden*. Springer-Verlag, 1999.

[40] Randal L. Schwartz and Tom Phoenix. *Einführung in Perl-Objekte, Referenzen & Module*. O'Reilly, 2004.

[41] Ben Shneiderman. *User Interface Design*. MIT Press, 2001.

[42] Andreas Spillner and Tilo Linz. *Basiswissen Softwaretest*. dpunkt.verlag, 2002.

[43] Andrew S. Tanenbaum. *Moderne Betriebssysteme*. Pearson Studium, 2002.

[44] Refsnes Data W3Schools. *XML Tutorial*. http://www.w3schools.com/xml/, zuletzt überprüft am 30. April 2005.

[45] Larry Wall. *Perl6 Apocalypses*. http://dev.perl.org/perl6/doc/apocalypse.html, zuletzt überprüft am 30. April 2005.

[46] Larry Wall, Tom Christiansen, and Jon Orvant. *Programmieren mit Perl*, chapter Plain Old Documentation (POD). O'Reilly, 2002.

[47] Scott Walters. *Perl Design Patterns TinyWiki*. http://perldesignpatterns.com/?PerlDesignPatterns, zuletzt überprüft am 30. April 2005.

[48] Alan Watt. *3D-Computergrafik*. Pearson Studium, 2001.

[49] Die freie Enzyklopädie Wikipedia. *CSV (Character Separated Values)*. http://de.wikipedia.org/wiki/CSV-Datei, zuletzt überprüft am 30. April 2005.

Index